中国数字营销

20年研究

周茂君 等/著

教育部人文社会科学重点研究基地重大项目"媒介融合视域下我国传统媒体转型及制度创新研究"（项目批准号：15JJD86003）成果
国家社会科学基金一般项目"中国新媒体广告规制研究"（项目批准号：17BXW094）成果

科 学 出 版 社

北 京

内 容 简 介

本书是国内第一本运用第一手资料对中国数字营销 20 年进行专门研究的著作。全书分总论篇、个案研究篇和访谈篇三个部分：一是从行业整体视角出发，系统梳理中国数字营销行业 20 年来的历史轨迹，结合调研数据及国内外相关机构的调研报告描述现状、剖析问题、提出对策。二是对当今数字营销行业有代表性的数字营销公司或数字媒体进行个案探讨，分析它们在行业转型期的具体举措及未来发展方向。三是在深访北京、上海、广州和深圳四地 39 家数字营销公司、数字媒体和广告主的基础上精选 17 家，从行业三大运作主体的视角，重点展示不同业务类型、不同生长基因的公司在行业变革中的转型策略。

本书可供广告学、市场营销学、网络与新媒体、数字出版等专业的研究生、本科生学习使用；也可供企业、数字营销公司和数字媒体的营销人员、品牌经理、广告策划人员、产品经理等参考。

图书在版编目（CIP）数据

中国数字营销 20 年研究 / 周茂君等著. —北京：科学出版社，2019.12
ISBN 978-7-03-062431-4

Ⅰ. ①中… Ⅱ. ①周… Ⅲ. ①网络营销－研究－中国 Ⅳ. ①F724.6

中国版本图书馆 CIP 数据核字（2019）第 215595 号

特邀策划：来豫蓉 曹志高
责任编辑：郝 静 / 责任校对：贾娜娜
责任印制：霍 兵 / 封面设计：无极书装

科 学 出 版 社 出版
北京东黄城根北街 16 号
邮政编码：100717
http://www.sciencep.com

三河市骏杰印刷有限公司印刷
科学出版社发行 各地新华书店经销

*

2019 年 12 月第 一 版 开本：787×1092 1/16
2019 年 12 月第一次印刷 印张：14 1/2
字数：292 000
定价：88.00 元
（如有印装质量问题，我社负责调换）

无处不营销

　　1998 年 10 月，上海好耶计算机技术有限公司成立，开启了中国网络广告服务的新时代。那时起至今，中国数字营销行业已走过 20 多年的历程。20 多年间，我国网络广告市场经历了从粗放经营向规范化运作的过程，传统广告公司媒介代理业务向互联网新媒体不断延伸，形成了从传统广告公司向网络广告代理公司和数字营销公司的转变。技术力量始终推动着中国网络广告行业的发展进程：在 5G 领域，核心技术研发取得突破性进展，政企合力推动产业稳步发展；在人工智能领域，各地规划及政策相继颁布，有效推动了人工智能与经济社会发展的深度融合；云计算服务已逐渐被国内市场认可和接受。此外，大数据、区块链、虚拟现实、物联网、超级计算等技术领域在我国发展势头良好。数据已经成为各类公司的核心命脉，自然也深刻地影响着人们营销观念及思维方式的变化。过去，广告人围坐在会议桌前，仅仅靠头脑风暴和无限的创意就能敲定广告方案的时代已经不再；现在的数字营销从业者更像是股票交易员，他们坐在电脑前，瞬间即可在在线广告交易平台上完成广告位的购买与销售。运算法则的输出结果能实时、准确地根据用户数据决定不同的产品广告应当在哪一个网页或终端设备中投放，同时准确地选择出向不同的用户投放哪一个版本的广告内容。广告交易平台可以根据访客曝光量或转化率为付费用户准确地计算出广告费用，并通过代码监测向广告主及时地反馈广告投放到目标用户的效果数据。一定的数据分析能力及对于数字管理系统熟练的操作能力，似乎已经成为数字营销人员必备的职业技能。过去的"广告狂人"正在向现在的"数据达人"转变。数字营销给中国营销市场带来的变革是全方位的：广告主可以凭借其拥有的第一方数据，借助其官网和微博、微信、自建 APP，搭建营销平台，进行品牌宣传与产品营销；数字媒体则依靠其垄断的第二方数据资源和头部媒体优势，在营销市场纵横捭阖、所向披靡；而数字营销公司在过去时代曾经拥有的创意、策划等专业性优势，在数字时代逐渐被广告主和数字媒体蚕食殆尽，生存危机促使其通过搭建数字营销平台（垂直）和重构专业性实现浴火重生与凤凰涅槃。

　　本书建立在武汉大学数字营销调研团队对我国 39 家数字营销公司、数字媒体和广告主高管的深度访谈，以及针对普通员工的问卷调查基础之上，调研时间从 2017 年持续到 2019 年，详细且清晰地梳理了中国数字营销行业发展 20 多年来在产品形态、运作方式、市场竞争、产业发展等方面的变迁，系统地剖析了我国数字营销市场演进的内外驱动力。

记得 2017 年 8～9 月，武汉大学数字营销调研团队（由 5 位专任教师、1 位博士和 2 位硕士组成）来往于北（京）上（海）广（州）深（圳）四地，穿梭于 30 多家数字营销公司、数字媒体之间，每天听到的都是数据垄断、数字营销平台、广告交易平台、头部媒体、长尾流量、VR（virtual reality，虚拟现实）营销、区块链、虚假点击、数据造假等热词，相对于传统营销和传统媒体，数字营销给营销市场、媒体市场带来的变革可用"颠覆性"三字来形容。在传统媒体时代，报刊、广播、电视完全依靠采编与经营双轮驱动，缺一不可；同时，二者又似乎是平行的两条线，采编管内容生产，经营管广告创收，几乎没有交集，也好像难以有交集的可能。但是，在数字营销时代，所有的这一切都被颠覆了——广告主从此前"小打小闹"的广告营销逐渐走向了既营销品牌又营销产品的"自营销"；广告代理公司（绝大多数转型为数字营销公司）为迎接数字时代的到来，正在经历着从经营理念、组织架构到运作流程、业务模式的蜕变，以便更好地实现为广告主服务的"他营销"（品牌营销、产品营销）；数字媒体则摒弃了传统媒体"采编""经营"的双轮驱动，从内容运营、用户运营和活动运营三个方面开启了数字时代媒体运营的新篇章。而原生广告和内容营销也颠覆着人们"内容是内容""广告是广告""二者要有可识别性"的认知。原生广告将品牌信息深度植入媒体内容，并使二者融为一体；内容营销更强调将媒体内容作为营销工具为品牌广告或效果广告服务。此时，在数字营销市场内容即广告，广告即内容，过去那种纯粹的内容与纯粹的广告再难见到，无论内容还是广告，都是为营销服务、为广告主服务的。它们要么为品牌服务，要么为产品服务，实现内容变现、用户变现和活动变现，最终都是实现流量变现。也许，我们正在迎来一个大营销时代，无论是广告主的"自营销"，还是数字营销公司的"他营销"，抑或是数字媒体的运营，都是在为广告主"做"品牌或"卖"产品服务，营销的触角无所不在，营销的身影随处可见。所以，从这个意义上说"无处不营销"这句话并非虚言。

本书由总论篇、个案研究篇和访谈篇三个部分组成：总论篇共 4 篇文章，从行业整体视角出发，系统梳理中国数字营销行业 20 多年来的历史轨迹，结合调研数据及国内外相关机构的调研报告，找到数字营销在中国发展的状况、存在的问题，并提出相应的对策。个案研究篇共 5 篇个案分析，对当今数字营销行业有代表性、有行业影响、有借鉴意义的数字营销公司或数字媒体进行个案探讨。根据每家公司的不同特征，从组织架构、人员结构、业务类型、产品革新、数据资源、技术平台等几方面详细分析它们在行业转型期进行的具体举措及未来发展方向。访谈篇共 17 篇访谈文章，从数字营销公司、数字媒体和广告主三个方面，在深访北京、上海、广州和深圳四地 39 家数字营销公司、数字媒体和广告主的基础上精选 17 家，每家公司各有侧重又特色鲜明。该篇通过对数字营销行业领军人物进行深度访谈，从行业三大运作主体的视角，基本呈现我国数字营销行业发展 20 余年来的行业变迁，重点展示不同业务类型、不同生长基因的公司在行业变革中采取的转型策略，较为完整地反映当下我国数字营销行业发展的整体概况，包括数据平台的搭建、数字产品的革新、营销策略的应用、媒介渠道的合作方式等。同时，站在行业各方向领军人物的高度，可以窥探到数字营销行业未来的发展方向。

英国著名作家狄更斯（Dickens Charles）在《双城记》中说"这是最好的时代，这是最坏的时代"，借用它来形容当前的数字营销时代最为恰切。说它是"最坏的时代"，是因为过去时代传统营销、媒介市场既有的理念、标准、规则、框架、运行体系等都在网络技术、数字技术、移动通信技术等新技术的冲击下被改变、被变革，甚至被颠覆，现实中的种种变故，都会加深人们心里的不踏实，加重人们的焦虑和恐惧，让其茫然失措、踟蹰徘徊、举步维艰和止步不前，产生对数字营销时代的不适应与排斥。而说它是"最好的时代"，原因在于旧的理念、标准、规则、框架、运行体系等被改变、变革和颠覆以后，需要在废墟上重建新的，这就给营销人、媒体人留下了广阔的用武之地，使其能够自由挥洒如椽之笔，画出最新的图画，绘出最美的前景；同时，数字时代带来的变革更多在技术、方法和手段等外在方面，内在的很多东西，诸如洞察消费者、发现需求、满足需求和情感沟通等则较少改变，因而营销人、媒体人正可在这"变"与"不变"之间闪转腾挪、大展拳脚，成为时代的"弄潮人"。

数字营销时代的来临，是不以人的意志为转移的，无论你喜欢不喜欢，愿意不愿意，它都已经来临！为此，你准备好了吗？

周茂君　沈君菡

2019 年 6 月

目 录
Contents

第一篇　总论篇 / 001

中国数字营销公司 20 年演进轨迹 / 003

"去中介"环境下数字营销公司对专业性的重构 / 019

中国数字营销行业发展调研报告（上） / 030

中国数字营销行业发展调研报告（下） / 052

第二篇　个案研究篇 / 065

传统广告公司的数字化转型研究——以省广集团为例 / 067

利欧数字业务整合模式探析 / 080

舜飞：技术与数据融合，赋能智慧营销 / 088

二更：内容平台的聚合重构与多元扩散 / 095

竞立媒体：数字媒体时代国际 4A 公司的转型之路 / 103

第三篇　访谈篇 / 113

【数字营销公司】/ 115

并购浪潮中公关公司的发展策略——专访"公关教父"黄小川 / 116

袁俊专访：数字营销行业的困顿与破局 / 123

珍岛集团赵旭隆：智能营销创新变革的驱动者 / 128

对话 CCE：坚守"初心"方能时时"出新" / 134

专注央视平台，构建全领域营销

　　——洪潜谈三人行的数字化转型之路 / 141

华扬联众发展模式探究：顺时而为，适者生存 / 148

钛铂新媒体龚铂洋：专注+洞察，玩转新媒体创意营销 / 153

蓝门数字集团：以电商探索为起点，做数字营销的创新者　/ 159

AMG：跨屏整合营销先行者　/ 164

【数字媒体】/ 169

凤凰数字科技：传统媒体在数字领域的新布局　/ 170

巨量引擎：汇聚流量，驱动智能化营销引擎　/ 177

一点资讯：基于兴趣引擎提供精准、价值资讯　/ 183

澎湃新闻：聚焦优质内容，引领主流价值　/ 189

酷狗音乐：依托大平台版权优势，打造全流程音乐生态　/ 197

媒哥平台：深耕传媒圈的招聘平台　/ 203

【广告主】/ 207

上海家化：回归营销本质，品牌驱动数字转型　/ 208

凤祥股份：从 B 端向 C 端转型之路　/ 215

后记　/ 221

第一篇

总 论 篇

中国数字营销公司 20 年演进轨迹

1994 年，世界上第一则真正意义上的网络广告在美国出现，广告由此进入网络时代。市场对新型广告形式的追求必然刺激新型广告代理公司的产生。1996 年，全球最早的网络广告服务商 DoubleClick 公司（双击公司）在美国成立。中国最早致力于网络广告服务的本土公司则是 1998 年 10 月在上海注册的上海好耶计算机技术有限公司（以下简称好耶）。

从 1998 年好耶的成立算起，中国数字营销公司至今已经走过 20 多年的历程。20 多年时间里，数字营销公司从无到有、从小到大，一路走来，其间充满了曲折与艰辛。就整体发展轨迹而言，数字营销公司的成长大致经历了以技术开启网络广告新形式的初创时期、利用各方资源实现一站式网络营销的拓展时期、整合各大平台构建数字营销产业链的渐趋成熟时期。

一、初创时期（1998 ~ 2005 年）：从技术角度突破，开启网络广告新天地

早期的网络广告非常简朴，与人们熟悉的传统广告相比，没有什么特别之处，只是搭载的媒介不同而已，可以说是传统广告的网络版。而且早期的网络广告，基本都是网站、网页的自发行为，不成规模、系统，自然也缺乏规范与管理。相关资料显示，早在互联网商业化之前，就有人尝试通过网络发布广告，如美国 Prodigy 公司为扩大自己的收入来源，在 1990 年就以"孤独试验者"的姿态在其订阅者的范围内尝试网络广告，但没有成功；亚利桑那州的两个年轻律师 Canter 和 Siegel 曾针对 7000 个新闻组推出绿卡服务广告，因将同样的信息反反复复地发给与此项服务毫无关系的对象而招致雪花般的抱怨邮件，最后以严重损害公司声誉而告终。直到 Hotwired 和 AT&T 1994 年 4 月 15 日签订第一份网络广告合同，并于当年 10 月 27 日正式刊登广告，网络广告才开始走上正轨。[1]

基于网络广告起步阶段较为混乱、无序的状态，同时为更好地利用、发挥互联网的技术优势，一批掌握计算机技术的人员便发挥自身的技术特长，将之应用于网络广告，组建公司，开发相关应用软件。例如，DoubleClick 公司率先将 Cookies 技术与网络横幅广告相结合，大大提高了横幅广告的针对性。广告主或数字营销公司利用其开发的 Dart 软件，能非常便利地掌握用户在互联网上的行为数据，知晓其兴趣、爱好及需求，进而有针

---

[1] 佚名. 2000. 网络广告的起源和发展. 互联网周刊，（13）：28.

对性地投放广告，以有效避免亚利桑那州两位律师曾经经历的尴尬。同样，好耶也是从技术发端。1998 年 10 月，刚从上海大学通信工程系毕业、年仅 21 岁的王建岗，与 3 位好友在复旦大学附近一间 9 平方米的小屋子里创立好耶，从王建岗的专业背景和公司名称，可以看出明显的互联网技术基因，这种基因一直深深地根植于好耶的企业文化之中。创建之初，好耶确立的宗旨就是以网络技术为核心基础，"让中国互联网的每一个流量实现其最大价值"。在此目标之下，针对当时网络广告非常不规范、相关数据严重缺乏的状况，好耶致力于网络广告管理软件的开发，很快就在 1999 年 10 月推出 AdForward 广告管理系统，并于 2000 年 8 月完成升级换代。AdForward 采用国内 IP 地址精确定位系统和可扩充 IP 地址库技术，可以针对地域进行定向投放。该系统投入运行之后，性能良好可靠，获得市场的普遍青睐，引来百余家客户签约，有力推进了我国网络广告市场从粗放经营向规范化运作的转化。

2000 年左右，互联网泡沫破灭，整个互联网行业出现大衰败，网络广告行业自然也受到波及。在此背景下，好耶遭遇双重打击：一方面，业务量急速下滑；另一方面，原有的客户无力支付服务费，只能"打白条"，以网络广告位冲抵。二者夹击，致使其陷入严重的经济危机，资金链濒临断裂。2000 年 8 月，好耶果断转向，以 AdForward 换取网络广告位，进而成为网络媒体的广告代理公司。在此基础上，好耶搭建起中国第一个网络广告联盟——好耶广告网络（Allyes AdNetwork），开始代理大小网站的广告位：好耶向广告主争取网络广告合同，然后通过自己开发的 AdForward 软件，将广告转发到广告联盟成员的网站上，最后将广告主支付的广告费分一部分给广告联盟成员，其中的差价则是好耶提供代理服务的报酬。[①]这项服务内容其实就是传统广告公司媒介代理业务向互联网新媒体的延伸，因此，这一时期的数字营销公司大多被称为"网络广告代理公司"。

好耶一手抓广告管理系统 AdForward 的更新换代，一手抓网络广告位的代理，双管齐下，叱咤于当时的网络广告市场。AdForward "每半年小升级一次，一年大升级一次"，2002 年下半年上市的 AdForward 6.0 "各项技术性能指标已经不逊于 DoubleClick 公司的 Dart"，凭借着"技术服务本地化和价格优势"，好耶将原先一直使用 DoubleClick 公司广告管理系统的大型门户网站如新浪争取过来。此后，AdForward 不断拓展自己的市场空间，逐渐取代 Dart，成为中国网络广告市场使用率最高的广告管理系统。到 2005 年，AdForward 已覆盖国内 80% 的市场。[②]同时，广告代理方面，在有着多年国际 4A

---

① 杨志. 2005. 好耶中国 CEO 朱海龙：6 年暗战网络广告. http://www.techweb.com.cn/people/2005-10-28/25656.html [2019-10-22].

② AdAge. 2007. China telecome picks Burnett to invigorate its Shanghai business. https://adage.com/china/article/china-news/china-telecom-picks-burnett-to-invigorate-its-shanghai-business/115402[2019-10-22].

公司工作经验的副总裁朱海龙的领导下，2000 年 8 月至 2001 年 8 月，好耶一年的销售收入近 1000 万元人民币；效益最好的 2004 年营业收入达 2 亿多元，利润超过 2000 万元，"几乎占到了互联网广告的半边天"。基于此，好耶也迈入其最辉煌的时期，成为中国当时最大的专业网络广告公司和最大的效果营销服务提供商。[①]

好耶的成功，具有极强的示范效应，带动了一批专注于网络广告与营销的本土数字营销公司的诞生和成长，好耶由此又被人们称为"中国数字营销行业的黄埔军校"[②]。与此同时，一些跨国广告集团、国际知名广告公司也纷纷以分公司或部门的方式开始涉足网络广告业务。但 2000 年互联网泡沫的破灭，同样给这些刚刚破土而出、对未来满怀希望、雄心勃勃的新公司当头一击，使之在 2001~2002 年共同经历了网络广告行业的"大衰败"：一方面，许多缺乏专业人员的网络广告公司被淘汰出局；另一方面，传统广告公司乘势加大对网络媒体的重视程度与投入力度，其网络广告业务量迅速增长，北京电通广告有限公司 2002 年的业绩就居全行业第一。[③]

面对市场的双重挤压，年轻的数字营销行业的开拓者们不甘沉沦，开始探索、拓展新的互联网盈利方式和渠道，搜索引擎营销、电子邮件营销由此登堂入室。早在 1997 年 9 月，比尔·格罗斯（Bill Gross）就创立了 GoTo 公司（2001 年 10 月改名为 Overture，2003 年 10 月被雅虎公司收购），并首创了搜索引擎营销新模式——将广告放置在网络搜索结果页面，通过用户的点击数向广告主收取费用。1998 年 2 月，GoTo 公司更进一步，开始使用竞标模式，以广告主竞标的结果决定其广告在搜索结果页面出现的先后顺序。其后，成立于 1998 年的 Google 公司推出广告投放系统——Google AdWords，该系统根据广告主的竞价价格和实际的"广告质量"来综合确定广告主的竞标排名，其中"广告质量"的主要评判依据是广告的点击率。Google 公司由此一举成为规模最大的搜索引擎服务商。2003 年 6 月，Google 公司又面向大型发行商推出新服务——Google AdSense。该服务增加了自我服务、自动指向小型网站等内容。用户只需在搜索栏中输入关键词，Google AdSense 就会指向与之相关的网页内容和广告。通过 Google AdSense，Google 公司实现了"不仅在自己的站点上推销品牌广告，而且还以一个在线广告代理商的身份，在其它网站上推出广告，将 Google 旗下的许多广告业务与其搜索引擎业务相分离，使该公司广告客户经纪人的角色进一步得到扩展"[④]。

在中国，北京百度网讯科技有限公司（以下简称百度）很快也在搜索引擎领域崛起。

① 佚名. 2011. 好耶广告创业史：顽固的成长基因. 中小企业管理与科技（中旬刊），（12）：66-70.
② 万木春，胡振宇. 2016. 数字营销再造："互联网+"与"+互联网"浪潮中的企业营销新思维（服务篇）. 北京：机械工业出版社：129.
③ 杨伟庆. 2003. 2002 中国网络广告业盘点. 广告人，（2）：67-69.
④ 肖莹莹. 2005. Google、雅虎引领网络广告业新潮流. http://www.p5w.net/news/gjcj/200505/t60784.htm[2019-05-25].

2000 年 1 月，李彦宏携带着搜索引擎专利技术，从美国硅谷回到北京创建了百度。2000 年 6 月 8 日，专为中国人开发的百度搜索引擎正式上市，并很快覆盖了国内大部分搜索引擎市场，新浪、搜狐（包括 ChinaRen）、Tom（163.net）、腾讯、263、21cn、上海热线、广州视窗、新华网等都是百度搜索引擎的客户。2001 年 8 月，百度决定"转变商业模式"，由 ASP（application service provider，应用服务提供商）转变为主打 B2B（business-to-business，企业对企业之间的营销模式）、B2C（business-to-consumer，企业对消费者的电子商务模式）的搜索门户。2001 年下半年，百度开始在公司主页上提供搜索服务，不再像以前那样只为公司客户提供技术服务，同时推出了搜索引擎竞价排名。[①]与 Google AdWords 的竞标排名方式不同，百度的竞价排名主要以广告主出价的高低决定其链接在搜索结果页面出现的先后位置，这种单纯以竞价高低决定排名先后的方式日后使百度数次陷入困境。但在当时，百度的这些举措确实给公司带来了巨大的商业利益，据互联网调查公司——艾瑞市场咨询公司（以下简称艾瑞咨询）的调查数据，百度从 2003 年开始领跑中文搜索引擎市场，2004 年则"在一定程度上成为了中文搜索引擎市场的垄断者"。[②]

2003 年，全球数字营销行业呈现全面复苏的气象。随着网民数量的快速增长，中国网络广告市场从 2003 年 5 月底开始以同比超过 100% 的速度加速发展。据艾瑞咨询的调查数据，2003 年中国网络广告市场规模达到了 10.8 亿人民币，比前一年的 4.9 亿人民币增长了 120%，整个行业呈现出一派柳暗花明的景象。[③]具体表现有：三大门户网站——新浪、搜狐、网易都于 2002 年底至 2003 年初实现扭亏为盈，随后一直保持高速增长；专业类网站在已有的 IT 类的基础上又有了新的突破，汽车类、房产类、游戏类网站得到快速发展；网络媒体的广告经营意识得以提升，纷纷加大对网络广告新形式的探索力度，吸引了更多的广告经费流向网络媒体，网站的广告资源由此成了"紧俏商品"；网络广告主和网络广告代理公司的数量均有大幅增长；第三方网络广告监测服务受到重视，尼尔森网联媒介数据服务有限公司（Nielsen-CCData，以下简称尼尔森）在中国市场正式推出第三方网站测评服务，艾瑞咨询也在 2003 年推出第三方网络广告监测服务软件 iAdTracker。第三方监测评估机构的出现，使得数字营销产业链逐步趋于完整。

2003 年肆虐中国的"非典"让很多人记忆深刻。在某种程度上，"非典"推进了网络媒体在中国的普及速度：越来越多的人长时间待在家里，养成了上网浏览新闻、了解信息、互相联络的习惯；同时，也为更多的广告预算转向网络广告创造了契机——大量的户外广告、交通广告传播效果明显下降，广告主自然而然地将广告重心由传统媒体转向聚集

---

① 孙超，胡一万. 2002. 2002 并购看点：百度搜狐与新浪网易. 中国电子商务，（9）：8-12.

② 李慧心. 2004. 2004 年百度搜索引擎霸主地位凸显. https://tech.sina.com.cn/i/2004-12-25/0944484728.shtml[2019-05-25].

③ 忠广. 2004-01-14. 网络广告：柳暗花明又一年. 中华新闻报，E04 版.

了众多网民的互联网。同时，网络广告代理公司也积极发掘、利用网络媒体的技术优势与潜能，在原有基础上不断开发更加强大的网络营销方式，除了上面提及的以 Google 和百度领衔的搜索引擎营销之外，由互动通筆端的富媒体广告也强势登场。2002 年，作为"中国富媒体行业的开拓者""富媒体广告形式的创始者"，互动通控股集团（hdtMEDIA）推出 iCast 网络广告解决方案和中国第一支富媒体广告——摩托罗拉赞助的电影《英雄》的片花。2004 年，国际知名富媒体广告公司 Eyeblaster、United Virtualities 等先后入驻中国。

在诸多利好因素的共同促成之下，2004～2005 年，数字营销公司的数量不断增多，质量也得以提升，显示出不容小觑的发展前景，受到国际国内众多资本的青睐。2005 年，好耶在 2000 年从国际数据集团技术创业投资基金（International Data Group Capital，IDG Capital）融资 240 万美元的基础上又从美国橡树资本管理有限公司获得 3000 万美元的融资。此后，大量资本进入中国数字营销市场，上演了一幕幕兼并、重组大戏。

在中国数字营销公司的初创时期，好耶具有一定的代表性，其开创的"技术+广告代理"的模式成为当时市场的主流，好耶的首席执行官（chief executive officer，CEO）朱海龙曾说："单纯的广告代理日子是不好过的，我们之所以能够活下来，主要是因为有技术做支撑""左手是互联网广告的发布技术，右手是互联网广告，在技术上商业网站是我的客户，在广告上我是他的客户"[1]，充分体现了技术逻辑主导着早期中国网络广告行业整体经营的特点。

随着互联网更加广泛、深入地融入人类的生活，人们对互联网的认识也逐步趋向全面、深刻——它不仅是一种独具个性的新媒介，还是极具效力的营销渠道。也就是说，依托互联网，不仅可以便利、快捷地发布广告信息，还可以借助相关技术与创意将信息展示和市场营销紧密结合在一起。在互联网上实现广告与营销"双效合一"的方式很简单：受众在网上点击广告或在搜索引擎输入关键词后，可以直接链接到广告主的官网或电子商务网站，通过后续的引导发出行动，如注册成为会员，深入了解企业信息，甚至直接购买商品……这样，网络广告与网络营销便自然融为一体。由此，网络广告代理公司的经营内容就得以拓展，成为网络广告营销代理商，更为准确、专业的表述就是数字营销代理商。

二、拓展时期（2006～2011 年）：资本助力，一站式网络营销模式普及

根据中国加入世界贸易组织（World Trade Organization，WTO）的相关协议，2005 年末，中国广告市场全面对外开放。从 2006 年开始，许多外资广告公司以全资的方式大量进入中国。由此，有人将 2006 年称为"中国广告公司真正进入全球化的元年"。[2]

---

① 李娜，杜晨. 2005. 网络广告流变. IT 经理世界，（24）：8，28，30，32，34-35.
② 《广告大观》编辑部，陈刚，陈徐彬，等. 2007. 广告业，表现渐趋成熟——盘点 2006'中国广告业. 广告大观（综合版），（1）：22-29.

国外资本进入中国广告市场，纷纷将目光瞄准数字营销公司。2006 年 3 月，奥美在全球所有市场同时成立新媒体子公司 Neo@Ogilvy，其中国市场的新媒体子公司——奥美世纪广告有限公司，就是奥美中国新媒体部门收购北京世纪华美广告有限公司（以下简称世纪华美）后组成的公司。世纪华美是当时国内领先的互联网广告代理公司，合并之后的奥美世纪一跃成为国内排名第四的互联网广告代理公司。[①]2006 年 5 月，WPP 集团（Wire & Plastic Products Group）收购了网络广告代理公司北京华扬联众广告有限公司（以下简称华扬联众），以此作为其进军中国网络广告市场的重要举措。同年 10 月，日本电通集团和日本软银集团共同出资在北京成立北京电翼广告有限公司，专门从事无线互联网广告业务。[②]资本助力数字营销公司发展的大幕由此拉开。

2007 年之后，数字营销行业不断上演融资与并购的大手笔事件。

2007 年 3 月，江南春领导的分众传媒信息技术股份有限公司（以下简称分众传媒）出资 2.25 亿美元并购当时中国最大的互联网广告代理商和互联网广告技术提供商——好耶，全面进军数字营销市场；同年 7 月，再以 2000 万美元收购北京创世奇迹广告有限公司 70% 的股份，进入游戏内置广告领域；12 月，又与卖场数字广告网络运营商——上海玺诚文化传播有限公司达成收购后者全部股份的协议，拓展数字广告网络在大型超市的覆盖范围。通过这些并购行为，分众传媒完成了集数字户外、互联网广告和手机广告于一身的整合数字化传播网络的打造，"日益成为最大的数字传播整合运营商"。[③]

2008 年 1 月，单体销售额占世界排名首位的广告公司日本电通集团与当时国内最大的数字化媒体集团分众传媒达成战略合作关系，双方共同出资成立专注于互联网广告的"电众数码（北京）广告有限公司"，以应对迅猛增长的中国互联网广告市场的需求。

由于广告是当时所有网络公司盈利的主要途径与方式，一些互联网公司也纷纷出巨资收购数字营销公司：雅虎在 2006 年对网络广告公司 Right Media 进行战略投资，获得其 20% 的股份；2007 年 4 月 15 日又以 6.8 亿美元收购其剩余的股份，以此巩固自身在网络广告市场的领先优势。雅虎的这次收购行为可以说是对 Google 公司稍早时候以 31 亿美元收购网络广告巨头 DoubleClick 公司的回应；紧接着，微软公司在与 Google 公司竞购 DoubleClick 公司失败之后，于 2007 年 5 月宣布以 60 万美元的天价收购网络广告公司——aQuantive[④]，此次收购"不仅是微软创建以来的最大规模收购案，也是全球网络广告行业最大金额的收购案"。三大互联网巨头争先恐后、不惜重金收购网络广告公

---

① 董晓常. 2007. 广告业的新旗帜——传统广告业如何继续保持自己对广告行业的领导地位？. 互联网周刊，（10）：48-49.

② 《广告大观》编辑部、陈刚、陈徐彬，等. 2007. 广告业，表现渐趋成熟——盘点 2006'中国广告业. 广告大观（综合版），（1）：22-29.

③ 中国广告编辑部. 2008. 2007 中国广告传媒业大事记. 中国广告，（3）：35-37.

④ 《微软 60 亿美元收购 aQuantive》：http://tech.163.com/07/0814/06/3LRBE6TG000915BD.html[2019-07-19].

司，皆是因为看好数字营销的发展前景，有针对性地通过收购行为完成未来的战略布局。

除了网络公司与跨国广告集团以重金收购网络广告公司的方式在数字营销市场强势圈地之外，年轻的网络广告公司、数字营销企业也积极、努力地为自身的发展寻求国内外资本的支持。例如，成立于 2007 年的易传媒集团（AdChina，以下简称易传媒），从第二年开始连续三年每年都获得一次融资机会——2008 年 6 月，金沙江创业投资基金牵头投入 1000 万美元；2009 年 6 月，第二轮 3000 万美元的融资又顺利完成；2010 年 12 月，易传媒又宣布完成 4000 万美元的第三轮融资。

2011 年新年伊始，三家网络广告公司——悠易互通（北京）广告有限公司（以下简称悠易互通）、上海传漾广告有限公司（以下简称上海传漾）、浙江盘石信息技术股份有限公司（以下简称盘石公司）接力似地获得资本的青睐：1 月，盘石公司获得上海永宣创业管理有限公司提供的 2000 万美元融资资金；2 月 22 日，上海传漾获得经纬创投（北京）投资管理顾问有限公司、上海祥峰投资发展有限公司、海纳亚洲创投基金的第二轮融资 2000 万美元；2 月 15 日，互联网精准定向广告公司悠易互通获得美国橡树投资领投的 2000 万美元，这是在 2010 年 2 月获得来自思伟投资顾问（上海）有限公司和英属维尔京群岛戈壁合伙人有限公司上海代表处 1200 万美元风险投资的基础上，悠易互通获得的第二轮风险投资。

以上只是简单地梳理、介绍了一些有代表性的收购、融资与合作的案例，现实中这样的事件应该还有很多。当时全球网络广告市场真可谓群雄逐鹿、烽烟四起，有行业期刊曾以"广告乱世"来形容这一局面。单从这些创历史纪录的数字就可以明显看出数字营销市场的巨大吸引力，以及未来的无量前景。

2007～2008 年，通过不断地兼并与重组，数字营销行业的市场格局基本明朗、清晰，形成了三大阵营主导的局面：第一阵营是掌握着网络媒介的传媒集团或互联网公司，如分众传媒；第二阵营是以国际 4A 公司为代表的传统广告集团；第三阵营则是独立的数字营销公司。在这三大阵营中，数字营销公司相对处于劣势，无论是自身拥有的资源，还是运作广告营销的经历与经验，与前两大势力相比都有明显缺陷和不足，因此，这类公司生存与发展的难度相对更大。特别是互联网巨头与传媒集团、传统跨国广告集团及投资商携巨量资本进入数字营销行业，进一步加剧了行业内的竞争，使得弱肉强食、优胜劣汰成为市场主调。一方面，以跨国广告集团为代表的传统广告公司在品牌塑造和广告营销创意方面拥有绝对的优势，同时手握着众多品牌客户资源，在此基础上通过兼并将优秀的数字营销公司招致麾下，无疑是如虎添翼，它们在数字营销市场大刀阔斧地前行，牢牢地掌控着数字营销全案策划服务的主动权；另一方面，互联网巨头公司拥有数字营销的媒体、渠道及平台，掌握着流量入口、各种行为数据，在软硬件技术方面也有天然优势。这两股势力的强势入驻，既给数字营销行业带来资金、活力及多元化经营的格局，也必然在一定程度上挤压数字营销公司的生存空间，加剧行业内竞争的激烈、严酷程度。正是这种危及生存的竞争态势，极大地激发了相对弱小的数字营销公司的斗志，使之积极、努力地进行内部挖潜，不断拓展自身的经营范畴、铸就自身的核心竞争力。

有效应对竞争的前提是找到自身的优势。前面说过，众多专门经营数字营销的新型公司基本都具有技术基因，可以说，对互联网相关技术的熟练掌握与应用是数字营销公司区别于传统广告公司的重要特征。这一点从众多投资的流向就可明确看出：在网络广告技术上有专长的公司，往往成为资本追逐的对象，这与早期网络广告公司产生的背景、契机遥相呼应。无论是美国的 DoubleClick 公司，还是中国的好耶，都是从技术起家，以技术发家。上面所列的这些屡被投资基金"砸中"的公司，大多都具有明显的技术特质。

易传媒成立之初，就带着强烈的技术特质：创始人闫方军毕业于麻省理工学院斯隆管理学院，曾任 eBay 市场总监；首席技术官（chief technical officer，CTO）程华奕本科毕业于清华大学，美国佐治亚理工学院计算机科学硕士，典型的极客（geek）级人物，曾任 eBay 全球首席工程师、PayPal Billing 首席工程师。怀揣着"技术可以改变中国互联网广告的理想"，闫方军带着 120 万美元的天使投资回国创业，针对大中型垂直网络搭建广告平台——将网站大量不受关注的闲置广告资源汇集在一起。易传媒创建的商业模式是：低价采购媒体资源，全面分析媒体用户数据，把媒体用户和广告目标受众进行匹配，以实现广告的精准投放。由于易传媒创业团队成员大都有电子商务背景，其创建的广告平台就像一个交易市场，各网络媒体的广告资源都可以在这里通过最有效的市场化运作方式被竞拍或采购。闫方军曾非常自信地说："通过我们的技术平台，可以为我们的客户找到任何他们想找的人。"[①]

如果说，初创时期的数字营销公司凭借着新媒体、新技术的先发优势，以相对简单的媒介代理，以及网络广告投放与管理软件系统的开发和维护就能在当时的市场获得立足的空间和发展的舞台，那么，在进入竞争激烈的拓展时期之后，还固守于媒介发布这个狭窄的层面，则肯定会被市场无情淘汰。于是，从互联网作为新媒体、新技术超越于传统媒体、传统广告营销技术的角度，数字营销公司进一步向纵深探索，寻求数字营销的新途径、新方法：其一，聚焦于网络媒体（渠道）能够"在正确的时间、将正确的信息、以正确的方式传达给正确的消费者"的特点，力求实现广告营销活动的精准投放；其二，随着 Web2.0 时代的开启、社交媒体的诞生，摸索调动、激发消费者主动参与热情的手段和方式，与之开展良性互动；其三，基于互联网上行为引导、数据获取的便利，将广告从早期以单纯展示信息为主转向以效果的转化与达成为目标，并适时改进广告收费模式，使广告主的投资回报率有了更切实的保障……这些探索与努力都基于技术，但又不仅是简单停留在技术层

---

① 《易传媒 CEO 闫方军：开创广告应人而变的商业模式》：https://tech.sina.com.cn/i/2010-06-11/15074302198.shtml[2019-10-22].

面，而是充分利用技术为实现广告营销活动效果服务，使广告营销活动更有针对性，更有吸引力和感染力，同时也更加高效。2006 年，时任好耶广告 CEO 的朱海龙接受《中国广告》杂志记者采访，当被问及好耶成为领先的互联网广告公司的优势究竟是什么时，他这样回答："技术加运用，是好耶最大的优势。对于互联网广告，如果没有技术，你就只能做一个代理，而代理行业的门槛相当低，恶性竞争非常严重。当然，你的技术还必须提供相应的服务，你只有利用技术为你的客户——广告主、广告公司、网站，提供一系列有价值的服务，你才能在市场上立足！"①对于数字营销公司来说，必须以富有创意的方式去运用技术，也就是要在技术优势的基础上再加上"创意"的力量，以"技术+创意"作为自身的核心竞争力。而且，这里的"创意"不同于传统的广告创意仅聚焦在信息的传播层面，其运用范围得到大大的拓展——技术的研发与更新、技术如何转化为能带来实际营销效益的产品等，都需要从创意的角度思考和把握，以期最后能够给客户带来实际的市场效益。

2008 年，美国次贷危机引发了全球性的金融风暴、金融危机，许多企业市场效益下滑，纷纷压缩广告预算，此举直接导致传统广告的资金投入锐减。但在传统广告市场整体疲软的大环境之下，网络广告却异军突起、逆势上升，被人形容为"寒冬中的一股暖流"。业内专家由此指出，传统广告业务的黄金时代已经过去，取而代之的是网络广告与营销。②在此背景下，一批独立的数字营销公司获得长足发展，业务内容逐渐摆脱了开创时期主要依靠网络技术从事网络广告代理的单一与单调，开始拓展范围，为广告主提供全案策划，实施一站式网络营销服务。

一站式网络营销，指的是数字营销公司为广告主全程提供其所需要的全部网络营销服务内容——建立网站、市场推广和商机转化。"一站式网络营销通过一家服务商、一个产品来实现企业开展网络营销的整体解决方案，这对于企业来说，能够减少时间、精力和金钱上的消耗，并有利于网络营销后续管理和维护，在投资回报率上无疑是最高的。同时这对于提供一站式网络营销服务的服务机构来说，也有着非常高的要求"③。由此，许多数字营销公司都加大了网络营销平台的建设力度，如上海传漾推出的 Media Matrix 营销平台，在其 CEO 徐鹏看来，就是"为用户提供'一站式'智能化精准营销的平台"。2007 年，阿里巴巴网络技术有限公司（以下简称阿里巴巴）旗下的阿里妈妈上线，并于 2011 年推出 TANX（Taobao Ad Network & Exchange）营销平台。

一站式网络营销模式的盛行，又进一步促进了广告联盟的发展。广告联盟起源于 1996 年，亚马逊为投放自身的广告而将数以万计的中小网站聚合在一起。2003 年 Google 公司推出的 Google AdSense 则可服务于众多广告主，很快成为全球最大的网络广告联盟。

---

① 伏海.2006. 技术会让我们更优秀——专访好耶广告网络首席执行官朱海龙. 中国广告，（10）：47-48.
② 刘林森.2009. 金融风暴吹热网络广告. 今传媒，（4）：22-23.
③ 周凯.2008. 2008 年网络营销发展趋势浅谈. 互联网周刊，（10）：83.

我国的网络广告联盟成型于 2010 年左右，作为连接广告主与网络媒体的枢纽和桥梁，网络广告联盟很快得到市场认可，受到中小企业的欢迎。2009 年，聚集了包括新华网、人民网、凤凰网、优酷、中关村在线等众多知名国内网站在内的 30 多万家优质联盟成员的百度"网盟推广"正式上线，百度由此开启"全域营销时代"。[①] 随着移动互联网的兴盛，移动广告网盟也自然而然地产生，并在 2011 年升级为移动广告聚合平台，如芒果移动广告优化平台、AdView 移动广告交易平台。移动广告聚合平台将多家网盟整合在一起，可以在平台上实现多家网盟的自由切换和流量分配，进而提高广告效益。[②]

在综合型的数字营销公司为广告客户提供内容丰富、全面的一站式网络营销服务的同时，还有一些公司则坚持走差异化、个性化的发展道路，根据自身优势选择某一细分市场进行深耕细作，如专注地做游戏植入、网络视频等。另外，随着大数据的崛起，数据的汇集、分析与监测也开始受到重视。

三、渐趋成熟时期（2012 年至今）：数字营销产业链初步建立

在整个数字营销产业的发展历程中，2012 年是非常关键、重要的一年，移动互联网爆发，云计算落地，大数据时代开启，中国 RTB（real time bidding，实时竞价）元年……这些关键词句频繁出现在各种数字营销市场年度总结的文献中。网络及数字技术的发展与应用，进一步促进了数字营销及数字营销公司全方位的拓展。

首先，一站式网络营销服务模式的普及，彰显了营销平台的重要性。于是，平台建设成为诸多数字营销公司的工作重心。从 2011 年开始，一些互联网公司就在开放平台方面有了实质性的推进——百度实现了个性化搜索页面和应用定制，腾讯 QQ+可直接加载到用户桌面，新浪微博与即时通信相互打通，淘宝开放平台、360 开放平台、人人网开放平台等也相继推出。从产业发展的角度，平台的开放为开发方、平台方和用户方三方实现共赢奠定了重要基础。在此基础上，围绕着数字广告的投放流程，数字营销公司开始跑马圈地，全面铺开营销平台的建设，以及相关产品的研发与应用。一时之间，DSP（demand-side platform，需求方平台）、SSP（supply-side platform，供应方平台）、DMP（date management platform，数据管理平台）、Ad Exchange（广告交易平台）如雨后春笋般出现。

开展一站式网络营销活动，必须先在互联网上搭建广告交易平台。通过广告交易平台，将网络营销活动涉及的多方：需求方（广告主或广告代理商）、供应方（网站或网盟）、数据管理与监测方关联在一起，以保障网络广告进行快速、便捷、有效的投放。世界上最

---

① 刘佳. 2010. 百度开启全域营销时代. 互联网周刊，（1）：114.
② 梁丽丽. 2017. 程序化广告：个性化精准投放实用手册. 北京：人民邮电出版社：4.

早的广告交易平台是 2005 年出现在美国的 RightMedia。2011 年，Google 公司 DoubleClick 广告交易平台在中国试运营；国内第一个面向全网的实时广告交易平台 Tanx 于 2011 年 9 月由阿里妈妈正式对外发布。随后，腾讯科技（深圳）有限公司（以下简称腾讯）、上海盛大网络发展有限公司、北京新浪互联信息服务有限公司（以下简称新浪）、百度亦纷纷推出自己的广告交易平台。

有了广告交易平台，自然会吸引广告活动的各方主体带着各自的 DSP、SSP、DMP 加入其中。2012 年，北京品友互动信息技术股份公司（以下简称品友互动）、华扬联众、易传媒、好耶、上海聚胜万合广告有限公司、广州舜飞信息科技有限公司（以下简称舜飞）等中国领先的数字营销公司，纷纷推出各自的 DSP。同时，一些互联网公司及平台，如腾讯、百度、优酷土豆、新浪等也相继加入 SSP/广告交易平台的建设，腾讯的 Tencent 广告交易平台上市后就与多家数字营销公司的主流 DSP 实现对接，积极为客户提供差异化的优质营销资源。[①]

在广告交易平台上，有了 DSP 和 SSP，需求方的广告投放和供应方的广告位出售就能实现对接，但其针对性和精准性难以保证，还需数据管理平台 DMP 的加入。2014 年，阿里妈妈推出大数据管理平台达摩盘，将需求方和供应方双方的分散数据集中、统一纳入数据管理平台进行分析，生成相关人群的标签并同步到钻石展位、淘宝直通车等产品中，进行定向精准投放。北京百分点信息科技有限公司、互动派科技股份有限公司、北京秒针信息咨询有限公司、精硕科技（北京）股份有限公司等大数据营销公司，也先后推出数据管理、数据监测平台，用数据和技术支撑保证数字营销效益的最大化。

广告交易平台将 DSP、SSP、DMP 有机串联在一起，再加上 RTB 交易模式，就能快速、自动、精准地完成数字广告的投放。至此，一站式网络营销升级为一站式智能数字营销，从而大大提升了数字营销的效率与效益。

随着智能手机的普及及通信技术快速进入 4G、5G 阶段，移动互联网以不可阻挡之势登场并迅速超越传统互联网，移动客户端的用户数量很快超越 PC（personal computer，个人计算机）端，再加上智能电视（over-the-top TV，OTT）的出现，绝大多数用户每天都身处于"多屏"的包围之中，随时在电脑、手机、平板电脑、智能电视之间转换，其注意力被严重分散、稀释。为了应对受众注意力碎片化的现实，保障广告营销活动的实际效果，数字营销公司又在一站式智能数字营销的基础上，探索、实践"多屏""跨屏"的营销策略。例如，上海传漾就经由三年多时间的研发，于 2015 年推出跨屏 DMP——SameData 6.0，通过上海传漾 Dolphin 平台将用户在各种设备上的数据打通，生成唯一的跨屏 ID——Adsame ID，一个 Adsame ID 可以对

---

① 《中国互联网广告 RTB 元年十大事件盘点》：http://tech.qq.com/a/20130121/000140.htm[2019-05-25].

应多个 Cookie ID 与移动设备 ID。利用 Adsame ID，可以非常顺利地将用户在多个屏幕上的多种数据进行汇总、分析，准确把握其个性特征和兴趣爱好，进而实现针对一个 Adsame ID 的广告跨屏精准投放。此外，SameData 6.0 还能整合多屏资源，对用户行为进行跨屏追踪，在不同平台之间有效控制广告投放的频率，确保多屏上的用户资源不被错失、浪费。[①]

其次，移动互联网在很大程度上改变了人类生活的方方面面，自然也深刻地影响着广告营销观念及思维方式。每个手持智能手机或平板电脑的用户随时随地在两种身份——信息的传播者、信息的接受者——之间自由转换，互联网由此进入 SoLoMo[social（社交的），local（本地的），mobile（移动的）]时代。随时随地在线的用户为"见缝插针"地开展广告营销活动提供了契机，也对数字营销公司的快速反应能力提出了更高的要求；用户"既是传播者又是接受者"的特征迫使数字营销公司转变"以我为主"的立场和观念，重新树立"以用户为中心"的理念，并将之贯穿于数字营销的全过程。基于此，悠易互通适时提出了"中国受众网络"概念，认为技术驱动下的中国受众网络是未来广告、营销发展的新航标。"中国受众网络"概念的提出，直接"颠覆了传统的广告思维，开辟了新的营销逻辑"[②]。在这种新的思维和逻辑之下，数字营销公司应该如何调整自身的经营机制？腾讯的网络媒体总裁刘胜义认为：互联网已经进入了一个实时（real-time）媒体的时代[③]，实时的信息在以分钟为间隔单位进行广泛传播，开放的媒体平台制造出海量的 UGC（user generated content，用户生产内容），构建了瞬息万变的媒体的环境，在这一背景下，企业的营销更需加快步伐，以快制胜。腾讯推出的《虚拟世界 真实信赖》数字媒体白皮书，则针对实时媒体背景下出现的微博、视频、无线等营销新触点，对数字广告与营销活动提出建议：对于广告主而言，与其自己发出内容，不如巧妙借力——借网民智慧之力、借热点话题之力、借大事件之力，通过巧借热点事件、热点话题之力进行信息传播与品牌形象的塑造，能有效形成并强化企业与品牌的差异化定位；同时，在多屏与碎片化的传播环境下，也不能将所有的鸡蛋都放在一个篮子里，营销活动一定要了解目标用户的网络触点与内容，整合、打通不同平台，在对用户跨屏行为进行准确追踪的基础上，在各平台之间完成高效的灵活投放，以更好地和用户行为同步，与之进行实时互动。[④]也就是说，数字营销公司要依托自动化、智能化的广告交易平台，将多屏整合在一起，实时为客户提供一站式的数字营销服务。

再次，站在整个数字营销行业的角度来看，"整合"绝不仅体现在媒体、渠道与终端，

① 《深度解码跨屏营销》：http://www.ciweek.com/article/2015/0606/A20150606567876.shtml[2019-05-25].
② 佚名. 2011. 数字营销新蓝海：以受众为核心. 广告大观（综合版），（7）：95.
③ 《腾讯刘胜义：互联网进入 Real-Time 媒体时代》：https://tech.qq.com/a/20110531/000283.htm[2019-10-22].
④ 李敏. 2011. 变革时代洞察心声掌控数字营销新触点. 广告人，（6）：154-155.

而是更深刻地呈现于整个行业格局的变化与发展之中。一方面,随着数字营销时代的到来,先前分属其他行业的咨询公司、公关公司甚至网络科技公司也纷纷扩张自己的领地,进入广告营销行业与广告公司、营销公司抢夺市场、一较高低。①据报道,2010 年《广告时代》(*Ad Age*)杂志推出的全球 100 家广告营销公司榜单中,只有 IBM(International Business Machines Corporation)一家咨询公司勉强上榜。在 2017 年的榜单中,咨询公司强势逆袭,IBM、埃森哲(Accenture)、德勤(Deloitte)等咨询公司的数字部门几乎瓜分了榜单的前五名;同时,上升速度最快的公司中还包括毕马威(KPMG)、安永会计师事务所(EY)、普华永道会计师事务所(PwC)等曾经一度剥离咨询业务的传统"四大"。而传统 4A 广告公司阵营的"六大"[即 WPP、Omnicom(宏盟)、Publics(阳狮)、IPG、Dentsu(电通)、Havas(哈瓦斯)]不仅在与"新营销咨询三大"(IBM iX、Accenture Interactive、Deloitte Digital)、麦肯锡和凯捷(Capgemini)的竞争中节节败退,甚至被纯粹的科技公司——Adobe、Salesforce 和 Oracle 抢走地盘。②另一方面,在广告行业内部,"去乙方化"的风暴也愈演愈烈。③越来越多的广告主借助于数字技术和社交媒体与自媒体,完全可以自主进行内容创意与生产,并通过广告交易平台直接与媒体机构(供应方)对接,实施程序化的媒介购买与投放。近年来,百事集团在寸土寸金的纽约曼哈顿新开了 4000 平方英尺的内容制作中心,联合利华集团整合乙方资源创建了 U-Studio 和 U-Entertainment 两大内部内容制作中心,还有更多的企业如高盛集团、埃森哲公司、欧莱雅集团,也纷纷将先前外包给代理公司的内容制作转为自营;广告媒体机构拥有的越来越多的媒体资源也可以捆绑打包的方式经由广告交易平台实现自动化的投放,同时一些媒体机构还主动出击、直接参与广告运营,如 Google 公司不断开发创新性的广告产品以吸引广告主,《纽约时报》旗下的品牌营销部门 T Brand Studio 以原生广告起家,如今已发展为较成熟的广告代理商。广告主和广告媒体机构完全可以甩开作为"乙方"的广告营销代理商,很便利地在广告交易平台上达成彼此的联结、实现各自的目标,"乙方"的生存空间遭到严重挤压。

在此内外交困的局面之下,"你中有我、我中有你"的跨界整合之风盛行于行业内外:其一,打破传统广告营销服务的边界,不再只是聚焦于广告主的终端销售,单纯提供广告营销活动的策划、创意、制作与媒介投放计划,而是全面融入企业的整个经营过程,为之提供深度服务:利用大数据研究,把握消费者需求,预测市场动向,为新产品开发指明方向;配合新产品上市,做好品牌创建、广告与市场营销活动;在企业、品牌与受众、消费者之间架起沟通的桥梁,随时保持良好的互动;当企业与品牌遭遇突如其来的危机,及时

---

① 阮卫. 2018. 从代理人到合作伙伴:广告公司角色的变迁. 西南大学学报(社会科学版),(3):66-70.
② 栗建. 2017. 被咨询公司入侵领地的 4A. IT 经理世界,(7):40-42.
③ 栗建. 2016. 再见了,4A 公司. IT 经理世界,(21):48-50.

启动公关、新闻报道等予以化解……也就是将传统广告营销公司的核心竞争力"创意"拓展、渗透到企业经营活动的各个环节、各个层面。与此同时，在长时间为传统媒体机构做媒介代理积累的经验之上，与新旧媒体全面合作，及时学习、掌握最新技术，将各种媒体融会贯通，做好综合性媒体平台的建设与维护，为精准、高效的程序化投放提供基础和保障。[①]其二，基于数字营销时代很多边界都被打破、跨界与融合成为常态的现实，与行业外的其他公司建立合作伙伴关系。比如：大数据时代，数据的汇集与分析至关重要。在这方面，互联网公司如Google、Facebook和百度、阿里巴巴、腾讯，以及门户网站、数字媒体终端、移动通信运营商等掌控着各种大数据，咨询公司也拥有数据特别是数据分析与管理的优势，与之结成同盟关系，无疑可以便捷地做到资源共享、彼此互惠；另外，技术的创新与应用成为数字营销时代广告营销创意是否能有效落地的重要条件，一些引领着最新技术应用，如AR(augmented reality, 增强现实)、VR、AI(artifical intelligence, 人工智能)、体感互动、人脸识别的高科技公司，更是成为数字营销公司重金收购的对象。2014年被人称为"广告技术圈的并购大年"，投资银行服务公司——CoadyDiemar Partners提供的数据显示，当年与"广告技术和服务"相关的并购交易数量为100件，总金额达到了75亿美元，为2013年该行业并购总金额（23亿美元）的三倍多。例如，WPP于2014年对领先技术平台——AppNexus追加2500万美元的投资，持股水平增加到15%；2015年又买入Medialets和The Exchange Lab，以进一步增强自身实时媒体投放的能力。[②]由此，有人预测，未来的广告营销公司将会以"轻资产、重整合"的模式为主：广告代理商"掌握客户、策略和数据，却不需要完全将执行捏在自己手里"[③]。围绕一家企业、一个品牌，在汇集多家公司的创意人才和技术精英的基础上为其重新定制一家代理商，这样的合作方式将会越来越多，"如果善于整合技术和人才资源，能用数据驱动的洞察讲好故事、设计用户体验，成为品牌的合作伙伴而非'代理商'，这样的组织形态势必会获得更多的机会"[③]。

弥漫于整个市场的跨界整合之风，非常有利于数字营销代理商集中优势兵力为广告主提供最优质的服务，同时也给各种不同规模、类型及风格的公司及机构提供了相对宽松的生存环境与发展空间。越是个性鲜明、反应敏捷的公司，越容易在整合中占据优势、抢得先机。2012～2014年，一批小型、独立的广告营销公司应运而生：2012年12月Karma成立，2013年11月上海天与空广告股份有限公司（以下简称天与空）诞生，2014年出现的有上海意类广告有限公司（以下简称意类广告）、ooookini、W……

---

① 阮卫. 2018. 从代理人到合作伙伴：广告公司角色的变迁. 西南大学学报（社会科学版），（3）：66-70.

② 林小楠. 2017. 做数字时代的广告技术狂人，你要具备这样的三观. https://mp.weixin.qq.com/s/RRQoHO_cOUSeDcyk0zn9YQ [2019-07-19].

③ 《未来广告代理商的形态会是什么样？》：https://www.meihua.info/a/67812[2019-07-19].

这些公司的创办人与合伙人基本都拥有长期供职于 4A 公司的经历，其中不乏知名 4A 公司创意总监级的人物，他们或者是提前感知到传统 4A 公司的生存危机，或者是看好数字营销的发展前景，或者是带着个人再创业的激情，纷纷成立、打造自己的"以创意为主导的本土小型独立广告公司"。如今，这些公司已在行业内做得风生水起，被人统一称之为"创意热店"，许多现象级的广告作品都出自这些热店；一些知名品牌，如可口可乐、西门子、耐克、淘宝、天猫、腾讯，也都先后与这些独立创意热店达成合作关系，显示出不容小觑的竞争实力。

最后，随着国内市场的饱和及竞争的日益加剧，一些互联网企业开始寻求新的出路、新的战场。一时之间，"出海"成为人们关注的焦点话题。从 2014 年开始，中国互联网企业集体性地放眼海外、向异域扩张，其中既有百度、阿里巴巴、腾讯这样的互联网巨头公司，也有一大批中小企业，如猎豹移动公司、UC 移动有限公司等。无数企业纷纷加入"出海潮"，迈出国门、走向世界，这自然需要数字营销公司沿路开疆拓土、保驾护航。海外市场的广告与营销推广，很多时候都是立足于 Google、Facebook、Twitter 这三个大型广告平台，为了更好地服务于"出海"企业与品牌，许多数字营销公司着力打造海外营销平台，并积极与主要流量拥有者 Google、Facebook、Twitter 实现对接，达成合作关系。2015 年初，Madhouse（亿动广告传媒）启动移动程序化购买旗舰平台，其中就包括一站式海外推广平台 PerforMad。基于这个平台，其海外广告投放量单月破亿元，全年总量超过 7.2 亿元。与此同时，Madhouse 还继续加大投入，完成了 PerforMad 与 Google、Facebook、Twitter 的对接，成为三大海外渠道在中国地区的顶级代理商；2015 年 4 月，北京亿起联科技有限公司重金打造的海外业务平台 PandaMobo 上线运营，成功打入海外市场，并在当年 10 月成为 Twitter 中国区的顶级代理商；蓝色光标集团（以下简称蓝色光标）也在 2015 年拿到了 Facebook 中国区顶级代理权，多盟智胜网络技术（北京）有限公司则成为中国区第一家获得 Facebook 授权 Facebook marking partner（原称为 PMD——physical media dependent）资质的企业。此外，还有一些公司在全球各地设置分公司或办公室，以更便利地开展海外业务，如：品友互动于 2015 年 7 月在北美洲成立公司——BoarderX Lab，打造跨境 DSP，在全球范围内拓展业务；一直努力追求成为"全球跨屏广告平台先锋"的 Avazu（艾维邑动）在 2015 年实现了全球广告业务在国内 A 股上市，在美国洛杉矶、加拿大多伦多、印度班加罗尔等地设立办公室，继续拓展全球广告市场，并于 2015 年 4 月成为 Google AdWords 的核心合作伙伴，11 月其平台 mDSP 又与 Facebook 广告平台完成全面对接；广州汇量网络科技股份有限公司则在两条线上同时发力，一方面深化国内"出海"客户梯队，另一方面又在美国、印度、新加坡等国家开设办公室，挖掘当地客户资源。[①]跨境、跨屏一站式营销平台的出现，为走向世界市场的企业与品牌提供了很多便利。

至此，面向全球市场的数字营销生态链基本形成。在这条生态链上，先前分属不同行业、类型各异的公司走到一起，彼此交融、协作；各种营销平台之间无缝对接，在资源共享的基础上精准、快速、高效地完成广告营销信息的投放；各类媒体与渠道，传统的、新兴的、线上的、线下的、国内的、国外的，均被整合到一起，顺应着用户行为轨迹的改变而被有效地加以利用……整个数字营销行业逐渐走向规范、有序，并呈现出良好的发展态势。随着大数据技术、人工智能技术的进一步开发与应用，数字营销公司一定有更广阔的拓展空间。

---

① 佚名. 2016. 过去一年他们都做了什么——数字营销公司年终盘点. 市场瞭望，（1）：89-97.

"去中介"环境下数字营销公司对专业性的重构

2018 年初，宝洁公司（以下简称宝洁）宣布成立全新的独立广告公司，这家广告公司的人员来自多个互为竞争对手的广告公司高层：WPP 的葛瑞（GREY Group），宏盟媒体集团（Omnicom Media Group，OMG）的 Hearts&Science 和 Marina Maher Communications，以及阳狮集团（Publicis Groupe）的盛世长城国际广告公司（以下简称盛世长城）。宝洁首席财务官乔恩·莫勒（Jon Moeller）表示，公司已将广告代理和生产成本削减了 7.5 亿美元，并计划在未来三年内继续削减 4 亿美元。自 2017 年以来，以宝洁、可口可乐、红牛、耐克等为代表的一批全球大型广告主纷纷成立了 In-house 团队，越来越多的广告主开始选择"内部+外部"的合作模式，数字营销公司的市场份额被严重挤压。根据美国国家广告协会（Association of National Advertisers，ANA）统计，2018 年已有超过 35% 的公司自称将完善并扩张内部的程序化购买团队，以逐渐减少与外部代理商的合作——2016 年这个比例仅有 14%。世界广告联盟（World Federation of Advertisers，WFA）在 2018 年夏天的调查也印证了相似趋势：全球 45% 的受访广告主开始投入更多成本在内部广告团队组建上，特别是负责数字媒介广告方面的团队。[①]

互联网行业的崛起，加速了数字化营销的进程。全球市场正在经历一场数字化转型，营销的边界不断被打破与重构。无论是对于独立的数字营销公司还是数字营销集团而言，其生存环境都在不断恶化。它们的竞争对手不只来自同行业，还有来自产业链上下游公司的双向挤压。广告巨头们的权威日渐式微，它们不断调整、整合以适应时代的发展，却又不断受挫。为改善国际 4A 公司一直被诟病的"体系庞大、运作流程过长"的问题，阳狮集团将 6 家媒介代理并作 1 家；汉威士集团（Havas）将创意和媒介业务融合；WPP 接连合并了奥美的多个垂直子品牌，整合为单一品牌"Ogilvy"来经营，随后又将数字化营销、品牌咨询等公司合并。2018 年 4 月，WPP 创始人兼 CEO 苏铭天爵士辞职，4A 广告业最后一个大佬黯然离场，随后又传出阿里巴巴和腾讯预计将以 25 亿美元收购 WPP 的消息。无独有偶，早在 2017 年 10 月，一家法国的投资银行的分析报告指出，咨询公司——埃森哲将有可能收购 WPP 或者阳狮。科技公司方面，软件巨头——Adobe 公司通过历年的持续并购成功进入营销领域，并实现 2012 ~ 2017 年内市值增长 3 倍的成

---

① 《宝洁成立广告公司背后：全球 45%广告主加大投入内部广告团队》：http://www.sohu.com/a/230919354_100091764 [2018-08-20].

绩，逐渐成为营销领域领跑者；而 Google、Facebook 及国内互联网巨头 BAT（百度、阿里巴巴、腾讯）等公司，也越来越朝着营销方向进行整合。

本土数字营销集团的生存状况同样堪忧。为吸纳数字营销基因，搭建集团数字营销平台，从 2011 年开始，广东省广告集团股份有限公司（以下简称省广集团）陆续收购了多家数字营销公司，但至今仍难摆脱业绩下滑的困境；2015 年蓝色光标加足马力开始并购，也同样面临着重重困难。"尽管蓝色光标仍然保持了高增长，但不可否认的是整体变得更难了"蓝色光标数字副总裁兼首席策略官郭耀峰在 2017 年的一次采访中说道。[①]在上下夹击、内忧外患的恶劣环境下，广告行业"去中介"的声音日益高涨。

一、"去中介"的技术指引

2016 年，李克强总理在《政府工作报告》中重提"新经济"，"新经济"的概念再次进入人们的视野。以移动互联网、物联网、大数据、云计算、人工智能等信息技术为代表的一组通用目的技术成为"新经济"发展的重要推动力。"新经济"的技术经济特征表现为以新科技为根本动力、数据成为生产要素、万物互联、智能无处不在。[②]数字营销公司在此种环境下面临着巨大的变革。咨询公司胜三（R3）的创始人兼总裁包贵格（Greg Paull）早在 2012 年就表示，"未来的五年内，CMO（首席营销官）们投放在技术领域的精力将超过 CIO（首席信息技术官），掌握最新的互动趋势及需求对他们的工作至关重要"[③]。在数字营销领域，大数据、人工智能、物联网和区块链等新技术的引领使智能创意、智能营销大行其道，数据成为数字营销行业的核心竞争力。

（一）"数据"作为重要生产要素成为数字营销公司核心竞争力

在信息时代，智能传感器、移动互联网、物联网等技术的发展使数据的产生速度、产生规模出现了爆发式增长，使数据进行低成本的生成、采集、传输、存储成为可能；同时，大数据、人工智能等技术极大地提高了数据处理效率，使海量的、非结构化的数据清洗、分析、使用成为可能。数据成为信息时代最关键的生产要素，谁掌握了"数据"谁就在市场竞争中占有优势地位，数据的获取、分析、使用能力成为数字营销公司开启市场的密钥。

在数字营销市场中，广告主掌握着消费者画像、销售情况等第一手核心数据，数字媒体掌握着以投放效果为主的第二方数据，第三方监测机构及相关技术公司掌握着第三方数据资源。而大部分数字营销公司只有在代理相关广告业务时才有可能从这三方获取相关的部分数据。数据来源的不充分为营销方案的合理推导增加了难度，其效果预估的准确性也

① 《被粉丝、MCN、创意工作室多维取代后，传统公关大势已去吗？》：https://36kr.com/p/5143757.html[2018-08-20].
② 李晓华. 2018. "新经济"与产业的颠覆性变革. 财经问题研究，（3）：3-13.
③ 林小楠. 2017. 数字时代的广告技术论. https://www.jzwcom.com/jzw/ea/16538.html[2018-08-10].

难以保证。在以消费者为中心的互联网时代，采集到符合标准的用户数据无疑将为后续的数据分析提供极大的便利，同时，数据越丰富，越能增加发现问题和改进流程的可能性。拥有自己的数据工具，将业务和数据紧密地整合在一起，利用数据对业务进行持续性调整和改进是数字营销取得良好效果的基本要求。目前，仅有一小部分拥有良好技术基因的数字技术公司具有采集、分析核心数据的能力。大部分独立的数字营销公司因为资金、人员、技术、服务能力较弱，对接互联网资源较少，服务质量难以保证，凭借自身力量向数字化转型困难较大。由于把握核心数据的能力缺失，数字营销"中介"被边缘化的趋势明显。

（二）"人工智能"技术的应用使传统"广告人"的作用日益减小

海量数据的产生、深度学习算法的演进、图形处理器在人工智能领域的使用，以及专用人工智能芯片的开发使人工智能技术得以成功商业化。目前，人工智能技术已经在搜索引擎、图像识别、新闻撰稿和推送、金融投资、医疗诊断、无人驾驶汽车等诸多领域获得实际的应用，并为企业创造出真正的价值。在数字营销领域，智能创意、智能营销成为当下热词，一定程度上剥夺了数字营销公司赖以成名立万的"创意"和"策划"能力。人工智能技术能够在挖掘、积累大量用户数据的基础上从核心用户群数据中提取有用的消费者洞察，形成消费者画像。通过大数据分析和人工智能算法剖析得出消费者行为偏好，为个性化产品推荐和媒介选择提供决策依据。在实现用户洞察的基础上进行精准营销，让数字广告投放更加精准、高效。同时，基于机器学习算法，人工智能成功实现了程序化广告的投放和程序化创意的制作。与机器相比，人的作用越来越"渺小"。过去，随着机器和软件在全球大范围被引入工厂，手工艺人与体力劳动者逐渐感到他们的身份和角色受到了威胁[1]；如今，程序化创意的流行也使创意工作者的独特性受到了影响。[2]面对不断增长的内容营销需求，运用新技术进行创意制作和精准投放成了横亘在传统广告人面前的一道槛，缺乏技术、产品和运营思维的数字营销公司将面临生存风险。

（三）物联网通过"人"与"物"的连接，重新定义了用户的媒介接触方式

在"新经济"环境下，支持移动传输的 3G、4G 通信网络成为普及型的通信基础设施，卫星通信和卫星定位成本大幅度降低，手机、平板电脑等智能终端的普及率远远超过台式电脑等固定终端，传感器的精度更高且更加智能，通信网络更加泛在化，在任何时间、任何地点使实现万物互联成为可能。[3]据前瞻产业研究院发布的《2018—2023 年中国物

---

① Kristofferson R B. 2007. Craft Capitalism: Craftworkers and Early Industrialization in Hamilton, Ontario, 1840-1872. Toronto: University of Toronto Press.

② Chan L S. 2017. Cultivation and erosion of creative identity: a Hong Kong advertising agency as case study. Continuum: Journal of Media & Cultural Studies, 31（2）: 325-335.

③ 李晓华. 2018. "新经济"与产业的颠覆性变革. 财经问题研究，（3）: 3-13.

联网行业细分市场需求与投资机会分析报告》初步估算，2017 年全球物联网设备数量达到 84 亿台，比 2016 年的 64 亿台增长 31%，2020 年物联网设备数量将达到 204 亿台。[①]

通过全方位链接用户生活设备，营销者可以精准获得海量用户的线下消费行为、媒介接触习惯及日常生活场景等信息，并根据相关数据将广告的内容与用户所在场景完美结合，实现对不同场景下的用户智慧触达，将"大数据"延伸到消费者"个人"。数字营销势必向场景化、个人化方向发展，停留在传统广告思维、习惯将不同媒介分散组合的广告策略已不再适用于当下的市场环境。

（四）程序化购买交易制度改变了广告交易模式

程序化购买交易制度涉及 SSP、DMP、DSP 和广告交易平台四方。一些具有优良技术基因的数字营销公司以 DSP 作为桥梁，通过对接 PC 端、移动端的广告交易平台，将 DSP、SSP、DMP 有机串联在一起，配合 RTB 交易模式，快速、自动、精准地完成数字广告的投放。其中数字营销公司在这个交易平台上扮演平台提供商的角色，撮合需求方（以广告主为主，有时由自己充当）与供应方（以网站为主，有时由网盟扮演），最终完成交易。在程序化购买的交易制度下，广告主可以通过数字平台自动执行广告购买、投放和优化流程。与传统的购买方式相比，程序化购买交易制度大大提升了广告投放的效率，实现了广告主投放成本的下降。2017 年，中国广告程序化购买支出总额达到 166.9 亿美元（约合人民币 1109 亿元），比 2016 年增长 48.6%。[②]随着市场的推动、流量类型和广告主 KPI（key performance indicator，关键绩效指标）日益多元化，程序化购买的普适度会不断提升，越来越多的营销参与者开始考虑借力更为便捷、高效的营销云技术来打造自己的企业级程序化广告平台。程序化购买交易制度解决了广告主与数字媒体之间信息不对称和广告投放效果难以监测的难题，"中介"的作用弱化甚至变成可有可无的"鸡肋"。那些技术能力较差、资金实力不足的数字营销公司势必将遭到淘汰。

（五）区块链技术的推进为"去中介"提供了技术支撑

在全球数字营销市场规模持续快速增长的趋势之下，区块链技术的兴起无疑为全球数字营销市场带来了一股颠覆式创新的力量，它创造了一种去中心化、分布式存储、全球统一的超级数据库系统，将产业链上下游连接在一起构成了一个完整的利益链条。这种去中心化、分布式存储的数据库技术具有公开透明、共同维护、去信任化、安全可靠等特性。在数字营销领域，区块链技术可以将数据加密并分割成小块分布在众多节点上，即便某一

---

① 《营销专家王毓：万物互联，场景营销已成大势所趋》：http://finance.ifeng.com/a/20180413/16080791_0.shtml[2018-08-10].

② eMarketer. 2018. Programmatic Advertising in China：eMarketer's Updated Forecast and Estimates. https://www.emarketer.com/Report/Programmatic-Advertising-China-eMarketers-Updated-Forecast-Estimates/2002186[2018-08-12].

部分的数据泄露，其他节点上的数据也不会受影响，保证了数据交易的不可篡改和来源的可靠性。它通过数学原理而非第三方中介来创造信任，可以降低系统的维护成本。同时，非中心化的存储平台具有极高隐私性，用户可以选择将一部分愿意分享的数据有偿分享到平台上，使数据共享真正实现市场化，数据来源变广，数据泄露的风险反而更低。用户的海量脱敏数据注入广告市场，切实降低了参与各方的信息不对称。此外，智能合约技术帮助广告主、媒体、用户等相关利益方都能全链路、全透明地关注广告投放的全过程，从技术上解决流量作弊问题。在这一过程中，数字营销公司的职能几乎可以被完全替代，使"去中介"的实现在技术上真正成为可能。

二、"去中介"的市场逻辑

苏铭天爵士在 2014 年数字广告大会的主题演讲中曾谈道：如果问我马云的关注点是什么，我会说是去中介化；去中介化就是变革供应链的基础，以更优惠的价格向消费者提供商品和服务；我们中那些拥有传统广告或公关业务的公司正在被去中介化，或受到新兴网络公司的威胁。2017 年《广告时代》（*Ad Age*）发布的榜单显示，全球前十大数字营销服务商中已经有了埃森哲互动、IBM 互动体验部、德勤数字及普华永道数字服务的身影。哈佛大学约翰·戴顿（John Deighton）教授的研究团队在 2016 年对 8 家互联网企业进行了跟踪调研，发现大部分企业都在谋求整合转型：其中 Google 和 Facebook 由内容供应商向数据传输者转型，通信网络公司——AT&T 和 Verizon 由数据传输商向内容方转型，而微软和亚马逊则同时向这两个方向寻求突破。这几家企业掌握了丰富的用户数据各自为政，使数字营销公司在其中艰难对抗。[①]几股"去中介"的力量纷纷涌入广告市场，广告代理公司在其中日渐艰难。

（一）广告主自建数字营销团队，数字营销"中介"逐渐被边缘化甚至沦为执行机构

广告主与广告代理公司是广告市场多元主体的核心，二者之间是一种委托代理关系。作为广告信息的源头，广告主直接决定了广告的市场需求，广告产品的特殊性使得制定一套完善的广告营销策略需要大量的专业知识。过去，广告主对于广告投放的频率、覆盖面、预计效果等专业知识及媒体信息相对欠缺，广告代理公司的出现解决了其中信息不对称的问题。而在如今的数字营销市场中，广告主可以直接在相关媒体平台的操作后台上看到投放效果，一些大型企业拥有自身专业的市场营销团队，可以直接将广告投放效果与市场转化率做比对，它们对广告效果的数据掌握及对消费者画像的数据往往比数字营销公司掌握

---

① Deighton J. 2017. Rethinking the profession formerly known as advertising: how data science is disrupting the work of agencies. Journal of Advertising Research, （4）：357-361.

得更为全面和准确。广告主越来越强大的广告素养(包括分析数据、评估效果、创造内容)严重威胁了广告工作者的专业性地位[①],因而数字营销公司在其中的价值大大减弱。对于广告主而言,作为"中介"的数字营销公司更多的只是承担着项目执行的角色,所以从节省时间及资金成本、减少中间流程的需要出发,许多具有足够实力的广告主宁愿选择自建广告代理公司或数字营销团队,而拒绝聘请代理中介。韩国学者 Nam-Hyun 在对韩国 5 家 In-house 团队和 4 家独立数字营销企业的 136 位从业者进行调研后发现,In-house 团队的出现已经对中小型的数字营销公司造成了巨大的威胁,也使广告主与数字营销公司之间的关系更加恶化[②]。

(二)头部媒体广告策划及创意服务逐渐成熟,数字营销"中介"的策划专业优势被取代

传统媒介市场属于不完全竞争的寡头竞争市场,"强媒体、弱公司"现象在我国广告市场中一直存在。进入数字营销时代以来,少数几家头部媒体占有了最为丰富的数据资源,广告主常常只在有限的几家媒体中做出选择,这使得他们的内部团队对媒体的投放形式和价格等已具备充分的了解,因此广告主常常会选择与媒介直接接洽以获得更低的折扣。此举使得处于中间代理位置的数字营销公司对媒体的议价能力越来越弱,一些数字营销公司的利润常常在这一过程中被压榨得所剩无几。这一状况加剧了数字营销公司之间的无序竞争。此外,许多媒介成立了自己独立的广告公司或广告部门,具有基础的广告策划和创意能力。虽然这些方案对于每个广告主而言可能存在过于模式化的不足,但是已可以满足大部分广告主的基本投放需求,更何况媒体平台通过数据抓取和分析能够更好地建立相关用户画像,这一点比数字营销公司具有更大的优势。目前,国外媒体中,Facebook 不断增加的创意工作室利用平台、用户等资源优势进行创意策划,与福特、百威、丰田等品牌均有过合作;Google 不断推出开创性广告产品;《纽约时报》旗下品牌营销部门 T Brand Studio 已发展为成熟的广告代理商。而国内最火的短视频行业已经有了专业化的运作,短视频 MCN(multi-channel network,多频道网络)模式集创意思路、制片筹备、内容制作、传播分发为一体,其全案营销能力加速了内容营销市场的"去中介";阿里巴巴的"大鱼计划"、腾讯的"百亿计划"及微博出资 30 亿元扶持垂直领域 MCN 的战略,都在抢滩内容、用户和流量入口,一定程度上将成为数字营销公司的补充和替代。

---

① Chan L S. 2017. Cultivation and erosion of creative identity: a Hong Kong advertising agency as case study. Continuum: Journal of Media & Cultural Studies,31(2):325-335.

② Namhyun U. 2017. In-house advertising agency—Korean way of doing business? An exploratory study of Korean in-house ad agency. Journal of Practical Research in Advertising and Public Relations,10:193-215.

（三）咨询公司更为丰富的数据资源及更强大的营销策划能力，弥补了数字营销公司效果预估能力不足的弱点

苏铭天爵士在 WPP 年度汇报中曾提到，在 2017 年与咨询公司之间多达 80 次的一对一、面对面的业务争夺上，WPP 大概赢了 50 次、输了 30 次。咨询业发展自上而下的整合营销业务、与广告巨头正面交锋的趋势已成铁的事实。目前，埃森哲已收购了英国广告公司——Karmarama、营销咨询公司——Brand Learning、供应商匹配平台——Catalant；德勤收购了创意公司——Heat；安永、毕马威、麦肯锡和贝恩也在积极策划收购数字营销公司的计划。咨询公司擅长收集数据、市场调研并为客户出具专业的市场报告和洞察，在收购数字营销公司之后，它们完全有能力同时覆盖品牌策略和媒介计划服务，并保证它们的计划能够带来更显著的市场转化效果。越来越多的咨询公司开发出类似广告产品的服务，而广告主则更愿意从清晰的销售数据中看到广告投放带来的效果。

（四）数字营销"中介"自身存在的问题使其在竞争中更加脆弱

除了上下游市场的挤压及外部市场的冲击外，行业内部的无序竞争及移动互联时代新的挑战使数字营销公司在激烈的市场竞争中更加脆弱。

1. **数字营销"中介"的数据造假、虚假点击问题严重**

当 KPI 至上成为数字营销行业奉行的准则，数据造假就成了行业内部"公开的秘密"。由于行业之间的无序竞争，一些数字营销公司在争夺广告主"代理权"的过程中，往往会承诺高于实际水平的 KPI，导致最终投放效果难以达成，只能靠"数据造假"来完成 KPI。CNBC 的一则新闻报道表明：调查显示，2017 年全球数字广告欺骗金额达到 164 亿美元，这个数据占到 2016 年数字广告支出的 20%。由于按流量收费，且广告位置、时间等因素的不确定性，很多广告商其实多支付了很多钱。联合利华集团的首席营销官基思·韦德（Keith Weed）在 2018 年的戛纳广告节中宣布了一项营销改革措施：联合利华集团将永远拒绝与买粉、数据造假的社交媒体红人合作，并优先考虑与打击数据欺诈行为的平台合作。以宝洁为代表的一批全球大型广告主不断减少数字广告投放，并自建广告团队协助广告投放，很大程度上就是为了杜绝广告欺诈的侵害。

2. **移动互联网的普及使用户媒介接触时间碎片化，营销热点难以维持**

数字传播平台的发展对广告人的要求由原来特指的专业化，转变为需要广告人拥有更宽泛的知识结构，更了解网络平台，更知晓目标消费者的喜好，只有这样才能创造品牌发展的策略和内容。[①]传统的数据收集和市场调研方法已经不能支撑广告信息系统的科学运作，广告公司的业务基础和知识体系面临严峻的考验。而数字媒体的变化则日新月异，其

---

① 沈虹. 2014. 正在"消失"的广告人. 广告大观（综合版），（4）：21-22.

投放方式、广告形式、营销模式均丰富多变，数字营销公司在短时间内很难完全掌握各个媒体的营销新玩法，导致它们面临缺乏有效工具来完成传播任务的尴尬。市场规律和潮流越来越难以把握，而广告主对于触及消费者情感或需求的痛点的要求越来越多。数字营销公司必须在市场和用户不断的分化与聚合的过程中准确把握新的群体特征，以实现品牌与消费者的有效沟通。这对于数字营销公司而言不啻又一个巨大的挑战。

三、数字营销中介对专业性的重构

面对行业剧变，数字营销公司纷纷结合自身基因寻找出路。2017 年 8 ~ 9 月，武汉大学数字营销调研团队对北京、上海、广州、深圳四地的 37 位数字营销公司的数字媒体高管进行了高端访谈，探究数字营销行业面临的问题与出路。调研发现，行业细化、用户群体日益细分的社会，对专业性的呼唤和需求从来没有减少过。广告作为一个知识密集、技术密集和人才密集的行业，广告公司代理服务的专业性一直是广告主最为看重的。在数据、流量、内容、创意、策略五位一体的营销模式下，更需要具有专业性的广告代理公司。重构数字营销"中介"的专业性，使其在数字营销行业中发挥独特的优势，只有这样才能在激烈的行业变革中立于不败之地。

（一）构建垂直行业的专业数据平台，掌握独特数据资源

约翰·戴顿教授在研究中认为，按数据获取的来源分类，广告代理公司与众多独立的小型互联网企业同属于开放网络中的一部分，它们可以通过相互合作与大型互联网企业竞争。从目前各方每年经营的广告投入来看，广告代理公司由于仍然掌握着丰富的客户资源，相对于大型数据垄断企业和 IT 咨询公司而言仍然具有一定的优势。[①]

在互联网时代，用户的需求变化越来越快，越来越难以捉摸，单靠企业自身拥有的资源、人才和能力很难快速满足用户的个性化需求。因此，为了与大型的数据垄断企业形成对抗，数字营销公司可以利用现有的、开放的互联网资源，与一些垂直型数字媒体达成合作，由一家或数家为垂直行业领先品牌服务的大型数字营销公司带领，建立整合广告主和媒体的垂直行业数据库。

以汽车行业为例，AdMaster 发布的《2017 汽车行业营销大数据白皮书》显示，汽车品牌始终更倾向于跟垂直媒体和门户网站下的垂直类别合作。[②]访谈对象 W 提到："目前我们集团的事业部会转化为垂直化机构，如汽车中心、地产中心等。作为数据部门，我们与其客户合作的方式主要有两步。第一是在售前帮它们找到合适的用户、消费场景

---

① Deighton J. 2017.Rethinking the profession formerly known as advertising: how data science is disrupting the work of agencies. Journal of Advertising Research，（12）：357-361.

② 《2017 汽车行业营销大数据白皮书》：http://www.sohu.com/a/140998992_560210[2018-09-06].

和营销模式。第二是利用数据进行场景定位，分析消费者在具体的场景中的一系列行为，判断、验证并修正广告行为，使其符合对消费者的预期效果。目前车企对这类产品非常有兴趣，因为车企的销售多在线下，这将更精准地帮助其有效识别消费者的消费行为与消费需求。"

访谈对象 H 表示："我们公司与专业的 DMP 公司合作，针对垂直客户建立了自己的DMP。在服务汽车客户的过程中，由于 80%以上的汽车消费者会上汽车类垂直媒体了解信息，而这些垂直类媒体平台又需要自身之外的其他垂直类门户网站来收集更多的消费者信息。所以我们可以通过针对垂直行业的 DMP 服务来实现垂直类目标人群的积累。"

垂直行业数字平台的搭建可以最快的速度汇聚资源，形成在该垂直行业的核心"数据"，满足用户多元化的、个性化的需求，实现多方互利共赢。如果在每个垂直细分行业都有一家或数家这类数字营销公司存在，数字营销"中介"在第一方数据中的"短板"就会很快被补上。

（二）用细分领域数据的"少而精"取代数字媒体数据的"大而全"

以 BAT 为主的数字媒体掌握的数据大多呈现为"大而全"，而专攻某一特定领域投放的中小型数字营销公司掌握的媒体信息则"少而精"。在数字时代，细分领域"少而精"数据的专业性，可以确保数字营销"中介"在市场竞争中占有优势，而数字媒体"大而全"数据的局限性则会被无限放大。

中小型的数字营销公司不应该一味地追求大而全、做大平台，而是应该集中自己的优势资源，发现自身服务的独特性。一些中小型数字营销公司已经开始选择专攻某一媒体形式或某一区域内的营销。

访谈对象 L 来自一家由传统媒体转型而成的数字营销公司，其重点业务就选择集中于短视频营销和电竞娱乐营销："我们公司目前有三块业务：第一是短视频。其中一个发展较好的板块是通过短视频的形式做汽车内容。但是和一般汽车内容不同的是，我们偏向于娱乐化的汽车营销。第二是企业宣传片。第三是电竞。我们是腾讯互娱在华南区唯一的媒体战略合作伙伴，打造的多是电影、动漫、文学、影视游戏。国内游戏巨头已经形成格局，借助过去在某一区域上的影响力和区域优势，我们切入的是线下的电子赛事运营以及社群的运营，目标是将珠三角地区的电竞人群聚集起来做社群营销。"

访谈对象 G 所在的公司主要业务集中于做"双微营销"："我们公司规模较小，有时业务团队可能只有 2~3 个人，如果我们想要在业务上有所突破，必须着眼于较小的细分切入点。最早从微博入手，做到全国第一，后来开始发展微信。虽然说现在的全媒体营销不仅注重双微的发展，但我们选择了双微这个细分切入点，否则没法儿和一些如省广、华扬联众这种大型营销传播集团竞争。目前来说，微博、微信依旧是传播力度和话题量覆盖范围最大的两个平台,我们力争抢占流量最大的平台。公司自己合作与培养了很多微博、微信大号的资源,力争将双微做到最好。"

不难看到,这些数字营销公司无不选择发挥自己在细分市场上的独特优势,围绕某一特定的媒体形式或某一区域用户的特征设计针对用户痛点的极致产品,建立专业化、精细化的服务体系,并以此为据点快速地打造自身品牌,凸显自己的专业性,这反而能使其在数字营销市场激烈的竞争环境下找到自己的一席之地。

(三)围绕程序化购买交易制度,专攻长尾流量市场

程序化购买不仅改变了广告生产过程,还改变了整个广告生态系统。如今,许多媒体都会把网站内容板块细分到很多领域,如美食、艺术、娱乐、教育等,这些细分的内容板块往往采取程序化购买的方式,广告主可以有针对性地向目标用户推送广告内容。其集中且有针对性的效果远大于同等价位在头部版面豆腐块大小的固定广告位投放效果,而相对较低的广告费用又让中小型的广告主完全可以接受。这类广告市场的利基产品虽然个体较小,但聚集起来就形成了一个完全可以与头部媒体、头部广告位竞争的巨大的长尾流量市场,长久存在的 80/20 法则就此被颠覆。因此,具有技术优势的数据营销公司可以集中于长尾流量市场,通过程序化购买将其做成头部媒体,凸显其内在价值。

访谈对象 B 提到:"程序化购买虽然目前整体投放量不大,更多的是一些长尾流量。但这些流量的价值不容忽视,尤其是一些游戏产业,程序化购买的量是非常大的。深圳有专门做游戏、金融程序化购买的公司,一年盈利 30 多亿元。并且程序化购买往往会集中在某些行业,在阿里的整体电商中,程序化购买已经发展得非常成熟。"

访谈对象 C 认为:"在国外,媒体环境有所不同,Google 和 Facebook 已经包揽了将近 90% 的资源,未来 5~10 年,绝大多数广告都会以程序化购买或者智能购买的方式实现。现在的媒体如果通过传统的形式销售,比较鱼龙混杂,如果转变一种营销方式,也许改变的就是整个行业。虽然目前程序化购买的推进需要时间,但是发展趋势是无法改变的。"

访谈对象 Z 来自一家专业从事程序化购买技术的数字营销公司,他认为:"程序化是一个去中间化、去代理的过程,整个互联网技术的发展趋势都是不停地提升效率、不停地做产业升级,淘汰一些不必要的环节,所以必然是一个去中间化的过程。但中介依旧有创意和服务价值存在,关键看中介如何定位自身。我们公司主要走技术路线,大概有七八个产品,围绕整个营销的转化为广告主提供全流程的服务,不断为广告主带来更优质、专业的广告效果,这就是我们的价值所在。"

(四)用大创意与优质的内容凸显中介专业性

传播环境改变了营销行业的"游戏"规则,而创意作为广告内容的"核心",其重要性从未改变。因此,许多传统大型广告公司除了不断整合自身的策略和媒介部门实力外,

也没有放弃提高自身创意的能力，为的就是让自己的创意拥有更高的溢价能力，从而争取到客户项目的更多预算。《奥格威谈广告》中讲道："判断是否获得了一个大创意，就要看它能否沿用 30 年。"他所指的"大创意"即广告创意里包含一个可以不断扩张的概念，紧紧抓住目标消费者的心理，使产品与消费者的感受融合在一起，并持续鲜活下去。

访谈对象 F 认为："如果广告公司的媒介价值被削弱，广告主可能会通过自助化下单去采购一些媒体资源，但是依旧需要广告公司来为其提供创意内容。因为广告主自身不会去建立一个专门做 H5、3D、VR 的团队，人工成本太复杂，这些并不一定会比请一个代理团队划算。另外，为了给广告主创造更多的优质内容，我们会在社交媒体的团队、内容文案、画面创意上去配备更多的人才，这个是我们的核心优势所在。"

2016 年至今，很多 4A 广告代理公司的营销总监纷纷离职创业。他们将"小而精，精而美"的创意热店当作一个不错的出路。近几年，国内的新兴创意工作室不断涌现，且越来越趋向小型化和专业化。W+K、环时互动、意类广告、天与空、LxU 等创意制作公司在各大广告节上常常盖过大型数字营销公司的风头，创造出无数经典广告案例。创意型数字营销公司深耕创意、策划领域，它们更注重的是在广泛的用户市场中激起大范围的关注，创造社会热点，以大创意、大策划与人工智能"机器"的简单创意、简单策划拉开距离，以市场稀缺的创意能力来凸显自身的专业性，在高品质、差异化的竞争模式下开辟出属于自己的一片天地。

访谈对象 X 是国内一家知名创意公司的创始人，他认为："中国的百度、腾讯等等都有自己的创意部门，我觉得它们的存在可以使我们的沟通更有效率。一些甲方自己成立创意部门，由专业人士负责，也可以使我们在合作中学到一些甲方的技术、营销思维等等。但是，我们站在第三方视角与甲方和媒体是很不一样的，几方合作反而是一个相互促进的过程。只有一些创意能力弱、创新能力差的公司才可能在竞争中被淘汰。"

在新技术推动社会数字化变革的环境下，具有不同基因条件的数字营销公司应当找准自己的市场定位，在数据、流量、内容、创意、策略五位一体的新型数字营销模式下找到自身的核心竞争力，通过重构数字营销行业的"专业性"，补齐自身的"短板"，切实解决广告主的"痛点"，并在合作共赢的基础上建立充分、有序的市场环境。如此，数字营销"中介"大发展的时代将再次来临。

中国数字营销行业发展调研报告（上）

一、研究缘起与背景

（一）研究缘起

2017 年 12 月 4 日，由中国网络空间研究院编写的《世界互联网发展报告 2017》和《中国互联网发展报告 2017》蓝皮书在第四届世界互联网大会上正式发布。报告指出，2016 年，中国数字经济规模总量达 22.58 万亿元，跃居全球第二，占 GDP 比重达 30.3%，以数字经济为代表的新经济蓬勃发展。同时，截至 2017 年 6 月，全球网民总数达 38.9 亿人，普及率为 51.7%，其中中国网民数量达到 7.51 亿人，互联网普及率达 54.3%[①]。以网络技术、数字技术和移动通信技术为主体的新技术正在世界范围内加速与社会各领域的深度融合，成为推动我国消费升级、经济转型、构建国家竞争新优势的重要动力，人工智能等新兴技术成为全球创新的新高地。同时，数字技术的发展也推动中国广告行业进入变革时期。以效果为导向的广告需求催生出广告产品样式的翻新及广告代理方式的转变，科技的创新为广告产品的投放提供了极为丰富的渠道，消费者在碎片化的信息汲取模式和多样化的生活方式之下，越来越难以将注意力集中在某一营销内容上，广告效果的监测和预估也向更为精准化的方向发展。面对我国巨大的市场潜力和不断变化的市场需求，数字营销从业者面临着巨大的挑战。在日新月异的市场环境中，广告主的需求产生了怎样的变化？数字广告的发展将呈现怎样的趋势？我国数字营销行业的从业者对行业的整体发展有怎样的看法？对于行业快速发展中存在的问题有着怎样的困惑？2017 年 8~9 月，武汉大学数字营销调研团队在广州、深圳、上海和北京四座城市进行了为期近一个月的数字营销行业调研活动，对全国 35 家数字营销公司和数字媒体的 37 位业界精英进行了高端访谈，同时对其中 25 家数字营销公司普通员工进行了问卷调查，调查与访谈结果将分上、下两篇进行展示。本文为上篇，主要通过考察普通员工对行业现状的感受和困惑、对行业未来发展的思考和判断，并结合数种重要的行业研究报告进行综合分析，观察数字营销行业的发展状况及存在的问题。

（二）研究背景

就数字营销的范围界定而言，数字营销行业的市场规模不止于互联网广告的市场规

---

① 王思北, 施雨岑, 商意盈. 2012. 世界互联网大会蓝皮书首次发布 中国数字经济规模居全球第二. http://news.xinhuanet.com/newmedia/2017-12/04/c_1122055806.htm[2018-01-12].

模。然而在现实环境中，互联网营销往往是基于互联网广告投放的增值服务，较难拆分，因此互联网广告的投放规模在一定程度上可以代表数字营销行业的市场规模。本文中数字营销市场规模的现有数据采用自各国互联网广告投放报告。

在数字营销行业整体投放规模中，美国互动广告局（Interactive Advertising Bureau，IAB）发布数据显示，2016 年美国全年互联网广告投放量达 725 亿美元，约合人民币 4650 亿元，较 2015 年增长 22%；欧洲互联网广告投放量达 462.3 亿美元，约合人民币 3058 亿元，同比增长 12.2%[①]。艾瑞咨询发布的《中国网络广告市场年度监测报告》显示，我国 2016 年全年互联网广告投放量达 2902.7 亿元，同比增长达 32.9%，在五大媒体广告收入的占比中已达 68%[②]。对比以上数据不难看出，我国互联网广告的整体投放量正在高速增长，并逐渐缩小与欧美之间的差距。

在移动端广告投放上，美国市场 2016 年移动端广告投放量与 2015 年相比呈上升趋势，已达到互联网广告整体投放量的 51%。而欧洲市场移动端广告的支出份额也在不断上升，在互联网广告总体投放规模中的占比已增长至 33%。2016 年中国移动广告市场规模达 1750 亿元，同比增长达 75%，占互联网广告整体投放量的 60.3%。

在网络广告形式分布上，美国市场中搜索广告投放占比缩小，约占网络广告投放整体的 48%，其次为展示类通栏广告，占比为 31%，与 2015 年基本持平，视频广告占比近 13%，较 2015 年的 9.8% 呈上升趋势（图 1）。

而 2016 年欧洲市场中视频广告份额增长至约 21%[③]，搜索广告占总体投放量约 46%，展示类广告居于其次（图 2）。

中国 2016 年电商广告（指淘宝网、去哪儿网等导购类网站上的搜索广告和展示类广告）投放量超过搜索广告跃居第一位；品牌图形广告投放比例位居第三，但投放比例逐年缩小；信息流广告投放比例加大，位居第四；视频贴片广告与上年持平，整体呈上升趋势（图 3）。

对比中国、美国及欧洲数字营销市场 2015～2016 年投放数据可以得出以下结论。

（1）全球主要广告市场中，互联网广告投放量整体呈上升趋势，其中中国市场投放量增速最快，美国次之，欧洲市场相对增幅较缓。

（2）移动端广告投放量均呈上升趋势，中国移动端广告的占比最大、增长速度最快，美国其次，欧洲市场相对占比较小。

（3）广告形式中，视频广告在三个市场中均呈上升趋势，搜索广告在中国和美国市场均呈下降趋势，在欧洲市场基本维持不变。

---

① 《IAB：2016 年欧洲网络广告行业报告》：http://www.199it.com/archives/597774.html[2018-01-12].
② 《2017 年中国网络广告市场年度监测报告》：http://report.iresearch.cn/report/201704/2980.shtml[2018-01-12].
③ 在 IAB 报告中有其他图表展示，考虑版面因素故未引用。

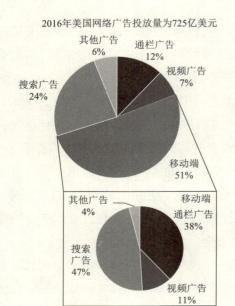
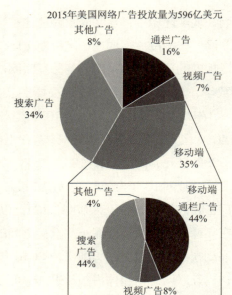

图 1　美国 2015～2016 年网络广告形式占比

资料来源：根据 IAB/PwC 网站（www.iab.net）数据整理而得

2016 年与 2015 年报告中 2015 年的数据会有所出入，因为 2015 年报告中将音频广告收入计入通栏广告，而 2016 年报告中将此部分计入了其他广告；展示类广告包括通栏广告（通栏广告、富媒体广告、冠名）和视频广告；其他类包括分类广告、音频广告和其他未明确分类的广告形式；由于各类加总中小数点四舍五入的情况，所有百分比加总可能不是 100%

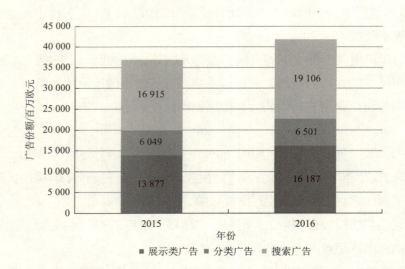

图 2　欧洲 2015～2016 年网络广告形式占比

资料来源：《IAB：2016 年欧洲网络广告行业报告》：http://www.199it.com/archives/597774.html[2018-01-12]

因为克罗地亚共和国和捷克共和国的统计方法发生了变化，未将 2015 年与 2016 年数据进行比较，这两国的增长率也无法计算，故以 12.2% 为增长率做参考。此数据将部分难以分类的"其他广告"排除在外

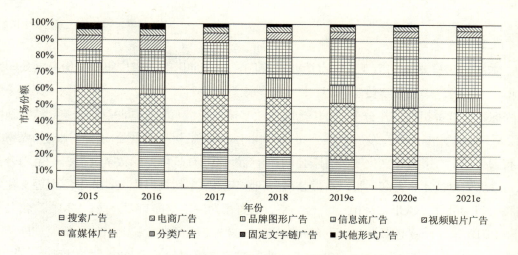

图 3　2015～2021 年中国不同网络广告形式市场份额及预测

资料来源：艾瑞咨询. 2019. 《中国网络广告市场年度监测报告》. http://report.iresearch.cn/report/201906/3393.shtml[2019-10-25]
搜索广告包括搜索关键词广告及联盟广告；电商广告包括垂直搜索类广告及展示类广告，如淘宝网、去哪儿网及导购类网站；
分类广告从 2014 年开始核算，仅包括 58 同城、赶集网等分类网站的广告营收，不包含垂直网站的分类广告营收；信息流广
告从 2016 年开始独立核算，主要包括社交、新闻资讯、视频网站中的信息流效果广告等；其他形式广告包括导航广告、电
子邮件广告等

（4）中国市场由于电商广告所占比例巨大，已形成单独广告形式分类估算，且投放
量位居所有广告形式中的第一位，在与欧美广告市场的对比中形成独有的特色。同时信息
流广告也因规模较大在 2016 年的报告中单独分类列出，可见社会化营销中的电商及信息
流广告已在我国数字广告产业中占据重要位置。

二、研究方法与研究设计

（一）调查方法

本次调研针对全国 25 家各类型的数字营销公司中的普通员工进行问卷调查，调查
对象主要集中于广州、深圳、北京和上海等地（为便于统计，下文将广州、深圳地区合
称为广东地区）。其中北京地区占比为 16%，上海地区占比为 42%，广东地区占比为
42%。从业务类型划分，这些公司覆盖了数字技术公司、数字营销集团、整合营销集团
下属的数字营销公司、新媒体营销公司、公关公司、数字媒体等；从企业性质划分，其
覆盖了国有企业背景的股份制上市公司、民营股份制上市公司、一般民营企业、外资企
业等。样本的选取上，选择企业中策划、文案、创意、客服等从事一线业务岗位的员工，
且覆盖了执行、主管、经理、总监、总经理等各级别，以基层员工为主。在每家公司中
根据员工总数，随机发放 20～30 份调查问卷，共发放问卷 600 份，回收 573 份，其中
有效问卷 571 份。

（二）研究对象

本次调研样本来自以下 25 家企业或部门：广东地区的有省广集团股份有限公司大数据中心、省广集团数字传媒中心、省广集团众烁数字营销有限公司、蓝门数字集团、蓝色光标数字营销机构广州分公司、华扬联众数字技术股份有限公司深圳分公司、钛铂新媒体、舜飞、广州易简体育发展有限公司、广州酷狗计算机科技有限公司、广州南都光原娱乐有限公司、广州火星文化传播有限公司；上海地区的有蓝色光标数字营销机构上海分公司、珍岛信息技术（上海）股份有限公司、利欧集团数字科技有限公司、上海程迈文化传播股份有限公司（CCE Group）、天与空、上海顺为广告传播有限公司、VML 广告公司（于 2019 年与扬罗必凯合并后更名为 VMLY&R）、上海传漾；北京地区的有迪斯传媒集团、竞立媒体（MediaCom）、北京三人行数字传播股份有限公司、惟思互动（北京）广告有限公司和安迈国际文化传媒（北京）有限公司。

（三）研究类目与测量

1. 调查对象的基本信息

本次调研包括调查对象的工作城市、所在企业性质、任职级别、工作年限、所在企业数字营销能力水平等，用以统计调查对象的基本信息及其所在企业的基本情况。

2. 数字营销行业业务基本现状

本次调研包括服务的广告主行业、广告主重视的营销目标、广告主最感兴趣的营销方式、成功落地最多的营销方式、目前使用的大数据来源，用以分析目前数字营销行业针对的主要客户群体、主要营销手段及数据平台的建设情况。

3. 对行业未来发展的判断和展望

本次调研包括未来广告形式的变化趋势、未来社会化营销的重点、企业发展的突破点，用以了解从业者对行业未来发展的看法及趋势判断。

4. 目前存在的主要问题

本次调研包括对当前行业的核心困惑认知和对广告效果评估的主要期望，用以了解从业者心中数字营销行业面临的主要困难及亟待解决的问题。

三、调研数据结果

（一）调查对象及其所在企业的基本情况

1. 任职级别分布情况

如图 4 所示，按照一般广告公司执行—主管—经理—总监—总经理的行政级别分类，调查样本中 55.7% 为执行级，11.0% 为主管级，18.7% 为经理级，这三部分占比超过 85%，表明样本集中在普通员工范围内，职级分布较为合理，符合调研设想。

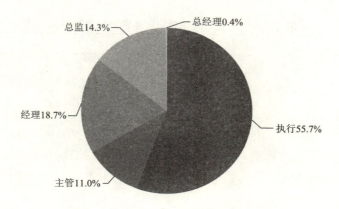

图 4　任职级别分布情况

本图数据未经修约，可能存在比例合计不等于 100% 的情况

2. 工作年限分布情况

如图 5 所示，工作年限在 3 年以下的员工占比近 70%，说明数字营销行业作为一个新兴产业，从业者普遍较为年轻化，且行业内员工流动性较大。

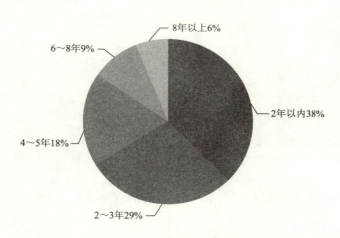

图 5　工作年限分布情况

3. 各地区数字营销企业营销能力认知

在所有样本中，有 73% 的员工认为自己所在企业在数字营销方面的能力处于领先或略领先的水平。在分城市对比中，北京地区认为自己所在企业的数字营销能力处于领先或略领先水平的样本占北京地区总样本量的 64%，上海地区认为自己所在企业的数字营销能力处于领先或略领先水平的样本占上海地区总样本量的 81%，广东地区认为自己所在企业的数字营销能力处于领先或略领先水平的样本占广东地区总样本量的 67%（表 1）。

表1　各地区员工对本公司数字营销能力的认知

地区	认为"领先/略领先"的人数/人	总人数/人	占比
北京	59	92	64%
上海	195	240	81%
广东	161	239	67%

由此可见，在这三个地区的对比中，上海地区的数字营销从业者普遍对自身的数字营销能力更有信心，这也反映出：就行业普遍认知而言，上海地区的整体数字营销行业较其他地区更为发达。

（二）行业现状分析

1. 主要服务的广告主行业及其对营销目标的重视程度

1）主要服务的广告主行业

参与本次调查的员工中服务的广告主行业前三名为快消品行业、汽车制造业和金融服务业（图6）。可见，这三个行业在数字营销领域的应用较广，具有很强的代表性。

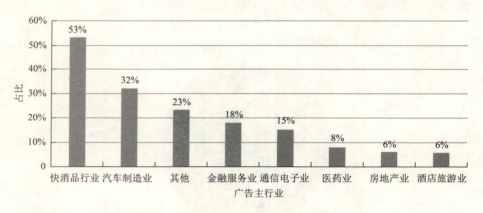

图6　主要服务的广告主行业占比情况

2）广告主数字营销目标重视程度

通过进一步分析，广告主对数字营销目标的重视程度依次为品牌推广＞销售转化＞产品推广＞客户关系提升。细分到具体行业，每个行业的营销目标又根据行业特性有所不同。例如，快消品行业对营销目标的重视程度依次为品牌推广＞产品推广＞销售转化＞客户关系提升；汽车制造业对营销目标的重视程度依次为产品推广＞销售转化＞品牌推广＞客户关系提升。可以看出，选择数字营销的广告主更重视广告效果的直接转化，如为品牌/产品知名度带来大幅提升，或将流量直接转化为产品销量。

2. 主要数字营销方式对比

经检验，自由度=5，$p < 0.000$，广告主最感兴趣的营销方式和实际落地的营销方式

之间具有显著差异（表2）。进一步对比统计结果（图7），在所有营销形式中，内容营销受广告主关注最多，也是落地最多的营销方式；移动端营销及热门 IP（intellectual property，知识产权）合作受到了广告主较多关注，但其落地情况与关注程度相比存在较大差距；直播/视频营销所受广告主关注度与实际落地情况基本吻合；新技术合作受到广告主较多关注，但实际落地较少；搜索引擎营销与其他几种营销方式相比，投放量相对较少。

表 2 卡方检验统计量

	选项
卡方	68.717[a]
自由度	5
渐近显著性	0.000

a）0 个单元（0.0%）具有小于 5 的期望频率。单元最小期望频率为 54.2

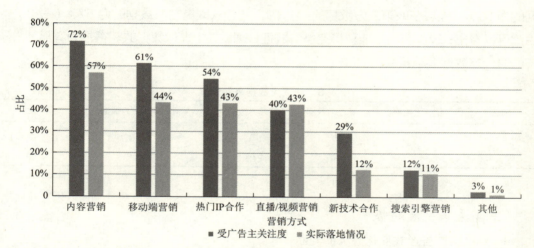

图 7 各营销方式受广告主关注度与成功落地情况对比

3. 营销方式难以落地的原因

如图 8，结果显示，关于一些广告主感兴趣的营销方式无法落地的原因，有31%的从业者选择了"成本过高"，29%的从业者选择了"效果转化率低"，有 21%的从业者选择了"效果难以监测，不符合广告主预期"。

4. 大数据使用情况

在调查中，我们将营销者在营销过程中需要用到的数据资源分为三类：第一方数据为广告主自己拥有的数据，包括精准的目标用户画像、产品定位、广告投放过程中的效果转化情况等；第二方数据为媒体/合作方提供的数据，指合作媒体、代理商提供的媒体数据；第三方数据为其他供应商、第三方监测机构提供的数据。通过问卷分析，能实现完整数据打通、同时拥有三方数据的营销者仅占 36%，在所有被调查对象中，能够获取第一方数

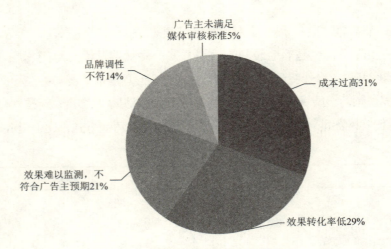

图 8 营销方式无法落地的原因

据的为 59%，能够获取第二方数据的为 73%，能够获取第三方数据的为 67%（表 3）。由此可以看出，较少营销者能获得完整的数据打通，其中媒体数据的获得较为容易，广告主的第一方数据最难获取。

表 3 获取大数据来源情况

项目	第一方数据	第二方数据	第三方数据	能同时获得三方数据	总数
个数/人	337	416	381	206	571
总占比	59%	73%	67%	36%	100%

（三）未来发展趋势

1. 对数字广告形式变化趋势的判断

调研结果显示（图 9），大部分营销者认为：内容植入广告、信息流广告、视频贴

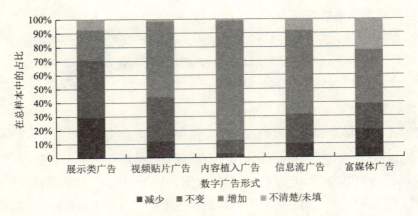

图 9 数字广告形式在未来两年的变化趋势

片广告拥有较大发展潜力。其中，内容植入广告得到了绝大多数人的支持，其次为信息流广告；多数人对于展示类广告投放未来趋势的看法并不乐观，认为其投放量将不变，甚至减少。

2. 对未来社会化营销重点的判断

在社会化营销的几种主要方式中，社交内容的传播成为大家普遍关注的重点，其次为社会化电商和信息流广告。直播作为近几年较为火热的营销形式，在业内并不被营销者看好（图10）。

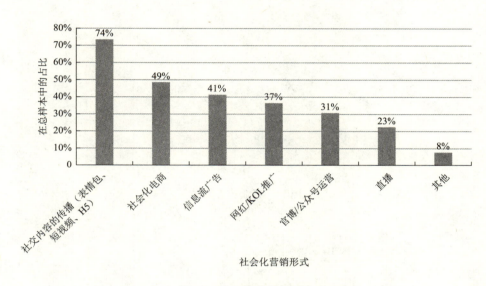

图10　社会化营销的重点

（四）行业核心困惑和期望

1. 行业核心困惑

根据营销者对数字营销行业现有核心困惑的选择，有 56% 的营销者认为消费者注意力碎片化导致营销影响力难以维持；有 50% 的营销者认为广告主预算有限，广告效果预期却被人为抬高，造成营销策划方案难以得到广告主认可；有 44% 的营销者认为行业内数据造假情况严重，难以获得广告主信任；42% 的营销者认为数据平台未公开透明导致投放精准度难以达到预期（图11）。

2. 对数字广告效果评估的期望

在"关于对 2017 年数字广告效果评估最主要期望"的问题中，有 28% 的营销者选择了"改进广告效果评估的 KPI 体系"，有 25% 的营销者认为数字广告效果的评估中最应"提升数据公正度和可信度"，有 24% 的营销者选择了"建立行业中广告效果的参考基准"，有 22% 的营销者选择"获得跨屏效果评估数据"。只有 1% 的营销者认为"现状已满足，无更多要求"（图12）。

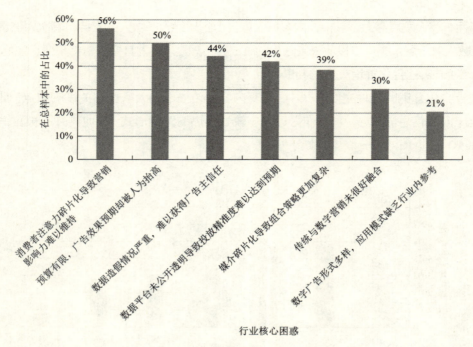

图 11 行业核心困惑

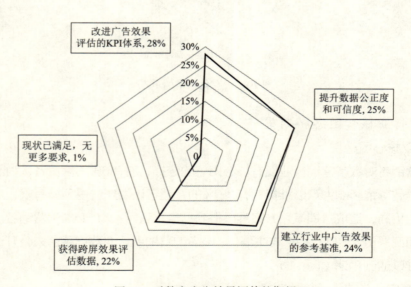

图 12 对数字广告效果评估的期望

四、数据结果分析

（一）突出广告主行业分析

在关于服务广告主行业的调查中，排名前三名的行业为快消品行业、汽车制造业和金融服务业。同时，美国互动广告局发布的《2016 年美国网络广告年度报告》显示，零售业（21%）、金融服务业（13%）和汽车制造业（12%）是网络广告支出增长最快的三个行业（图 13）。可见，这三个行业在数字营销领域的应用较广，具有很强的代表性。因此，我们将在下文中重点分析快消品行业、汽车制造业及金融服务业在数字营销领域的应用。

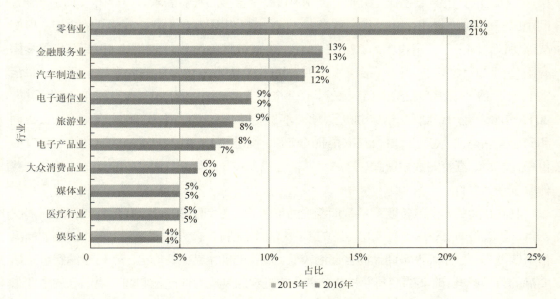

图 13 美国 2015 年和 2016 年网络广告支出增长量前十的行业

资料来源：根据 IAB/PwC 网站（www.iab.net）数据整理而得

1. 快消品行业

2017 年对全球大多数线下零售门店来讲并不如意。瑞士信贷（Credit Suisse）报告显示，2017 年第 1 季度美国约有 2880 家门店关停，而 2016 年同期为 1153 家。中国的零售市场也面临着同样的变化，目前中国的线下零售企业，从便利店到大卖场、从品牌专卖店到百货商店都在这场"关停潮"中难以独善其身。网购的普及使得快消品传统的渠道优势逐渐消失，对快消品而言，渠道变革带来的挑战是巨大的。2017 年上半年，互联网零售的销售额增速是实体业销售额增速的 4 倍。①有数据显示，2016 年全年，中国网购市场规模为 4.7 万亿元，保持 24.7% 的高增长率，其在社会消费品销售总额中的渗透率连年提升，成为中国重要的零售渠道。以天猫、京东为代表的 B2C 电商平台在网购市场中份额过半，逐渐超过了 C2C（customer to customer，个人对个人的电子商务模式）平台的市场份额。2016 年中国 B2C 电商平台中，天猫占据了 56.3% 的市场份额，京东为 25.1%，其他平台共占 18.6% 的市场份额。

---

① 《消费升级新时代，快消行业将迎来哪些变化？》：http://column.iresearch.cn/b/201711/816642.shtml[2018-01-12].

在网络零售渠道重要性日益凸显的背景下，品牌商希望通过服务商拓展电商渠道，从而推动品牌的线上发展，同时利用电商流量优势扩大自身的线上知名度，品牌商、服务商、电商平台已成为一个协同发展的生态系统。首先，各大快消品牌纷纷注重于拓展网络销售渠道，线上消费的直接引流、快速变现成为各品牌直接的利益需求。2017 年 11 月 20 日，阿里巴巴、Auchan Retail S.A.（欧尚零售）、润泰集团宣布达成新零售战略合作。根据战略协议，阿里巴巴将投入约 224 亿港币（约 28.8 亿美元），直接和间接持有高鑫零售有限公司 36.16% 的股份。高鑫零售是中国规模最大及发展最快的大卖场运营商，截至 2017 年，欧尚、大润发两大品牌在全国 29 个省（自治区、直辖市）运营 446 家大卖场。2016 年营收超 1000 亿元，市场份额多年保持国内零售行业第一。此次合作将以大数据和商业互联网化为核心，融合三家企业的资源，推进线下门店数字化，同时为线上运营提供更为丰富、直接的数据资源，为消费者实现线上线下一体化、现代物流及个性化的消费体验创造了条件。

其次，消费渠道的转变背后是消费主力群体的转变。以 90 后、00 后为代表的新消费群体，其消费理念、消费方式与传统的消费群体相比有了较大的改变。由于快消品的商品价格较汽车、房屋等大宗商品而言普遍较低，商品的实用性、低价格已不再是消费者选择商品的首要标准，购买的便利性与产品带来的直观感受成为促使他们购买快消品的重要影响因素。而年轻人是互联网的重度依赖人群，互联网是他们获取信息的最重要手段，因此，数字营销成为吸引快消品消费群体的主要渠道。

再次，快消品品类的细分化和品牌的不断裂变，使消费者的选择越来越丰富，品牌必须通过深度挖掘消费者需求、精准刻画用户画像来指导产品的设计和推广。如上文提到的，在快消品行业广告主数字营销目标的重视程度中，提高品牌知名度的需求超过产品推广、提升产品销量、客户关系提升三大目标，成为快消品行业广告主最重视的营销目标。事实上，从目前线上企业的变革方向，以及众多新零售企业的创新实践来看，精准触达目标消费者、使品牌形象与目标消费者形成深度融合将是快消品营销变革的重要方向。

最后，消费需求的升级带来快消品个性化、定制化的消费需求，数字营销多样化的生存形态从内容到形式上都完美地契合了快消品牌的推广需要。在商品的消费价值之外，消费者开始追求更多附加值来满足自己的个性化需求。分层化、小众化、个性化的快消品市场特征已非常明显。快消品企业必须在深入理解消费者的基础上不断提升产品迭代能力，通过产品年轻化、生产定制化，应对消费群体变迁和消费需求升级。令人眼前一亮的产品包装、更为体贴入微的产品设计、适应高品质生活需求的产品理念等都将成为吸引消费者的制胜法宝。

由此可见，随着中国经济的快速发展，消费需求的不断升级，消费者对价格的要求不再敏感，消费者的需求越来越个性化。全面拥抱线上销售渠道，迎合消费者个性化的需求，对营销战略进行精准性优化成为快消品行业必须面临的变革。数字营销无疑成为快消品牌最重要的营销手段。

味全每日 C 果汁一直是果汁行业最会营销的网红品牌，深受消费者喜爱。它的"拼字瓶""台词瓶""金句瓶"包装不断地吸引着年轻消费群体的眼球，获得消费者大量的转发，引爆二次传播。2017 年 6 月，它通过与 IP《求婚大作战》的深度捆绑进行跨界合作，首先将产品与剧情结合，巧妙地将产品植入到剧情之中；同时挖掘出 IP 本身与品牌诉求的连接点，将剧中极具代表性的台词印在瓶身上，吸引消费者注意，让更多的追剧粉积极购买、收藏、拍照分享。其次在线上微博建立话题页"#小赖，果汁在这里#"，让观众第一时间将剧中推动剧情的果汁与味全每日 C 相联系；在线下，和支付宝蚂蚁花呗跨界合作，消费者用 AR 扫一扫瓶身，就会有许多爱心气球出现，戳破以后会有《求婚大作战》的男主角——小赖对你说情话，而互动最后落地到天猫超市的味全活动专区。以此促使产品在微博/微信、自媒体、直播平台、短视频平台、视频网站及电影中大量露出，并直接将消费者引流到线上消费。此次营销给《求婚大作战》带来破 2 亿次的播放量，微博话题参与转发超 10 万次。通过一次次的尝试，味全每日 C 实现了和消费者之间更默契的互动，在品牌年轻化的道路上迈出了一大步。

2. 汽车制造业

在相当长一段时间里，汽车营销带来的广告收入一直都是中国网络广告的主要支撑，许多数字营销公司都建有专门的团队甚至部门负责车企行业的广告产品设计及投放。新浪副总裁葛景栋曾说："在中国互联网营销发展及演变的过程中，汽车行业已经成为互联网营销的标杆行业，直到现在，汽车营销都是支撑了各互联网企业广告收入半壁江山的品类。"[①]

汽车制造业之所以在数字营销领域的投放占据如此重要的位置，原因主要有以下几点。

首先，我国汽车产业自身的体量强大。美国麦肯锡公司 2017 年 9 月发布的报告显示，在过去 5 年（2012～2016 年）里，全球的汽车销售增长中中国贡献了 78%[②]。2016 年，在汽车供给侧结构性改革、购置税减半、新能源推广等政策推动下，汽车消费需求逐渐释放，汽车销量整体较 2015 年上升了 20%。虽然经历了 2017 年初的购置税上调，在经过了短暂波动后，汽车市场增量重回上升轨道。未来，中国汽车市场仍将是全球市场增长的主要动力。庞大的市场体量促成了巨大的营销需求。

其次，汽车客户在广告需求上的转变。由于销售业绩压力更大，汽车客户更看重广告

① 姜雪. 2017. 车轮上的互联网营销. 现代广告，（7）：26-36.
② 《弄潮新消费：与新一代中国汽车买家面对面》：https://www.mckinsey.com.cn/%E5%BC%84%E6%BD%AE%E6%96%B0%E6%B6%88%E8%B4%B9-%E4%B8%8E%E6%96%B0%E4%B8%80%E4%BB%A3%E4%B8%AD%E5%9B%BD%E6%B1%BD%E8%BD%A6%E4%B9%B0%E5%AE%B6%E9%9D%A2%E5%AF%B9%E9%9D%A2/[2019-10-25].

的实效性。我们的调查问卷显示，汽车制造业的客户对于数字营销目标的重视程度为产品推广 > 销售转化 > 品牌推广 > 客户关系提升。由此可见，相对于其他行业而言，汽车客户更重视的是单个产品的知名度提高，以及此后带来的迅速的销售转化，广告主的投放诉求越来越趋向于为销量做贡献。而数字广告投放的精准性和规模化可以使其大范围的准确触达目标用户，同时帮助广告主留存客户销售线索，其效果转化率大大高于其他传统广告的投放效率。

最后，数字广告形式的多样化满足了广告主打动消费者的需求。过去，汽车广告只需要展示产品外观、性能参数等方面；现在，更多的品牌更强调品效合一。品效合一，即"品牌知名度"与"效果转化率"共同成长。汽车制造业细分市场越来越多，同类产品之间的差异并没有太大悬殊，品牌文化的输送与产品内涵的渲染成为汽车广告主越来越重视的需求。数字广告除了垂直网站和门户网站的常规硬广输出外，更具有视频广告、直播营销、场景营销、IP 合作等多种形式，既能全方位、多维度地展示汽车产品的外观与性能，更为将汽车文化深度触达消费者提供了可能。

2016 年 5 月，宝马 X1 车型举行现场发布会。作为 X 家族中最年轻的产品，宝马 X1 的目标人群锁定在 25～35 岁，因此，此次发布会邀请了年轻人最喜爱的娱乐嘉宾在西双版纳举办了一场名为"敢作敢为"的音乐秀。这场音乐秀与腾讯大平台合作，以网络直播的形式吸引了全网超过千万人观看。同时，腾讯提供最高规格的技术支持，实现 PC 端、移动端全平台 VR 直播，使观众在家中即可使用 VR 设备亲身体验现场最真实的感受。同时，腾讯打通了腾讯视频、QQ 音乐、微信和数家互联网电视平台等直播矩阵，使用户在音频、视频、电视和微信之间无缝切换，借助腾讯极强的社交平台能力，将线下活动发酵为线上事件，极大地提高了产品的知名度与消费者的多元参与感。

3. 金融服务业

金融服务业在数字营销领域的应用主要集中在对互联网金融产品的推广和营销上。互联网金融是传统金融机构与互联网企业利用互联网技术和信息通信技术实现资金融通、支付、投资和信息中介服务的新型金融业务模式，其主要类型包括第三方支付、网络借贷、互联网理财、互联网保险等。

首先，互联网金融行业庞大的交易体量、产品的智能化及销售平台的线上化直接决定了其营销渠道以数字化为主。2016 年，我国第三方支付市场交易规模已达 893 144.6 亿元，P2P 网贷市场规模达 19 173 亿元，互联网理财市场规模达 78 536 亿元[①]。第三方支付业务与其他行业进行深度渗透，所能提供的行业盈利及连带业务的盈利性强，线上与线下深度结合等仍构成重要业务布局方向；网贷业务在社会融资和理财需求明显的情况下，

---

① 易观. 2017. 中国互联网金融行业专题分析 2017. https://www.useit.com.cn/thread-16475-1-1.html[2018-01-12].

其行业价值仍待挖掘；丰富的产品、智能理财、理财意识的觉醒推动互联网金融理财业务高速发展。行业的相关法规及行业内部的自律组织正在不断完善，使互联网金融业务未来市场仍具有增长空间。产品线上销售、门户及垂直网站的引流是互联网金融产品推广的主要路径。同时，智能财富管理的出现为互联网金融业的发展拓展了空间。7×24 小时的智能客服为消费者提供解惑服务，数据收集/加工的智能化为投资者提供个性化的服务，智能投资顾问可以为消费者提供专属理财建议。

其次，年轻群体是互联网金融业务的消费主体。2016 年，按照中国人均可支配收入能力划分，30 岁以下群体中 75.3%的人每月可支配收入低于 6000 元；在 40 岁以下人群中，4~5 成人群使用过分期消费功能。以 90 后为代表的年轻群体成长在互联网与移动互联网发展的时代，便捷化和及时享乐是他们消费观的组成部分，加之快捷支付使其货币观念减弱，在消费受到制约的背景下，他们的超前消费意愿强烈[①]。因此，对年轻受众群体精准触达的需求成为金融服务业选择数字营销渠道的重要原因。

最后，消费金融场景化的需求使移动端营销、场景营销成为这一行业的必然选择。在具体消费场景中嵌入金融业务，使消费自然而然地发生，已成为互联网金融业务讨论的热点。高频地覆盖于日常生活的消费场景之中、在移动网络中全面覆盖、功能设计上便捷易用，促使金融产品的使用率提高。数字营销为互联网金融行业精准地捕捉潜在客户、有针对性地提供金融服务，并在生活场景中不断植入以刺激消费，直接促成了高效的消费转化。

2016 年春节前，腾讯理财通正式登录微信"红包"界面，用户拆开微信红包后，下方文字提示可以一键存入理财通。此举不仅彻底打通了微信红包这亿级入口，也延伸出了"让红包增值，让祝福升温"的贺岁片主张。上线当天，理财通在微信朋友圈针对目标用户进行定向投放，以"千手新春鹅"的萌宠形象宣传"微信红包一键存入理财通"的功能，并在腾讯视频平台同步推送视频贴片广告。随后在除夕当晚参与了微信红包"摇一摇"的互动，配合线下场景"超市支付返现"活动，使产品宣传热度大幅提升。整个春节期间，理财通几乎包揽了微信朋友圈及公众号下的所有通栏广告，使产品宣传热度达到高潮。最后，理财通推出了春节贺岁广告——《红包去哪儿》，再次通过温情暖心的贺岁大片介绍了理财通的使用方法，并完美体现了腾讯理财通的产品价值和品牌内涵。

从对以上三个行业的分析可以看出，偏好使用数字营销的行业主要有以下几个特点：其一，行业体量大，故广告投放预算总量大，可以满足数字营销相对较高的费用要求；其二，消费群体偏年轻化，而互联网广告在几大媒介中是年轻受众覆盖面最广的媒介形式；其三，对广告效果转化率要求较高，以促进销售或传达品牌形象为主要投放目标；其四，具有较为广阔的线上销售渠道，可通过线上营销直接快速地实现流量变现。

[①] 艾瑞咨询. 2017. 2017 年中国消费金融洞察报告. http://report.iresearch.cn/report_pdf.aspx?id=2987[2018-01-13].

（二）广告形式及营销方式的发展趋势分析

综合问卷调查结果及相关行业资料可以看出，业内人士对数字广告的形式及数字营销的方式存在较为明确的预期，这些判断主要来源于他们在营销过程中对消费者行为的经验总结、对广告主需求的感受、对现有广告效果的评估，以及对行业未来发展的预判。

1. 信息流广告将成为移动营销的主要广告形式

信息流广告是一种依赖社交群体属性，对用户喜好和特点进行智能化推广的广告形式。大数据挖掘技术的进步为信息流广告的诞生提供了技术基础；移动互联网的成长推动了用户网络使用习惯的改变；同时消费者从过去的主动搜索内容转变为接受技术算法推送内容的信息接收方式，这一切都为信息流广告的发展提供了社会土壤。广告主对广告效果的重视及对移动端的投入增长促进了信息流广告市场的爆发。

信息流广告的推广始于美国市场，早在2006年Facebook就推出了信息流广告，2011年Twitter正式推出信息流广告，到2014年，Facebook超过50%的广告营收及Twitter超过70%的广告营收来自信息流广告。相比而言，我国的信息流广告发展刚刚进入高速发展期。截至2016年，微博信息流广告占其整体广告营收的50%，而作为信息流广告主要推送平台之一的今日头条广告销售营收已超过100亿元。

信息流广告通过数据收集和技术算法，将用户兴趣与广告进行智能匹配，具有品效合一的特点，更加迎合了广告主与消费者的需求，从而在业内引起激烈的市场竞争。到2016年，腾讯、今日头条的信息流广告营收超过百亿元，位于信息流广告市场格局的第一梯队；百度、微博、凤凰网、搜狐营收规模位于十亿元级别，组成了信息流广告市场的第二梯队。此外，众多垂直网站、短视频媒体等都逐渐加入信息流广告市场的竞争中。产品能力、流量能力、技术能力成为影响信息流市场格局的主要因素。产品能力，即信息流产品的设计、用户规模、用户停留时长等；流量能力，即产品内部内容生态是否能带来更大的流量聚集；技术能力，即大数据的收集和技术算法能否精准地针对受众进行广告推送，并适当提高受众对广告的接受度和关注度。[①]

就未来发展而言，BAT均已形成相对完善的信息流产品生态圈，它们拥有更大的用户规模，并且具有更完整的产品矩阵来吸引流量。今日头条、爱奇艺、微信、UC浏览器等产品能更多地占用用户使用时长。同时，不同的平台采用的推荐算法不同，有的基于用户兴趣推荐、有的基于用户地理位置推荐、有的基于社交关系推荐等。信息流广告的出现为广告主提供了更为有效的广告形式，由过去的图文广告发展为图文+短视频广告的新形式，在移动场景中与受众交互更为丰富，同时为媒体方节约了广告库存，也使消费者在兴

---

① 刘忠国. 2017. 2017中国信息流广告市场专题分析. https://mp.weixin.qq.com/s/4-AgtyF_PailCDMprfe_SA[2018-01-14].

趣基础上更容易接受广告。因此，信息流广告在未来仍将取得更大发展，甚至成为未来移动营销的主要形式。值得注意的是，广告主的大量涌入及媒体平台的混杂，会导致广告内容审核的监管障碍，造成虚假、低俗、诱导性广告的出现，这将是信息流广告发展中面临的重要问题。

2. 短视频广告更易刺激用户分享

在过去的二十多年间，互联网内容从文字到图片再到视频，不断更迭并形成日益复杂的组合。表现形式更加丰富，互动性、可视性越来越强。随着数字技术的更迭和用户习惯的改变，从长视频到短视频，内容生产的门槛越来越低；从 PC 端到移动端，受众观看与制作的便利性却越来越高。截至 2017 年，在美国，收看过视频资讯的用户比例为 30.8%，而我国资讯视频的渗透率则达到 61.8%，资讯视频的消费习惯已在我国逐渐养成。

与直播、长视频相比，短视频的短小精悍更符合当下时间碎片化场景需求，受众在短时间内即可观看并分享视频，其周期更短。同时，视频长度的缩短带来制作门槛的降低，普通用户即可随时用移动设备拍摄、制作视频，成为受众更乐于传播的社交语言。与传统图文广告相比，在内容营销的时代，品牌更需要用情感和角色来打动用户，更具三维立体型的视频语言可以让用户更真切地感受到品牌传递的情感。这就意味着品牌使用短视频作为与用户交流的语言将更容易被受众接受，更容易实现品效合一的传播效果。

短视频行业首先出现在美国，2011 年 4 月，Viddy 正式发布了移动端视频社交应用产品，定位在"创建和分享视频的有趣简单方式"，帮助用户即时拍摄、快速生产、便捷分享。同时，它与 Facebook、Twitter、YouTube 等社交媒体平台实时对接，用户之间的即时交流从互发文字、图片、语音，发展到互发视频。与之类似的应用还有大规模争夺用户的短视频分享软件——Vine 和开始拓展短视频分享业务的传统图片分享应用——Instagram。除此之外，目前国外的 App 平台上还有 Keek、MixBit 等类似的短视频社交应用[①]。我国的短视频行业在 2015~2016 年迎来爆发，成为新时代互联网社交平台和入口之一；2016~2017 年，短视频行业保持高速增长，逐渐取代直播行业，成为移动视频的新爆发点。从社会环境来看，我国互联网及移动互联网的发展逐步成熟，用户在移动端的使用频次已大大超过 PC 端，智能手机的普及为短视频的传播搭建了良好的平台，同时，社交媒体的普及使用户更加热衷于分享与评论带来的自我满足，以娱乐的态度获取资讯；经济环境方面，短视频行业得到了大量投资，多集中在 A 轮和天使轮，投资方向集中在内容创作和社交分享等；技术方面，3G/4G 网络的推广为短视频的发展带来机遇，流量、宽带费用降低，智能移动终端的拍照、摄像技术不断增强，短视频的制作、分发、观看门槛越来越低。这一切为短视频的行业发展带来了机会。

---

① 艾瑞咨询. 2017. 2016 年短视频行业发展研究报告. http://report.iresearch.cn/report/201609/2643.shtml[2018-01-14].

2017 年 11 月 22 日，CEO 张一鸣在今日头条创作者大会上宣布，今日头条旗下所有短视频产品总播放量超 100 亿次。截至 2017 年 10 月，今日头条与西瓜视频的日均视频播放量达到 30 亿次，较上年同期增长了 170%。在 2017 年 10 月腾讯企鹅智酷发布的调查报告中，有 40.8% 的用户认为短视频广告的体验相对更好，首次超过图片广告。

目前我国短视频社交平台分为综合平台、分享平台和推荐平台三类。综合平台集视频的制作、发布、播放和社交功能为一体，如快手、美拍等；分享平台主要为大量流量聚集的社交媒体平台，如微博、朋友圈、QQ 空间等；推荐平台为今日头条这类资讯内容分发平台。陌陌的广告语"用视频认识我"证明短视频已成为当下年轻人最潮流的社交方式。短视频内容的生产者有普通用户，有专业经纪公司包装的网红群体，也有专业的视频制作公司。短视频内容生产正面向组织化、垂直化和个性化方向发展，美妆、美食、生活方式等垂直领域类的创作者有望集中发力，搞笑娱乐类的题材逐渐减少，同时带来受众群体更加细分化、社群化。受众对于高质量、感兴趣的内容营销接受度比以前更高。对于广告主而言，如何选择头部 IP、制作符合品牌调性并打动用户情感的视频内容，如何准确地找到平台入口实现流量变现，成为值得挖掘的问题。

3. 内容营销将成为行业发展的重点

在营销方式的对比中，内容营销成为广告主关注度及落地成功率最高的营销方式；在广告形式的对比中，内容植入广告成为最被业内看好的广告形式；在社会化营销重点推广的形式中，社交内容的传播又被推向了最受重视的位置。内容，成为营销者公认的最值得关注的营销话题。随着内容创作的爆发，高价值的内容获取反而成为难题，资讯爆炸带来劣质信息泛滥的问题，已成为用户的痛点。在消费者注意力碎片化发展的情况下，只有优质内容才能引起消费者共鸣，自带话题激起消费者主动转发，甚至在消费者心中留下长久的印象。例如，2017 年感恩节在朋友圈被刷屏的 999 感冒灵广告——《有人偷偷爱着你》，以反转的形式讲述了几个暖心的小故事，在受众中激起极大共鸣，引来大量转发。同时，聚焦有价值、有知识性的内容更能获得消费者关注，帮助其在时间消费中获得更大价值。

值得关注的是，与大游戏 IP 的合作成为 2016 年数字营销行业的新亮点。数据显示，2017 年 1~6 月，中国电子竞技游戏市场实际销售收入已突破 360 亿元，同比增长 43.2%，其中移动电子竞技游戏市场实际销售收入达到 176.5 亿元，同比增长 100.6%[①]。仅在 2016 年，中国移动电竞的用户规模就达到了 1.54 亿人，《王者荣耀》作为现象级的游戏 IP 带动了整个移动电竞市场的发展，腾讯成立了专门的电竞产品部门——腾讯电竞，宝马、雪碧、必胜客等一大批品牌争相与《王者荣耀》合作。其中，2017 年宝马与腾讯合作推出了"赵云引擎之心"限定版纪念皮肤，五位职业选手被特别聘请拍摄宝马最新汽车系列广

---

① 《目光：移动电竞产业逐渐成熟 百亿市场引发规模效应》：http://news.gamedog.cn/a/20171209/2278256.html[2018-01-14].

告，借势《王者荣耀》对年轻、时尚的用户群体进行捕捉，利用二者"速度与激情""热血与荣耀"的品牌形象，这一轮营销活动帮助宝马获得了不错的营销业绩。此外，借势粉丝经济，与热门网综、热门网剧及大电影等头部 IP 的深度合作也成为各品牌关注的重点。总之，内容的个性化、优质化发展是不可逆的趋势，头部内容 IP 将具有更大的话语权。

4. 社会化电商发展迅猛

2017 年的"双十一"相较往年的竞争更为激烈，天猫与京东两家在线商城占领头阵，其他电商平台也纷纷推出营销活动，抢占"双十一"市场。据天猫与京东官方公布的数据，2017 年"双十一"期间，天猫商城累计下单金额达 1682 亿元，京东商城累计下单金额达 1271 亿元。同时，值得注意的是，无线端成交比例已达 90%。在营销方式上，各家电商的营销手段更为丰富。早在 10 月 20 日，天猫就举行了"双十一"全球潮流盛典，4小时的"边看边买"使全网站预售金额同比上年时均增长达到 118%，仅淘宝直播站内互动数就超过了 5000 万次。10 月 31 日，京东举办嘻哈狂欢夜，京东快递小哥化身 Rapper与当时最火热的网综节目——《中国有嘻哈》选手对战，吸引了超过 550 万名粉丝实时互动，播放总量达 5259 万次。11 月 10 日当晚，天猫又举行了"双十一"晚会，邀请了国内外大量明星助阵，马云也携自己主演的影片——《功守道》精华版登场。开场 2 小时，近 4000 万名观众加入狂欢，引发 2.7 亿次点赞。截至晚会结束，优酷在线观看直播总人数突破 1000 万人。同时，在直播过程中，通过 AR 投射、VR 全景、真人 3D 建模等技术融合，用户打开手机便可与明星实现互动。

目前国内两大电商集团——阿里巴巴、京东相继组建了自己的生态营销系统。阿里系在进行了丰富的产品开发及融资并购之后，建立起庞大的生态营销系统。其中包括了天猫商城、淘宝网、天猫国际、农村淘宝一类的电商平台，饿了么、飞猪、高德地图一类生活服务类应用，微博、优酷、阿里音乐一类的社交应用，同时与今日头条、网易、360、搜狗也达成了深度合作。京东也开始着力拓展自己的营销版图，与腾讯、百度、360、网易、爱奇艺等网站形成对接。

此外，新技术的打通使场景体验和人工技术进一步融合，为消费者提供更便利的服务：阿里小蜜智能客服上线，7×24 小时永不下班，秒级响应；天猫人工智能语音助手提供智能家居控制，点外卖、语音购物、手机充值一步到位；京东推出无人超市，全场景、数字化运营提供完整的无人店方案；京东无人仓库实现机器人自动分拣、打包、运输、装车出厂的一站式流程，大大提升了出货效率。

丰富的资本支撑、品牌矩阵的形成及媒体平台的链接使电商平台的营销方式越来越丰富，新技术的发展既为电商广告创造了丰富、新颖的广告形式，也为客户在电商平台的消费体验增值。艾瑞咨询报告显示，电商广告超过其他广告形式成了占据 2016 年网络广告市场份额最高的广告形式。输入搜索关键词后与明星进行虚拟视频通话、落地优惠页直接导流到店铺，黄金猫空降全国近 60 个商圈带来总值 5000 万元的双十一红包、AR 技术引发群体捉猫狂欢，美妆类产品推出虚拟试装服务等，科技的打通使营销互动的形式更为丰富，极大地满足了消费者的购物乐趣；同时，在庞大的营销生态系统下，电商平台获取了更加丰富全面的数据信息，这将大大提升广告投放的精准性，为品牌带来最直接的流量变现。

五、存在的问题

在迅猛发展的过程中，数字营销行业也萌生了一些新的问题。根据调查报告结果及相关资料，目前行业内认为普遍存在的一些问题主要有以下几点。

（一）数据来源不充分

在关于数字营销行业核心困惑一题中，有 42% 的人选择了"数据平台未公开透明导致投放精准度难以达到预期"这一选项。在实际方案策划过程中，只有 36% 的营销者能同时获得三方的数据，大部分数据来源还集中在媒体数据和第三方监测数据。数据来源的不充分为营销人员推导出合理的营销方案增加了难度，其效果预估的准确性也难以保证，给营销策划人员的方案设计和执行造成了困扰。

（二）数据造假与流量作弊情况严重

调查中，有 44% 的营销者认为行业内数据造假情况严重，难以获得广告主信任，有 25% 的营销者认为数字广告效果的评估中最应"提升数据公正度和可信度"。2017 年，宝洁全球首席品牌官毕瑞哲（Marc Pritchard）在《变革的觉醒》的演讲中指出，宝洁与众多企业携手推动实施"采纳统一的可见性标准、实施可信任的第三方评估核查、要求签署透明的代理合同、避免广告欺诈、保护品牌安全"这五项行动，目前已完成既定目标的 2/3。根据 AdMaster 提供的监测数据，2017 年上半年，国内无效流量占比为 29.6%，比上年同期略有下降。参照 MRC（Media Rating Council，美国媒体评级委员会）、CMAC（China Media Rating Council，中国媒体评估委员会）等公认的行业标准，这里的无效流量包括：GIVT(general invalid traffic, 常规无效流量)、SIVT(sophisticated invalid traffic，复杂无效流量)、广告可见性问题引发的低质量流量、视频类无效流量、智能电视无效流量等[①]，其中包括了机器人无效流量和效果类无效流量一类的广告欺诈现象。数据造假和流量作弊问题使广告主对数字广告的效果预期被人为抬高，在营销预算有限的情况下，代理商为了争取到客户，不得不承诺广告主无法达到的效果，在执行过程中为满足 KPI 而陷入数据造假和流量作弊的怪圈。

---

① AdMaster. 2017. AdMaster 发布 2017《无效流量白皮书》，持续"广告反欺诈"攻坚战. http://www.sohu.com/a/203439492_292667[2019-10-25].

（三）效果评估体系不完善，缺乏业内统一的评估标准

在"关于对 2017 年数字广告效果评估最主要期待"的问题中，有 28%的营销者选择了"改进广告效果评估的 KPI 体系"，有 24%的营销者选择了"建立行业中广告效果的参考基准"。可见，与数据造假情况相关联，营销者更希望业内能建立起较为完善的 KPI 评估体系，改变业内恶性竞争的局面，同时，建立业内统一标准也不失为改善数据造假问题的一个选项。

（四）消费者注意力碎片化，营销活动的热度难以维持

在行业核心困惑的调查中，有 56%的营销者认为消费者注意力的快速转移使营销活动的影响力难以维持，这也成为令营销者最为困惑的问题。在新营销形式层出不穷和热门话题爆点不断的媒体环境中，要抓住消费者目光、激起消费者共鸣、刺激其接受品牌或产品并最终导向消费成为越来越复杂的功课。营销者希望在激烈的竞争环境中脱颖而出无疑面临着更加艰巨的挑战。

面对以上在数字营销行业营销者之中普遍存在的问题，各公司高层是否有同样的隐忧？作为行业领军人物，他们在面对行业共同面临的困惑时是否有好的解决思路？或者形成一定的共识？我们对 35 家数字营销公司、37 位业界高层进行了深度访谈，在访谈中各位业内大咖针对行业内存在的困惑及核心问题谈了自己的看法，并透露了一些计划实施的解决方案。同时，他们对于数字营销行业的现状和未来发展也提出了更为深刻的见解。具体内容将在《中国数字营销行业发展调研报告（下）》中展示。

中国数字营销行业发展调研报告（下）

  根据《中国数字营销行业发展调研报告（上）》对数字营销从业者进行的调研结果，发现了目前国内数字营销从业者们普遍关注的几大问题：数据资源不充分、数据造假与流量作弊现象严重、营销热度难以维持等。围绕以上问题，调研小组对全国 35 家数字营销公司和数字媒体、共 37 位业界高管进行了深度访谈。访谈时间主要集中在 2017 年 8~9月。本文根据访谈收集到的资料，对当前我国数字营销行业发展的现状、问题和可能的对策进行了梳理与总结。从这些行业领军人物的视角，能更清晰地看到隐藏在行业困境背后的深层原因、业界高层们针对这些问题设想的解决思路、亟待实施的解决办法，以及他们对行业未来发展方向提出的展望[①]。

一、数据来源不充分致使营销策划困难重重

  在数字营销行业，数据资源的丰富性和有效性往往是一个企业的核心竞争力之一。在方案的前期策略推导、中期投放执行和后期的效果监测中，都需要有大量的数据资源做支撑。然而在现实环境中，一些传统广告代理公司转型而成的数字营销集团还不具备深厚的数字技术基因；以百度、京东、阿里巴巴、腾讯为代表的互联网集团掌握了大量不愿公开的用户数据，形成数据孤岛；广告主也将内部数据作为企业最核心的资源拒绝公开，营销公司难以准确掌握数字营销带来的直接营销业绩。数据来源的不充分为营销人员推导出合理的营销方案增加了难度，营销效果预估的准确性也难以保证，这必然给营销策划人员的方案设计和执行工作带来困扰。

（一）因地制宜，针对客户类别采用不同方案

  面对不同类型的广告主，数字营销人员采取了不同的解决办法。首先，不同类别的客户，对于数据公开的意愿并不相同。根据营销目的，往往将广告分为效果类和品牌类。访谈对象 F29 指出，并非所有广告都要对效果负责，品牌类广告更多的是需要提升品牌自身的知名度与曝光率，而效果类广告更多的是要达到销售目的。他说："对于效果类客户而言，提高销量在他们的营销目的中占主体地位。广告的展示效果往往直接引流到销售环节，客户只有将数据主动分享出来，才能从数据中获得更大的价值，因此这类客户的数据

---

① 为保护隐私，文中对访谈对象名字进行了匿名化处理。

分享意愿往往更强。但对于品牌类客户而言，这一点就比较困难。例如汽车客户，销量数据是公司的核心机密，而汽车产品的销量并不直接与广告挂钩，其效果转化还受人际口碑、产品信息、品牌历史等综合因素影响。另外，很多汽车都是通过经销商进行销售，经销商很少能实时反馈销售数据，广告主也无法及时获得有效数据。所以在这种情况下，品牌客户的各类数据或不愿分享，或无法分享，或无法完全保证数据的有效价值。"

在这种情况下，营销者只能针对不同类型的广告客户使用不同的数据资源。据访谈对象 F24 透露："我们在营销中需要的多是一些用户的前置数据，根据这些数据对消费者进行人群画像，以达到精准投放的效果。对于一般的品牌类客户，社会公开的人口统计类数据就可以满足其需求。但对于电商、游戏等效果类客户，往往需要更详细的数据。这时公司会争取与广告主签订数据保密协议，在保证广告主的数据资产不会泄露前提下获得广告主自身提供的用户数据。"

（二）整合数据资源，打造数据平台

在数据资源不充足的情况下，各家数字营销公司纷纷根据自身基因，积极寻找与媒体和第三方平台的合作，搭建自己的数据系统，以尽量争取到更多有效的数据资源，为广告主提供更加高效的服务。根据访谈情况，大致有三种较为典型的模式。

其一，具有良好数据基础的公司不断强化其自身优势。访谈对象 F12 是一家拥有较强的技术和数据基因的公司的领导者，据他介绍，该公司许多产品拥有自己的自主知识产权，从广告的投放策略、执行管理到效果监测都有完整的数据产品支持。公司发展以很多年的积累为主，不断保持着数据的更新和积累。

其二，一些大型整合营销集团通过资本合作吸引具有数字营销基因的公司融合进来，搭建大数据营销平台。2011 年以来，省广集团通过资本运作（入股、投资等方式）陆续对一些公司进行了收购。而这些公司都拥有自己的业务体系和数据资源，怎样整合出省广集团自身的数据结构和方向成了亟待高层解决的战略问题。2016 年，省广集团正式成立了大数据中心。根据该集团数据部门负责人介绍，该中心主要有两个定位：一是数据的整合，整合公司旗下所有拥有数据资源和数据资质公司的数据；二是数据的应用，把大数据转换为数据化营销产品，从而对集团营销整体形成支持。省广集团通过对各子公司的分析发现，因为业务范围的不同，每家公司自身的数据维度、客户结构是比较薄弱且单一的，如北京的畅思广告，它的主要客户是移动端游戏客户，其数据多集中在移动端，但它也会对 PC 端的数据有认知需求。而上海传漾则擅长 PC 端的程序化购买业务，客户群体以金融客户为主。所以，通过集团大数据平台可以形成更全面的数据结构，从而帮助子公司拓展业务范畴。省广集团将这些公司的数据收集汇聚在更大的平台上，使数据自身的属性弱化，将消费者在不同媒体形态、生活形态里的数据整合。当分子公司对数据有不同需求时，

大数据平台根据其属性和特征进行数据分发，再让其根据自身客户需求进行筛选。通过集团大数据平台可以形成更全面的数据结构，从而帮助子公司拓展业务范畴。同时，平台还可以为客户提供免费的媒体效果监测服务，以辅助第三方监测数据。目前 70%～80%的客户已经在使用这一监测体系，但非常注重数据敏感性的客户，甚至连第三方监测都不使用，所以很难达成合作。

访谈对象 F36 谈道："'整合'是一个漫长的过程，大概需要 3～5 年的时间。因为整合不仅意味着拿到数据，更具有多层含义。第一，在技术层面上，这些数据并不是一次性的交易，它是一种长线的结构对接，以形成流动价值；第二，在业务逻辑层面，这些子公司虽然都有 DSP、SSP 等业务，但业务逻辑存在差异，集团需要做的就是将它们的业务逻辑同化到大数据平台上，这比单纯的数据整合需要更长的时间。将不同业务在数据层面上进行理解和汇集，在技术层面插入到平台之中才会形成真正意义上的整合。在动态整合的过程中，大数据中心也会有阶段性的输出与反馈，形成对于数据良好的利用与挖掘。"

其三，建立自身数据平台的基础上，大力加强与其他方的合作。访谈对象 F20 介绍，其所在的集团也建立了自己的大数据部门："我们目前有两个数据系统，能够对每一次社交媒体覆盖面的传播做一个大数据可视化的还原，可以帮助客户挑选中长尾广告位配合头部流量广告位，并将其产生的整个效果可视化。这个数据可以细化到通过微信公众号原文的链接，知道这个 KOL 所产生的圈层效应，最终有多少人阅读、阅读之后又有多少人转发分享等，转发分享的路径都会用一个可视化界面来呈现。除开与媒体和第三方机构的合作，我们也会与电信运营商达成合作，直接从运营商的端口匹配数据，从整个互联网的最终端获取数据，而不是到网站平台去索取第三方的数据。"

访谈对象 F35 介绍说，其所在的数字营销集团的数据资源主要分为几块：广告主以往的投放数据、第三方数据库和大型品牌商（腾讯、阿里巴巴）的商用数据。他解释说："一些广告主在提供数据的时候会有疑虑，尤其是金融类客户比较敏感，这时就可以用以前营销过程中积累的相关数据作为参考。如果客户有意愿建立自己的 DMP，我们公司也会帮他们搭建平台，收集其历史投放数据，以及对接他们内部的客户管理体系，以帮助他们在未来可以正确利用自己的数据做营销。此外，他们也对接了腾讯、阿里的部分商用数据，其开放部分多是一些用户标签及其网络行为。公司会基于广告主需求来请求这部分数据，当然这些请求需要相应的费用。"

当然，尽管 BAT 开放了部分商用数据，对于数字营销公司而言，这些数据的丰富性和有效性还是非常有限的。访谈对象 F12 指出："当前我们有 BAT 三大数据孤岛，这三家掌控的数据加起来占了中国数据很高的比例。尽管它们能通过合作的方式提供部分数据，但数据是否真的够用，还要从几个方面考虑。第一，大家觉得够用，可能是还不清楚真正够用的状态是什么样的，大家对目标怎样认知，决定大家对'够用'这个判断是否客观；第二，BAT 开放一定的 DMP，不代表这三家之间已经互通，这三家不通，我们仍不能拿到真实的用户行为，做不到很理想、很丰满的状态。当然，最理想状态是 BAT 三家数据全开放，另有一个 ID 可以整合全部数据资源，但事实上这不符合这三家的商业利益，因此要实现数据的透明化还有很长的一段路要走。"

访谈对象 F6 提出了用区块链解决数据孤岛问题的思路："未来可能更多的是利用区块链的技术，尤其是智能合约的方式解决多方数据提供方之间信任机制的问题。目前国际上 Facebook 和 Twitter 等网站开放了商业数据，我国 BAT 现在只开放了部分商用广告数据。数据的不开放阻碍了互联网在中国的发展。随着政府提出全民大数据，互联网的发展有望去开创一个全网数据打通的时代，而我们也正在研究如何使智能合约技术与数据开放真正结合起来。"

二、数据造假与流量作弊导致数字营销行业信任危机

宝洁首席财务官 Jon Moeller 表示，2017 年公司首席品牌官 Marc Pritchard 发表演讲中的"媒介透明度问题"已经得到改善："我们越来越清楚地认识到，通过减少媒介渠道内和跨媒介渠道的过度投放频次、消除不可查看的广告、不再投放那些为'机器人'提供的广告或者不再将广告投放在不恰当的媒体环境里，将有效减少广告费的浪费和损失，同时，宝洁公司各品牌的广告触达率提高了 10%。"

通常在投放数字广告时，媒体会在展示广告的时候设置展示代码，广告公司在制作广告素材的时候也可以在素材下匹配相应的代码交给媒体。在广告刊播的时候，一旦素材被曝光便会有相应记录，同时被记录的还有点击这个广告的用户的相关信息，这种行业监测模式比较通用。有很多大型广告主会选择采用多方监测，使监测数据更全面可靠。而各广告主选择购买广告位的计价方式通常以点击量、曝光量、转化量等为考核依据。因此，产生了各种通过数据造假手段伪造广告效果的代理公司，它们帮助那些完不成任务的广告代理公司或者媒体顺利交差。这些刷量、刷单的公司将自己的业务美其名曰"效果优化"，它们能从 IP 所在地、点击时间、频次、停留时间等多个参数控制刷量行为，使数据看起来尽量"逼真"，而这些做法无疑扰乱了数字营销市场，并导致了许多广告主对这一行业的不信任，从长远的角度伤害了数字营销行业的发展。

（一）广告主预期过高及监测标准不统一成为出现行业乱象的主要原因

对于数据造假的原因，业内存在以下几种看法。

一是对广告效果的承诺被人为抬高。访谈对象 F36 认为，这更多的是一种商业行为："在前几年数据化购买刚起步的时候，数字领域的一些代理公司希望从传统渠道挖掘更多的预算，会许诺给客户更多的效果和 KPI，有的提供了比传统广告高 10%、20%，甚至高

100%的效果承诺。而这种高 100%的效果多是一种机遇型和现象型的事件，和媒体自身的关系不大。所以在最终和客户交互的时候，只能靠数据造假来填补之前给自己挖下的坑。为了在众多公司激烈的竞争中脱颖而出，一些公司难免会违反正常的市场逻辑和经济逻辑，通过造假的模式在其中注入更多的水分。这也造成了近一年（2017 年）客户对于程序化购买模式的不信任，导致其业务下滑。"

二是广告主不理性的要求。访谈对象 F37 指出，部分广告主会对营销效果产生不理性的要求，有的甚至将整个企业营销的目标一步步地全部转交到营销公司。因为很多企业的传播费用占营销费用的绝大部分，企业希望见到实际效果，而很多情况下广告的营销效果并不是营销销量的直接因素，但近几年广告主不理性的要求越来越多，造成一些营销公司通过造假来达到 KPI。同时他也认为，有些客户已经开始逐步回归理性，如宝洁提出的"效果可见性"，这些是在广告传播的范围内可以做到的。

三是监测标准不同。产生数据造假的一部分原因是各企业监测标准不同，访谈对象 F37 为我们举了一个例子："例如就视频节目的播放量而言，有的媒体会把最高单期节目的点击率乘以整体节目的集数，算成是整体节目的总点击量。有的会把观众暂停-播放的次数也算成新的点击量。标准不一致的情况在一定程度上夸大了节目播放效果，所以现在动不动出来一个剧就说曝光量已经破百亿次了，而这个数据往往不够准确。"

（二）技术监管与行业监督相结合，共同净化行业环境

为了改善行业内数据造假的现状，一些技术能力较强的公司正在探索新的解决路径。例如，访谈对象 F36 谈到区块链技术在这一问题上的应用可能性。他解释道："区块链的优势在于整体操作的透明性，避免各方的黑盒状态，尽可能消除彼此之间的壁垒，也能推动整个行业的良性发展。利用区块链交易过程透明化的特点，使客户有一种参与感，看到完整的投放环节、数据交易与数据流向，从而产生信任。相比之下，DSP 更偏向于一种黑盒交易，是否投放、投放效果如何，客户并不清楚，在这里就会形成很多漏洞。通过区块链技术，可以将资源在平台基础上进行透明化整合，客户可以知道每次投放的数据点击、数据流向以及数据回馈。"

访谈对象 F24 认为，有必要建立行业内部的监管机制。目前其所在企业内部建立了一个数据透明化的平台，让第三方和媒体介入，使数据更加透明。这个平台的构想建立在程序化里，通过一种 RTB 的协议，每次展示都会发出请求。让第三方或者广告主在每次请求上做验证，验证其背后的人的真实性、方位，其用户画像是否符合品牌形象、价格等，将整个验证过程前置化，而不是在购买行为发生后再分析。后置的检验无法确保加工过的信息的真实性，而前置性验证对广告主来说可以无限提升效率。但这个平台会触及多方利益，所以需要一些强大的媒体、第三方和广告主共同支持。

访谈对象 F17 认为，目前第三方的监测技术已经不断增强，很多技术型公司对移动端、OTT 端都会有很多反作弊机制："我们也会跟着第三方走，把新媒体规范起来。同时行业广告协会也在为规范市场行为做出努力。"

访谈对象 F3 认为："如果要改善整个行业的大环境，首先需要行业自律，需要行业内的企业来共同维护；同时，法律需要在这方面进行适当的介入。所谓行业数据透明化的愿景是存在的，但是实践过程中难免还是会存在问题，因为市场存在媒体彼此之间的竞标，而同时又需要不断耗费人力进行监管和运营。现如今行业的更新速度实在太快，可能还没有形成系统性的法律法规对其进行规制，这个热潮和风口就已经结束。但是管理是需要一定时间在发展中逐渐规范的。"

三、消费者注意力碎片化，营销热度难以维持

CNRS（China National Readership Survey，中国城市居民调查）与艾瑞咨询的数据显示，网民对网络依赖性日渐加大，2017 年中国网民日均接触网络时长高达 5 小时。移动端因具有有效聚集网民碎片化上网时间的特点备受网民喜爱，网民使用移动端上网的时间逐年增加，截至 2016 年已达到总量的 90%。路透新闻研究所《2017 数字新闻报告》指出，在受访的全球 36 个国家的手机用户中，46% 的用户在床上看新闻，32% 的用户在卫生间看新闻。如何在碎片化的时间中吸引用户、引起用户持续关注并有效触及用户痛点是令每个营销从业者头痛的问题。对于这个问题，数字营销行业的精英们基于对市场敏锐的洞察和丰富的实战经验贡献了自己的见解，他们普遍认为，一味地追随热点并不是营销策划的长久之计，必须立足于营销公司自身的优势、准确定位广告主形象，才能触及消费者情感或需求的痛点。

（一）提升内容、深挖情感，以共情激起共鸣

访谈对象 F5 提出："碎片化时代要求我们做传播、互动、分享的时候更加精准。一方面，碎片化时代里面核心的东西要求我们了解人群的精神内涵；另一方面，我们要通过数据还原目标受众的触媒场景和媒体标签。在数据可量化的时代，通过收集线上、线下大数据并进行智能分析，能帮助我们更精准地描绘用户画像，了解用户对传播内容、表现形式、沟通角度及传播渠道等各方面的具体需求，指导我们制定传播策略。而同时这又是一个内容分享的时代，互动体验和分享是传播的核心，利用价值是以分享价值为核心进行的。我们要真正建立以内容分享价值为核心的模式，跟受众一起去创造内容、分享内容，形成一个可循环的机制。"

曾率领团队创造出众多经典的社会化营销案例的访谈对象 F34 认为，最好的创意是大创意："在思考营销策略中并非一定要细分人群，新媒体本身就无法覆盖全部受众群体，

如果在此基础上再细分，不一定能形成很好的传播效果。如果能让全民参与、达到刷屏效果更能扩大品牌的影响力。另外，自媒体文章要有明确的定位，比如母婴产品在辣妈群体中的传播、SKⅡ的'剩女改变命运'等。其传播目的还是使效果尽量大众化，从小角度切入并引起更广泛的传播。"

访谈对象 F14 认为："头部内容已经进入了平台期，未来场景可能会被压缩得越来越小、越来越碎。每个人尤其年轻人的兴趣点完全不一样，在这种情况下，不是一档节目就可以吸引所有人。所以我们认为内容仍是创意导向的，接下来通过技术与数据给不同的人分发不同的内容，场景营销才会有更大的可能性。现在我们有技术可以更精准地影响到单一的个人，那就不需要那么关注热点，而应当更关注于个性化的人，关注这些人身上充满情感的那部分东西。因为即使是最热的一件事情，也很难做到全民关注。例如，在一线城市关注的事情可能跟二三线城市的关注点就完全不一样，何况中国那么大，东西南北都有差异。此外，做品牌也应该激发消费者最感性的那一面，让用户和品牌之间产生感性联系。所以我们会将场景营销、社会化营销、话题营销、社群营销都从一个维度去考虑，然后帮助我们的品牌主通过技术手段和数据沉淀进一步剖析消费者的那些能触动他的那些东西，最后再搭建话题、氛围、场景，从线上到线下，然后去触动这些消费者。"

访谈对象 F11 说："我们每天都有热点，我们也会追热点，但实际上我们一直在挖掘广告主与消费者之间的社会化基因关联。也许消费者对广告主的某个产品还不感兴趣，但是产品也许可以关联到消费者感兴趣的一些热点，并借助社会化的渠道让消费者产生兴趣。我们不回避去追热点，但绝不会以此为目的，我们会尽可能地创造自己的热点。"

（二）大数据+新技术，不断追寻新热点

访谈对象 F29 指出，其公司设计的一套数据系统为他们在营销策划中改良广告效果提供了极大的帮助："在过去的投放中，一旦素材投放出去就无法修改，由于互联网传播的'短平快'特征，很多热点在经过传播之后会很快回落消失，造成投放资源的浪费。而该数据系统具有一种持续造热的功能，通过修改投放计划重新对用户进行动态激励。系统会对用户价值进行考察（如朋友圈的交友广度等），对这些更具价值的用户进行进一步倍增激励，综合一些合作自媒体的数据资源拓展传播效果。例如，一个传播量不高的 H5 如何进行优化提升，在系统对传播人群的特征进行分析的基础上，营销人员会对 H5 的标题、内容、画面做相应的改良，使内容与形式、渠道更加搭配。这种动态修改、实时验证的过程使投放效果大大提升。在选择自媒体投放之前，系统可以根据这些大号的传播维度确定是单向爆炸型还是逐级裂变型等，以此为广告主选择更为合适的投放媒体。同时整个投放过程的初期可以做一些前期测试，如测试不同的标题产生不同的传播路径，以及在中途的

传播路径当中试用一些能够发生传播裂变的事件（如发红包等），看能否再发生二次裂变，通过这样的测试，往往能有效提升传播效率，大量节省广告主的投放成本。"

访谈对象 F22 也介绍了其所在集团开发的、用数据技术挖掘创意热点的产品："它包含几个不同的业务。例如，其中之一是类似于今日头条的一个产品，但是以网站的形式呈现，它利用爬虫技术去抓取国内外网站上好的文章、案例，根据兴趣来分类、贴标签，内部员工或者开放权限的用户可以在上面进行订阅。同时，其中还包含一个名为'营销日历'的产品，将节气、节日、明星的生日等等各种信息抓取整合，并以此为依据做推送，如果遇到当时特别火的热点也会借势做专题推送。热点的出现总是不可预料的，谁也不知道什么时候会出现。"

访谈对象 F35 认为："数据、内容、技术关系，在我看来，资源整合能力是一个比较核心的因素，因为目前数字营销越来越碎片化，业态也越来越复杂，包括目前出现的众多 APP 和各种影响方式，比如内容营销、场景营销等。在做数字化营销的时候，如何为客户提供整合性的营销方案和资源，而不是单纯关注其中的某一点，是非常重要的，如果能为客户提供多种营销方式，就能形成更强的行业战斗力和竞争力。一些如 AR、VR 等新技术也是一种趋势，但是如何更好地商用也是一个问题。2008 年，PC 端占主流的时候，我们也尝试使用 VR 技术，很多都是在展会上使用，但是这些技术发展到现在，做商用的话还是需要一些大平台来推动，阿里目前就在尝试。目前我认为最重要的是通过技术和数据的驱动，为客户提供更有价值的营销方案，如何帮助客户在前端快速抓住消费者实现销售转化，会是越来越受到关注的点。"

四、行业革新，数字营销公司需寻找新的出路

互联网行业的崛起推动了数字营销的发展，行业变化日新月异。数据成为数字营销公司赖以生存的重要生产要素。同时，营销方式和广告形式不断向多元化方向发展，程序化购买平台逐渐增多，为数字营销行业带来新的交易制度变革。在这种环境下，行业大咖们对数字营销行业的未来发展提出了自己的判断，并对数字营销公司未来的发展方向提出了不同的选择路径。

（一）视频营销向垂直化、细分化方向发展

2016 年是视频直播野蛮生长的一年，社交平台完成了从文字到图片再到视频直播的进化，平台数与用户数量迅猛增长，截至 2016 年 12 月底，直播用户规模达 4 亿人。欧莱雅与美拍合作直播李宇春戛纳电影节专访，直播后 4 小时内天猫旗舰店的李宇春同款冰晶粉色唇膏全部售完；苏宁易购联合斗鱼平台和网红冯提莫直播带来超百万人次观看，当晚一小时内联想 ZUK Z2 手机预约量突破 10 万台。众多广告主纷纷试图与直播平台达

成合作，借势新的营销方式吸引年轻受众。2017 年，随着数家网络直播平台的倒闭、被查，视频直播平台已逐渐放缓增速，开始稳定发展。截至 2017 年 12 月，网络直播用户规模为 4.22 亿人，其中游戏直播用户规模达 2.24 亿人，占网民总体的 29%，真人秀直播用户规模为 2.2 亿人，占网民总体的 28.5%。泛娱乐化的视频直播覆盖人次开始下降，而游戏类直播依然火爆。同时，短视频行业迎来爆发式增长，西瓜视频和抖音尤其增速迅猛，已逐渐赶上快手，成为 2017 年短视频行业覆盖人次的前三名。曾经被众多广告主追逐的直播营销热度逐渐冷却，未来直播营销发展趋势如何？短视频营销是否会取代直播营销？

访谈对象 F20 认为："用户的消费升级会带来对于知识或获取信息的升级的需求，包括对内容质量的要求可能会越来越高、越来越专业化。所有视频营销里最核心的东西都是内容，直播只是网红借用的一种手段，网红也有多元化营销方式和变现方式。但因为大多数网红以追求娱乐性为主要目的，所以可能很难满足用户对高质量和深层次内容的需要，尤其如果想做专题和系列的节目将会更难。"

访谈对象 F18 认为，现在的直播广义上可以分成几个类别："猎奇类直播可能往往用户质量较差、内容出厂不恒定、价值不可评估；知识类的、咨询信息类的直播（包括各类产品发布会等），消费者在这一类别里的同步消费和异步消费方面的差别不大，直播在这一领域的占有量不太重要；此外还有一些偏固定大事件或娱乐的直播，如世界杯、奥运会、演唱会、大型晚会的直播等，这个部分传统媒体已经在做了，直播平台可能不是最受关注的部分。因此，直播的形式未来可能会用得越来越多，但是视频直播的媒体只是一个平台，并没有很高的价值。视频直播不是一个垂直的媒体类型，更像是一个横向的信息传递渠道。爱奇艺、网易、腾讯、新浪都有直播这个基础功能。所以当搭建投放计划时，我们不会刻意强调是不是要做直播，而更重视跟哪个媒体合作，适合哪一类的广告主。例如，汽车类品牌就不太适合到直播平台上寻找用户。而一些互联网金融类客户，如果投放一个直播的活动，在直播过程里植入产品、发放二维码等，可能就能带来很好的转化效果。所以直播是个通用的形式，它们在某些垂直的直播平台有一定的用户，但并不绝对地适合所有广告主。"

访谈对象 F23 是一家国内领先视频社交平台的负责人，他认为："技术一旦出现就不会消亡。对于直播来说，前两年非常火热的时候，基本上很多营销活动都会带着直播，可以说对直播的优缺点没有一个客观的认知。2017 年开始，市场回归正常，我们会在合适的场合使用直播，让直播+短视频、直播+事件营销成为一种更有效的组合，而不是盲目使用。在我看来，直播不会消亡，而是会以一种主流的形式长存下来，不像去年（2016年）那样泡沫化。"同时，对于短视频的未来发展，他认为在保持技术优势之余，更应该注重视频的内容品质："品质好的短视频是可以沉淀为品牌资产长期保存的。视频营销的最早运用手段是 TVC 广告片，但是 2016 年最受欢迎的品牌营销前 10 名中只有一个标准的 TVC 广告片，其他 9 个都是故事型或者内容型的广告主创作广告片，所以我们认为内容营销被提升到了一个前所未有的高度。内容营销中和视频相关的又有几种手法，一种是直播，一种是短视频，一种是 VR、AR 这类借助科技手段的营销。相比之下，直播会有更多的陪伴感，但是绝大部分的直播的质量和质感是比较差的，新鲜感背后的可持续性差，无法沉淀出平台资产。短视频则很适合如今的移动互联网传播，权衡了时效性和内容质量。而 VR、AR 由于技术条件局限、制作成本高，所以目前的用户体验并非很好。因此对比目前常见的几种视频营销手段，短视频还是比较占优势的。"

（二）程序化购买的交易制度将更加普及

访谈对象 F24 是一家专注于程序化购买服务的公司创始人，他表示："广告主对程序化购买的认知程度一直在提升，尤其是效果类广告主，只要效果能够优化，他们的接受度一般都会比较高，电商、游戏、金融、化妆品、房地产、汽车等行业的广告主均有投放。因为程序化的优势不只针对某一方，对媒体而言，程序化提供了一个标准化的售卖方式，使他们的广告资源可以得到更广泛地售卖，引起多方竞价；对于广告主来说，程序化意味着他们可以通过一个或多个平台购买到全市场的大部分流量，可以通过技术或者数据触达到目标用户，并且是随时随地投放，省去了中间人工下单、提前预约和谈判的过程。"

2016 年初，因为垃圾流量的爆出，程序化购买方式曾一度被大家口诛笔伐。他认为，这一问题随着程序化购买方式的推广将逐渐弱化掉。一方面，对于追求效果的客户而言，广告出现的位置并不是最值得关心的问题，他们最关心的是曝光是否有效。因此，广告位不能用好与坏来判断，而应该看它是否适合。所以，即使是所谓的长尾流量，对广告主来说本质上都是有价值的。RTB 的作用就是将媒体、用户、流量都回归其应用价值。另一方面，行业内在转变思路，现在的程序化购买不是传统的 DSP 公司的形式，它已经变成一种通用的范式，媒体可能会更多地用程序化购买来管理自己的广告位内存。所以从更高的层面讲，程序化购买一定是个大趋势。传统的 DSP 存在的一些问题会随之被弱化。当然，RTB 永远做不到 100% 的展示效果，只能预判传播效果。我们也无法完全保证推送的用户一定是最初想要定位的用户。举个例子来说，家庭电脑一般使用人数可能是多个，根据 IP 数据无法准确判断当时使用的具体个人，因此也影响数据的准确性。相对而言移动端的准确性一般比 PC 端更高。同时，我们会尽可能地保证数据来源的多样性。例如，一些较大的客户自己建有 DMP，我们也会与第三方合作获取数据，如百度、腾讯、阿里巴巴等提供的用户行为数据。

访谈对象 F16 同样来自一家专注于程序化购买服务的公司，他认为："客户对这个行业已经比较熟悉，可能也知道这些媒体流量会分种类和层级，通常第一手资源不是直接采买的。DSP 首先解决的就是媒体的一些剩余流量问题，其次是解决广告主直接触及目标用户这种比较直观的问题，所以广告主也知道这部分流量可能相对属于第二层级，但并不会比第一手低很多，程序化购买用相对性价比较高的方式帮助广告主精准地采购到适合自己的目标用户，也是完全符合广告主利益的。"

访谈对象 F18 认为："程序化购买在未来很大程度上会取代传统的购买方式。未来在购买里面数字资源会分成两类，一类是内容上的资源，如 IP 类，这类资源就是所谓的植入、原创体一类深度定制的部分，这类服务按项目谈必须要跟制片公司沟通，无法进行程序化售卖，所以一定是单独一个板块；另外那些常规的固定位曝光资源，如开机图、横幅广告、焦点图等，一定会完全被程序化购买方式取代，因为它能带来更高的效率和更好的效果，库存的管理也会更方便。"

而来自一家整合营销集团的负责人访谈对象 F35 则对程序化购买的发展持相对保守的态度，他认为，广告主的投放模式因其行业特征不同，呈现非常多样化的趋势。汽车品牌的广告主预算较高，他们的营销投入方式非常多样化，大部分会以互联网广告投放为主，并不断尝试新的营销方式；房地产类的广告主营销方式反而比较传统、单一，他们往往选择区域性较强的传统媒体，如一些户外广告、报纸广告或落地活动之类。所以，比较注重效果转化的客户可能选择程序化购买方式会更多一些。

访谈对象 F17 也认为，程序化购买不太可能完全取代传统的购买方式："任何媒体都会把自己的资源分为头部资源、中间资源和尾部资源，都会想把自己的资源最大化，它们会把优势集中、放大价值，先获取一部分利益来满足它的成本，之后剩下的资源才会想办法去变现。程序化可能是近几年大家接受度最高的、最优的一种采买方法，它只是一种补充形式或者优化形式，但不会替代传统的采买方式。媒体也不会把所有资源全部程序化，同时，一些客户会要求占据最优质的广告位，这也是传统采买方式存在的原因。未来程序化的市场资源还会更优质，数据更加清晰、精准，但不会完全取代传统采买市场。"

访谈对象 F16 提到了媒体在其中的重要角色："媒体需要保证自身头部资源的利益，在这一部分媒体具有很强的话语权，任何一家媒体都不可能把自己的流量全部打通，而程序化购买可以把这些流量全部集中在一起，给需要的用户和需要的人群，这是传统的媒体投放不能实现的。但同时媒体为保证自身利益也不会把资源全部交给平台统一售卖。"

（三）智能化时代数字营销公司的去与留

联合利华集团在 2016 年宣布成立内部创意团队——U-Studio，希望利用 U-Studio 寻找新的方式，以数字渠道为重点跟消费者接触，同时对抗广告拦截软件的发展。2017 年起，联合利华集团开始减少与外部广告公司的合作，整体减半到 3000 家，并把部分数字营销和广告创意交给公司内部创意团队完成。在 2017 年年度财报中，联合利华表示在

In-house 模式的广告工作增多、而外部代理机构的工作减少后，公司已节省了约 30% 的代理费。2018 年初，宝洁首席财务官 Jon Moeller 在投资者电话会议上表示，宝洁已将其全球合作的 6000 家营销代理公司数量减少到 2500 家，并计划将这一数字再减半（也就是大概 1250 家左右）。宝洁在 2017 年已经省下了多达 7.5 亿美元的广告制作费，并通过新的代理商支付条款（延长支付周期）给公司增加了超过 4 亿美元的现金流。他补充说，宝洁有意继续在营销费用上再节省 4 亿美元，并计划实施新的广告代理和媒介代理模式。

Jon Moeller 表示："我们将会转向更加集中且更具流动性的安排，通过更加开放的创意人才和制作能力资源，以更低的成本带动更大的在地化关联、本土化速度和在地化质量管控。我们计划让媒介策划、媒介购买及内容分发的流程更加自动化，并更多地依靠公司内部团队来打理这些事宜。"

随着互联网技术的进步，越来越多的科技力量取代了人工劳动。程序化购买推广之后，一些公司推出了程序化创意平台，对广告创意进行模块化批量设计；因流量造假、投放环节缺乏透明度等，以宝洁为代表的许多大型广告主建立了自己的 In-house 团队，取代了原有的代理公司，广告代理公司蒙上了一层"去中介化"的阴影。对于未来的发展和定位，各位营销的领军人物也谈到了对于各自企业未来的规划和设想。

访谈对象 F7 认为："广告代理公司今后都应该往咨询公司方向发展，找到自己在数据挖掘、智能技术或创意设计方面的专业优势，变中介服务模式为专业咨询模式，靠专业咨询服务获得营收。"

访谈对象 F1 是一家 4A 集团的中层骨干，他认为："目前的竞争环境下，对于传统广告公司的某些业务模块必然存在一定的冲击。4A 公司也在调整框架和战略，整合具有技术、数据、策略等多方面的人才，加强多方培训，只有这样才能为客户提供整合营销解决方案。而新兴的技术类、创意型创业公司可能在某一个方面具有很强的实力，但是它可能缺乏全局观念和对传统策划能力系统性的训练，这也是它们的不足之处。"

作为一家数字技术公司的创始人，访谈对象 F24 指出："程序化是一个去中间化、去代理的过程，整个互联网技术发展趋势都是不停地提升效率、不停地做产业升级将中间链条缩短，淘汰一些不必要的环节。在这种情况下，中介依旧有创意和服务价值存在，关键看代理公司如何找到自己的价值定位，而作为技术出身的公司，仍需着力于技术的深挖的拓展，不断提供高效的解决方案。"

访谈对象 F11 是一家创意热店的创始人，他认为，媒体和广告主建立自己的创意部门，对于专门的创意制作公司而言反而是一件好事："目前中国的百度、腾讯等都有自己的创意部门，我们以前合作也接洽过，我觉得对于我们来说可能是一件好事，使我们的沟通更有效率，我们知道它们想要什么。当然，媒体的创意部门也和我们有一定竞争。同时，甲方的创意制作由专业人士负责，使我们也会学到一些甲方的技术、营销思维等等，对我们双方都有一个相互促进的作用。当然一些创意能力弱、创新能力差的公司也有可能在这一过程中被取代。"

访谈对象 F21 也指出，现在行业内已经出现了分化："一部分体量大、有经济实力的公司以上市为主导，迅速形成集团，靠大流量采购业务赚取差价，将策划作为免费服务附赠；另一部分纯粹的专业的公司，掌握了独门绝技，会慢慢做大、做强、做专。此外，还有一些策划人本身就是 IP，他们拥有丰富的行业经验、阅历及知识面，可以从事专业的策划工作。"

总之，在公关、广告、营销策划之间的界限越来越模糊的情况下，能够承担整合营销业务的企业将是最受广告主欢迎的。广告公司一定要找准自己的定位和优势，深挖立足点站稳脚跟，才能在数字化、智能化浪潮中立于不败之地。

第二篇

个案研究篇

传统广告公司的数字化转型研究
——以省广集团为例

个案价值：

我们正处于数字时代下，数字化技术让传播成本变得更加低廉，也使得传播的范围变动更加广泛。数字化技术不仅影响了媒介产品，还"给媒介的组织和管理都带来了重大变革"。[①]据群邑集团的阐述："2017年每新增一美元广告投资，就有77美分用于数字广告，17美分用于电视广告。"[②]数字化技术不仅改变了广告的制作模式和展示形态，还使得传统的广告公司不得不改变既有的生存方式以适应市场化的需要。

传统广告公司的转型事关本土广告业的未来发展，也深刻影响着新技术时代下的营销模式。省广集团近些年来一直以"国际化整合营销传播目标"为发展愿景，拥有一批覆盖全整合营销产业链的专业集群，为客户提供全方位、一站式的整合营销服务。2016年末，省广集团发布大数据营销战略，以"千亿市值国际化营销集团"为战略目标，围绕"大数据"与"全营销"重塑核心竞争力[③]。营销客户逐渐青睐于数字化媒介，省广集团本身的作业模式也由传统的创意策划走向数据与创意并重，该战略的提出顺应时代的发展变化。故本文将以省广集团近些年的数字化转型实践为例，探讨传统广告公司的数字化转型之路。

省广集团简介

广东省广告集团股份有限公司（简称省广集团或GIMC）成立于1979年，总部位于中国广州，是改革开放后我国最早一批成立的本土广告公司。2010年5月6日，省广集团在深圳证券交易所中小板挂牌上市，成为"中国广告第一股"。根据省广集团发布的2018年度报告信息，公司2018年全年实现营业收入121.43亿元，较上年同期增长7.51%；实现营业利润3.85亿元，比上年同期增长311.24%。

省广集团拥有全产业链服务能力，为客户提供涵盖品牌营销、数字营销、媒介营销、内容营销、公关营销等一站式全营销解决方案，截至2018年底，省广集团拥有超过120家成员企业，为全球超过300家知名企业提供专业化的营销服务。

---

① 朱松林. 2014. 分化与整合：传统媒体数字化转型中的创业组织模式. 国际新闻界, 36（1）：123-135.
② 《互动2017：全球数字广告市场趋势报告》：http://www.199it.com/archives/590980.html[2019-04-01].
③ 朱文彬. 2016. 省广股份发布大数据营销战略 定位千亿市值国际化营销集团. http://company.cnstock.com/company/scp_gsxw/201612/3992613.htm[2019-04-01].

一、数字化技术给传统广告行业带来威胁和机会

尼葛洛庞帝在《数字化生存》中谈到，数字化将改变大众传播的本质，它能让我们更好地成长[1]。数字化转型，也就是要向着互联网和移动技术的方向发展。整合营销越来越看重数字化技术带来的帮助，数字营销也成为当中重要的组成部分。数字营销是基于现代人的虚拟化生存从而诞生的一种营销方式，是"以数字化技术为基础、通过数字化手段调动企业资源进行营销活动以实现企业产品和服务的价值过程"。[2]

对于传统的广告代理行业来说，数字化技术无疑变成了一种威胁，广告传播的单一话语权被削弱。[3]相对传统的营销方式而言，数字营销以其参与性、交互性、精准性、开放性而更胜一筹。因此，当前传统的广告代理行业面临的威胁主要有以下四个方面：数字化技术使得供应商议价能力增强、广告主通过大数据对消费者的认知加深、行业壁垒降低、替代品抢占广告代理行业的中小市场[4]，如程序化购买使得广告主直接与媒体相连，实现广告交易[5]。

但数字化技术也带给了传统广告行业一次新的转型机会。大数据具有海量、来源类型多样化等特征，可以对数据进行全方位的挖掘与分析，具有发现精准的目标消费者、发现目标消费者的精准消费情境，并对广告效果进行精准评估的优点。[6]传统的大众传播模式将渐渐变为以大数据为基础的传播方式，实现兼具精准性和互动性的创意传播方案[7]。

现下，传统广告单纯以"创意驱动"的方式已经不再适用于这个数字化时代，技术和创意同处于工作的核心位置，变为"技术和创意共同驱动"的生产方式，广告技术和创意都成了广告公司的核心资源。甚至有学者认为，未来引导广告发展的是技术人员，而非创意人员，因为技术的创新使广告的效果变得更加强而有力。[8]

二、数字化与价值链再造

波特的价值链理论认为，企业的行为被认为是价值创造的过程，而企业间的竞争，则是价值链的竞争，分为纵向价值链、横向价值链和企业内部价值链。纵向价值链指的是企

---

① 尼葛洛庞帝 N. 2017. 数字化生存. 胡泳，范海燕译. 北京：电子工业出版社.
② 姚曦，秦雪冰. 2013. 技术与生存：数字营销的本质. 新闻大学，（6）：33，58-63.
③ 邓超明. 2014. 基于战略转型的广告企业发展研究——以互通国际传播集团为例. 武汉：武汉大学.
④ 李正良，王君予. 2016. 大数据时代广告代理行业的转型策略——基于竞争环境和受众的变化. 广告大观（理论版），（5）：16-22.
⑤ 高雯雯，江政奇. 2017. 数字营销时代广告技术对品牌传播的影响探究. 传播与版权，（1）：77-79.
⑥ 张辉锋，金韶. 2013. 投放精准及理念转型——大数据时代互联网广告的传播逻辑重构. 当代传播，（6）：41-43.
⑦ 姚曦，李斐飞. 2017. 精准·互动——数字传播时代广告公司业务模式的重构. 新闻大学，（1）：116-124，152.
⑧ 赵立敏. 2014. 论中国广告创意理念的当代转型. 广告大观（理论版），（3）：33-37.

业在行业间的价值创造；横向价值链指的是与同类型的竞品相比自身的价值创造；企业内部的价值链指的便是对企业内部资源的整合。^①随着价值链理论的发展，顾客早已成为价值链再造当中不可缺少的一环。

价值链再造被认为是数字化进程发展中一项重要的管理革命，报告显示，"到 2030年，数字化推动力将实现相当于各个行业总收入 10%～45% 的价值转变与价值创造"[②]。因其不仅要求企业重新审视内外部的资源，更要求企业打破线性的产业关系[③]。更重要的一点是，价值链再造是对过往模式的一种除旧，是一种梳理产业关系的全新改革。从纵向价值链的角度来说，数字化下的价值链再造也是传统行业企业走向创新模式的一种颠覆，从去中介化、分散化和非物质化三方面给行业带来了价值重构的推动力。

数字化使得媒介走向融合形态，也使得价值链再造的过程变得更加具有完整性与包容性，由此形成的网状结构，打破了以往线性结构中一环缺失而另一环衔接不上的生产形态，从而帮助企业建立起自身的核心竞争力。王丰果在对电视体育产业价值链重构的研究中认为，处于价值创造中的各个环节与部分都会形成一种双向的互动，任何环节的发展都会关系到其他环节的生产[④]。雷宇和徐艳梅则认为，真正有效的价值链通道能够打通在营销环节中的各方壁垒，再从中获得新的增长点[⑤]。

数字化浪潮推动着行业内的企业不断地转变过往陈旧的生产方式，走转型之路。在全局上审视自身价值创造的过程，并从中着力培养自己的核心竞争力；摒弃对价值链发展无益的部分，着重形成自己的优势；同时在整体市场上寻求最有助于自身价值链创造与发展的伙伴，从而完善自身的价值链再造。

三、传统广告公司转型的相关研究

在针对传统广告公司的转型研究中，学者们主要围绕资本运作、人力资源、盈利模式、业务流程、业务内容五个方面进行具体阐述。资本运作指的是通过注资或收购的方式来整合行业内的资源，搭建软性的广告网络平台，如省广集团就在上市后进一步整合了更多的媒体资源[⑥⑦]；在人力资源方面，招募数据人才，组建自身的数字分析团队；在盈利模式方面，根据大数据的特征，采取效率差价法和效果服务费的方法进行盈利，这三方面被认为

① 刘西平，连旭. 2009. 数字化背景下报业集团内部价值链再造. 商场现代化，（31）：46-47.
② 华强森，成政珉，王玮，等. 2018. 数字化重构行业价值链. 科技中国，（3）：53-62.
③ 熊银解. 2002. 价值链再造与营销创新. 华中农业大学学报（社会科学版），（4）：72-76.
④ 王丰果. 2012. 数字化时代电视体育产业价值链的重构. 新闻爱好者，（16）：83-84.
⑤ 雷宇，徐艳梅. 2017. 重塑核心——报业集团内容产品价值链再造研究. 哈尔滨工业大学学报（社会科学版），19（2）：133-140.
⑥ 李正良，王君予. 2016. 大数据时代广告代理行业的转型策略——基于竞争环境和受众的变化. 广告大观（理论版），（5）：16-22.
⑦ 李正良，谢璐姗. 2016. 新媒体背景下上市广告公司的发展战略——以省广股份为例. 青年记者，（23）：123-124.

是广告代理行业的转型策略。[①]

在业务流程方面,广告公司的业务在数字营销时代应形成以大数据平台为驱动的消费者洞察、创意策划、创意制作、媒介投放和效果评估五大业务协同作业的网状结构,每一个业务模块都通过大数据平台与其他业务形成互动,这完全不同于传统的广告公司以市场调研、策划、创意、媒介、效果评估为主的线性过程。[②]

在具体的业务内容方面,数字化技术改变了传统的消费者洞察、创意策划、创意制作、媒介投放和效果评估方式。正如姜智彬和黄羲煜所认为的,当前的整合数字营销更重视对大数据的挖掘能力,通过对数据的深度分析得到的消费者洞察和行业报告,才更具有服务的价值[③]。大数据大大降低了过往数据调查所耗费的人力、物力,并得到即时、海量、非结构化的消费者数据,几乎做到全场景覆盖,可进行多角度解读;在创意策划方面,大创意(big idea)的出发点具有以大数据为支撑的消费者洞察,不再是传统策划人员漫无边际的头脑风暴;在创意制作方面,大数据已成为数字营销制作和实现的基础之一,如 VR、AR 等数字技术已在数字营销中得到了广泛的应用;在媒介投放方面,大数据技术让广告实现了精准投放和实时追踪的功能,如目前流行的 RTB 广告;在广告效果评估方面,数字化技术则实现了对广告效果的精准评估。

在数字技术和跨国广告公司的双重压力下,本土广告公司借助资本的力量逐渐朝着集团化、专业化和品牌化的方向发展,以互通国际传播集团为代表的本土广告公司通过扩展自身的业务,并积极争取社会学术界资源、行业资源和政府资源提升自身的核心竞争力。[④]

但是,传统广告公司在数字化转型方面,也存在着思维导向工具化、业务流程泛专业化和盈利模式模糊化等问题。传统广告行业以媒介为导向的工作思维,遵循客户、策划、创意、后期的线性业务流程,向广告主收取佣金和服务费为主的盈利模式成为阻碍广告行业内部转型的三大因素[①];在转型中,传统广告公司转型的目的应是以广告产业为主导整合营销传播的相关领域,但广告公司存在经营的泛专业化和主营业务的模糊化问题,导致其核心竞争力不足[⑤]。在行业的讨论中,有人提出大数据对广告公司确实非常重要,但是越精准的广告越容易引起消费者的反感,"数据只能画出消费者的形,却画不出他们的魂"[⑥]。

综上所述,国内学者针对传统广告公司应转型的方式进行了理想化的详细阐述,同时

---

① 李正良,王君予. 2016. 大数据时代广告代理行业的转型策略——基于竞争环境和受众的变化. 广告大观(理论版),(5):16-22.

② 姚曦,李斐飞. 2017. 精准·互动——数字传播时代广告公司业务模式的重构. 新闻大学,(1):116-124,152.

③ 姜智彬,黄羲煜. 2014. 整合数字营销策略研究. 中国广告,(11):134-137.

④ 邓超明,黄迎新. 2014. 试论整合营销传播背景下本土广告公司战略转型——以互通国际传播集团为例. 中国地质大学学报(社会科学版),(3):122-128.

⑤ 廖秉宜. 2009. 中国广告产业的战略转型与产业核心竞争力的提升. 广告大观(理论版),(2):38-44.

⑥ 《传统广告公司转型 Social 必须认清的四个事实》:https://www.digitaling.com/articles/37032.html[2019-04-01].

指出了传统广告公司在转型中可能遇到的难点或问题，但相关个案的研究较少，且未能结合相关理论和公司具体情况对传统广告公司转型做出具体的分析。

故本文欲在之前研究的基础上，主要探究以下问题。

（1）中国传统广告公司目前的数字化转型方式是什么？

（2）中国传统广告公司在数字化转型中有哪些难点或痛点？

四、研究方法

省广集团成立于 1979 年，是中国老牌广告公司之一，于 2010 年在深圳证券交易所挂牌上市。作为中国本土的一家传统广告公司，曾一度荣获广告界众多大奖，在国内广告界有着强劲的知名度。面临数字化浪潮，省广集团不断求新求变，着力打造全产业链的营销服务。

本文以省广集团近年来的数字化转型作为主要研究对象，采取个案研究与访谈法对上述问题进行探讨。本文主要访谈的省广集团成员如表 1 所示。

表 1　访谈对象资历表

代号	性别	职位	所属部门	访谈日期
F1	女	媒介策划	全媒介策划中心	2017-09-10
M1	男	部门负责人	全媒介策划中心	2017-11-22
M2	男	部门职员	大数据中心	2017-11-23
M3	男	部门负责人	大数据中心	2017-11-23
M4	男	高层领导		2017-12-20

本文共访谈五名成员，其中两名为省广集团全媒介策划中心职员，两名为省广集团大数据中心职员，一名省广集团的高层领导。

五、省广集团的数字化转型之路

省广集团以资本运作开启了数字化转型的第一步，随后顺应工作模式的变化对公司自身的架构进行调整，广泛吸纳数字化人才为构建营销生态系统做储备，并建立基于第三方大数据产品的营销商城平台，针对营销的全产业链开发相关数字化产品，以此将数字化技术更好地服务于客户和自身建设，进行自身的价值链再造，使之不再停留于原本固化的线性营销模式，并积极塑造自身的核心竞争力。

（一）资本运作：吸纳外部资源为己用，收购专门化的数字营销代理公司

早在 2016 年提出"大数据全营销"战略之前，省广集团就已通过资本运作的方式为集团的数字化转型打下了基础。广告跨入营销领域后，省广集团逐步发现自身在营销环节中的不足。为弥补此类缺失，省广集团自 2005 年开始全面启动平台战略，通过资本并购、合资参股、财务投资等手段进行资本市场的数字化布局。

报道称，2016 年 8 月，省广集团"募投项目中 68% 的资金用于数字营销相关项目，包括构建大数据营销系统、收购数字营销公司"[①]。2017 年，省广集团拥有超过 120 家成员企业，并在全国各地收购专门化的数字营销代理公司，如上海传漾、上海恺达广告有限公司、省广诺时（广东）信息服务有限公司等。

> "省广（集团）以前就是一家广告公司，现在我们是叫作一家营销集团，从广告跨到营销这个领域后，我们发现在营销链条中，我们有部分环节是缺失的。所以我们当时用收购的方式来弥补，包括我们收购了传漾、晋拓、恺达、诺时、钛铂等专门做数字营销的公司。"（M4）

省广集团收购或并购的这些大数据公司业务重点各不相同，各自都是相关营销领域的行业龙头，具备行业积淀，运行良好。更重要的是，这些数字营销代理公司拥有自身的核心技术能力、数据能力。部分公司还拥有各自的专利产品，省广集团在对这些数字营销代理公司进行收购或并购的同时，也在积极地收购相关的数字营销技术和专业人才。

> "这些公司必须要有核心的技术能力，在数字技术这一块我们以前也确实是比较缺失的，我们的人都是做策划、做创意的，在技术人才这一块我们是不够的，所以我们收购它们，其实也是在收购它们的技术人才，收购它们的核心技术，包括它们都有属于自己的专利技术，很多也是高新技术企业。"（M4）

从价值链再造的理论上来看，省广集团积极发掘外部有利的资源，并通过资本手段化为己用，资本手段布局产业市场，使之储备好资源进行下一步的价值链再造。

（二）公司结构：调整内部格局，成立数据中心部门，助力各事业部门

正如上所述，价值链再造不仅指的是对外部资源的某种整合，也要求对内部资源进行调整，以更好地打破企业与企业之间的线性壁垒。收购或并购数字营销公司只是第一步，对收购和并购而来的数据与技术方面的整合才是更为重要的一部分。尽管这类数字营销公司都是营销垂直领域的龙头，但是光靠这些公司不足以解决省广集团全营销领域的问题，且因各公司之间业务范围和内容不同，导致数据处理方面存在较大困难。

> "在此之前，省广（集团）一直也在做数据，但是没有一个所谓实体的数据中心成立。从 2010 年开始，我们都是收购和并购一些公司，让他们来做处理数据的业务。但是因为我们收购的这些公司比较多，每个公司又有自己的业务节奏

---

① 朱文彬. 2016. 省广股份发布大数据营销战略 定位千亿市值国际化营销集团. http://company.cnstock.com/company/scp_gsxw/201612/3992613.htm[2019-04-01].

和业务范围。所以后来集团就意识到了，收购的这些公司的模式，可能并不适合省广的整体体系。"（M3）

为适应省广集团整个体系的发展，省广集团决定对公司整体架构进行调整，并于2016年6月成立了实体的、专门负责数据的部门——大数据中心，并致力于运用"融合"的方式，融合技术与创意、融合过往的媒介和当下的技术来发展自身的核心竞争力。

"我们要去关注整个营销生态在发生什么变化，我们的核心竞争力是一个自动生成的过程，比如说我们以前比较偏向传统媒体的运用，随着整个营销领域生态的变化，我们慢慢就要转向融合，就要用大数据这样的方式做一些改变，这种改变不是断裂的，而是融合在一块的，形成一种新的营销方式。"（M4）

在整体架构上，省广集团主要分为支持中心、业务部门这两大板块，其中，大数据中心属于支持中心，是公司在数据方面的发动机（图1）。只要省广集团的其他部门有相关数据需求，大数据中心部门人员就会从数据库里找寻相应的数据或数据产品来完善解决方案。

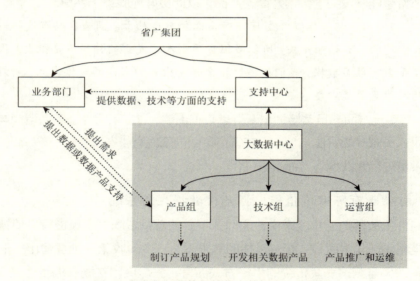

图1　省广集团整体架构与大数据中心关系图

大数据中心部门负责整个集团旗下所有数据的整合、梳理、加工和应用。该部门分为三个组，分别为产品组、技术组和运营组。产品组负责针对各事业部的需求制订大数据产品规划，用以解决各大事业部在给客户提供方案时遇到的问题；技术组负责开发相关的数据产品；运营组则负责数据产品后续的推广、运维等方面。这三个组分别从产品、技术、运营的角度来服务于省广集团的业务。

其中，运营组的客服团队专门负责配合事业部的业务内容。在其他事业部接到比稿需求的同时，由大数据中心的客服团队介入其中，将大数据中心提供的数据运用到策略方案之中，在满足客户需求的同时，为客户提供增值性服务。

（三）数字化人才运作：培养全能型策划人员，看重日常培训

数据的整合需要相关的数字化人才。省广集团以往的策划人员分布于数字传媒中心和大众传媒中心，数字传媒中心偏重于数字媒介，而大众传媒中心偏向于传统媒体，两两相隔的策划渐渐被发现不适用于整合营销的需要。于是，省广集团将这两个部门的策划人员合并为一个全新的部门，即全媒介策划中心，主要负责媒介策划，并希望通过此举将策划人员培养为全能型的策划人员，以更好地服务于客户。

全媒介策划中心主要策划媒介的选择与投放，是大数据中心的市场化和变现的部门。2017 年有 90 名左右的成员，该部门对成员数据解读和运用的能力要求极高。

"进去（全媒介策划中心）的人至少得花半年的时间学习数据，很多实习生支撑不到做策划的阶段就已经结束实习了。"（F1）

除此之外，省广集团近些年面向全球招聘数字化方面的人才，丰富的数据资源使得省广集团内部希望能研发关于数据方面的产品，以此更好地服务于客户。

"我们倾向于招聘能够开发数据产品这方面的人才。因为在数据这一块相对是比较保守的，不对外开放，所以数据应用型人才发挥的作用不是很大。因为我们现在手上有很多数据，我们想通过技术开发出我们自己的数据产品，所以我们现在的人才主要集中在这一块。"（M4）

此外，数字化方面的日常培训也变得越来越重要。省广集团外部的联盟商与合作商不定期为集团人员做专场讲座与培训；在省广集团内部设有"省广学院"，每周按照培训计划对内部人员进行大数据等方面的培训。

（四）打破既有陈旧价值链，搭建大数据生态系统

从纵向价值链再造的角度来说，联动上下游的营销资源，积极进行价值链再造；从内部价值链再造的角度来说，相对以往的需求下达—资料收集—创意输出—形成方案—落地执行—效果监测这一套传统的生产方式而言，省广集团在既有的线性工作流程中，在营销的链路环节之中搭建了一套数据分析系统，使之与营销各环节融洽相处，并希冀在纵向价值链和内部价值链改变的基础上搭建大数据的生态系统，从而改变既有的陈旧产业价值链。

宏观资本运作为省广集团数字化转型打下了第一步基础，公司结构的调整和数字化人才方面的培养为数字化转型做好了铺垫。省广集团目前的数据来源于收购的公司、自有产品搜集到的资料、第三方的数据源。在拥有这些丰富的资源后，省广集团着力搭建大数据生态系统，更好地将数据"为我所用"。

2016 年末，省广集团公布了"G-NOVA 大数据计划"，由微软负责省广集团大数据系统的顶层设计工作，G-NOVA 大数据生态系统由此诞生。该生态系统包含第三方产品

和服务于营销全产业链的自主研发性数据产品。该生态系统首批有 54 家企业加入联盟，包括腾讯、IBM、阿里妈妈、今日头条等。

1. 聚合第三方产品，打造"广告界的天猫商城"

GIMC 数字星云联盟大数据商店是省广集团为第三方产品搭建的商业平台，该大数据商店包含行业中各类具有数据和营销解决能力公司的技术型产品，如优酷的智能预留、阿里妈妈的一夜霸屏、科大讯飞的爱能 DMP、爱奇艺的一搜百映等。

> "这可以理解为是一个广告界的天猫商城，它作为一个很好的展示平台，上面会有很多其他第三方的数据产品在这个上面展示。"（M3）

GIMC 数字星云联盟大数据商店专门服务于省广集团各业务部成员与各营销副总，帮助他们更便捷地利用第三方产品来服务客户。省广集团内部员工可以通过 GIMC 数字星云联盟大数据商店搜索到在数据层面能够解决广告主营销问题的数字产品。截至 2017 年，GIMC 数字星云联盟大数据商店有超过了 90 家的供应商，上线的产品已经超过 1300 件。

2. 自研数据产品，打造从分析、策略、执行到转化的营销数据链路

自制定大数据营销战略以来，省广集团打造了一条以大数据为核心的完整链路体系，对业务内容的每个方面如前端分析、策略制定、执行监测、销售转化都做到有数据支撑。对此，省广集团针对分析、策略、执行、转化四个阶段各研发了不同的产品，分别为 G-Insight、G-Desk、G-Eagle、G-Radar，通过各个阶段人员对不同产品的运用，更好地服务于客户（图 2）。

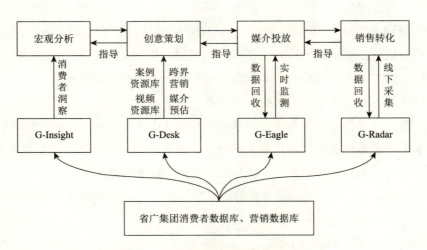

图 2　省广集团营销数据链路产品图

传统的策划人员通常会为前期宏观分析所需要的数据支持所苦恼，省广集团制定的 G-Insight 产品便是基于此洞察得出的。该产品是一款消费者洞察类产品，它依靠省广集团

的数据联盟、结合真实投放的数据及省广集团多年的营销经验。通过建模、机器学习等方式给省广集团的海量数据打上相应的标签，多维度、多角度提供人群画像分析工具，为策略前期做支持。

在策略制定一环，省广集团将过往已有的各类刊例资料、媒介资源和媒介策划案整合起来，实现资源内部共享，这便是 G-Desk 产品。该产品希望能解决各大中心的"孤岛"现象，提高策划人员的办公效率。G-Desk 分为案例资源库、视频资源库、跨界营销、媒介预估四个种类。在案例资源库中，省广集团对案例资源库设定了 150 多个营销标签，利用标签触达所需资源；视频资源库是省广集团打造的视频类资源优选平台，记录全年上百部优质综艺、电视剧、网剧的资讯、播放趋势与舆情变化，深度分析收视人群和主演明星的画像；跨界营销主要适用于跨界营销的客户需求，利用数据标签体系覆盖多个经典跨界营销案例，同时融合学术界的权威标签关联算法，通过机器学习智能匹配、一键输出跨界匹配结果；媒介预估是通过对自身数据和外界数据的整合，预计评估变量的发生，如消费人群的变化。G-Desk 属于资源类产品，帮助策划人员快速发散思路，通过数据的辅助、支撑和应用来获得思维灵感。

在执行中，G-Eagle 是一款监测广告投放类的产品，主要用以监测广告媒体端营销数据及点击后到站访问情况。在监测的同时，通过数据回流，还能获得消费者人群画像方面的数据，以为策划的调整做支撑。

在促进销售转化中，G-Radar 是一款线下解决方案，通过在线下门店安装 G-Radar 产品，手机进入设备覆盖范围即可捕捉手机的 MAC（media access control，媒体存取控制）地址，实时掌握到店的消费者数量、识别出新老客户；基于地理数据的支撑，通过可视化热力呈现客群分布，同时洞察消费人群的特征与偏好。通过线上数据与线下数据的结合最大限度实现广告的精准投放。该产品目前较多投放于汽车 4S 店。

> "在 4S 店里，进店的人、人群的范围（可能是五十米的地方）、人群范围的数据都会进入到这个系统，能监测到是否有销售行为，等等。我们会将这里搜集到的数据与客户提供的数据进行打通，做一个整体性的分析。因为现在的汽车行业，基本一个季度就会做一次驻点调研，就是希望知道我的消费者到底在哪里，但是这种调研发挥（调动）很多的人力、物力，且回收到的数据也不能稳定。我们希望通过建立这套系统，让你能够对周围单位环境内的数据进行实时监测。把广告和直接的效果进行挂钩。"（M1）

以 G-Insight、G-Desk、G-Eagle、G-Radar 为主的产品分别针对宏观分析、创意策划、媒介投放、销售转化四个环节进行支持，同时通过 G-Eagle 和 G-Radar 获得的实时数据又可为媒介投放与销售转化进行指导，并对策划安排进行实时修正。

> "省广（集团）现在的业务流程不是一个线性的过程，因为以大数据为基础，

很多块的业务可以一直合作，进行修正。比如说对数字媒介的投放，可以实时监测你的效果，如果你中间策略提得不适合，效果不好，会进行策略修改。因为客户很在意效果，很在意每一分钱有没有花到位置。比如说我们要给客户做一份三个月的方案，前期给出一个大的方案，到实际执行的时候，根据实际的效果做出调整，现在做方案其实也是一个不断修改的过程。"（F1）

可以说，省广集团在数字化转型的道路上形成了这样别具一格的姿态，通过资本运作获得足够的数据和技术积累，再对公司架构进行调整，成立大数据中心部门和全媒介策划中心培养数字化方面的人才，为其他业务部门做支撑；搭建数字化的生态系统，通过打造"广告界的天猫商城"、针对营销流程的前期宏观分析、策划、执行、转化四个方面研发自有产品，在营销的全链路上用数据做支撑。这是一个根据自身特点和时代背景走出来的道路，具有相对的借鉴意义。

六、省广集团数字化转型中的难点与痛点

新事物的更迭并非瞬间即达，传统广告公司在数字化转型方面，也存在着诸多困难与问题。尤其对于具有如此庞大体量的省广集团来说，从传统广告行业迈向"大数据全营销"路途并非一帆风顺。

省广集团在转型中遇到的最大困难来自思维方式的转变。传统的策划人员已习惯传统的作业模式，面对突如其来的数字化浪潮难免会失分寸。新技术带给人无限的机会，同时也带给策划人员更多挑战。技术可以让策划和创意有更多、更好的应用，这需要传统的广告人员慢慢在实践中转变认知。

"以前有些人觉得策划和创意是最重要的，但是我们后面发现新技术的挑战会给我们带来更多的变化，让我们的策划和创意有更多、更好的应用，这也是我们慢慢在实践中意识到的。"（M4）

此外，思维方式、工作模式产生的变化导致省广集团内部人员青黄不接。2017年前后，省广集团的人员更替较为频繁，传统的一些创意或策划人员已渐渐跟不上队伍，优秀且经验丰富的策划人员在转型中离开。公司人才结构渐渐偏年轻化，90后成了公司很多方面的主力，但往往缺乏更多经验丰富的人进行指导，青黄不接成为难以避免的一种状态。

在数据方面，首先，困难来自数据的边界问题，即数据存在相对的敏感性。不同公司，无论是甲方或乙方、媒体等对于数据的开放和流通都存在不同程度的限制，对于数据资源相对丰富的公司而言，较少愿意将内部数据做到行业共享的程度。

"目前各家的法务人员、技术人员等对于数据大多是处于观望的态度，并不会特别积极地推进。"（M2）

其次，数据的边界问题影响了产品的推广。有限制的数据导致产品只能在一定程度上

发挥它的功能性，也就使得所谓的匹配率和转化率并不高，客户对这些大数据产品处于又爱又恨的状态。

最后，各事业部已有的渠道模式或供应模式使得大数据产品的内部推广遇到限制。尽管省广集团目前对于各事业部积极运用大数据产品有资金补贴的鼓励条例，但在大数据产品上线以前，各事业部都拥有自己专属的渠道和方向，新上线的大数据产品到底能在多大程度上解决客户的需求，各事业部人员对此也并非十分有信心。

　　"我不推你，我自己能赚钱，我推你，可能会给客户带来相对不太好的印象，我没必要冒这个风险。"（M2）

七、结语

转型之路并非一朝一夕，省广集团十多年的经验积累才走出了今日数字化的一条道路。从资本运作到公司结构的调整，对数字化人才的培养，以及搭建数字化转型生态系统，并运用大数据技术贯穿营销的各个环节，整体而言，省广集团搭建了一个以大数据为基础的营销生态系统。在这个数字化营销生态系统中，省广集团运用新技术与传统的业务生产模式进行融合，通过新技术产品的使用与创意产出进行融合，通过新技术产品的挖掘与用户价值进行融合。大数据成为构建营销生态系统的驱动力，而用户和营销人员成为营销生态系统中最重要的关系连接。

基于省广集团目前拥有的庞大消费者数据库和营销数据库，省广集团针对营销的四个环节做了不同的产品设计，并以集合了第三方数据产品的大数据商店做支撑，这样的生态设计使得营销的整体流程变为以大数据为基础，各环节相互修正的状态。以 G-Insight 为基础的消费者洞察为前期策划提供数据支持，以 G-Eagle 为基础的媒介投放和以 G-Radar 为基础的线下数据采集有助于实时获得媒介投放和销售转化的效果数据，并对之前的创意策划部分进行修正，从而再次影响媒介投放的策略选择和销售转化效果。这些产品回流的数据也有助于进一步对消费者进行深度挖掘，成为下一次策划案的数据基础。

因此，转型路上的传统广告公司改变了以往的业务流程，正如目前发生在省广集团全媒介策划中心的现象一样，如果要给客户做一份三个月的方案，他们会利用目前的数据产品和数据库在前期进行媒介评估，在执行前给客户一个全面的方案；但在实际执行的时候，则会根据所运用的大数据相关产品、根据实际的效果做出更多的调整。

从价值链再造的角度上来看，省广集团今日走出的数字化转型道路，盘踞了专业营销领域的头部公司，对内部的资源进行了重新整合再造，并对营销的各环节进行了针对性的数据改造，可以说是对纵向价值链、横向价值链和内部价值链三方面的再造。但实际上应该认识到，营销链路的线性流程并没有完全得到颠覆，省广集团所做的只是在整体营销转型生态基础上进行的改良操作，从宏观分析、创意策划、媒介投放、销售转化的过程来看，各环节之间皆有各自的数据支撑,但彼此之间无法打破营销环节和各自数据产品带来的数据壁垒,也就无法形成真正意义上网状结构的价值链再造。

数字化转型并非只是单纯地全部转向数字化,而是运用"融合"的方式形成自己的核心竞争力,做出相对的转变。正如任何一种媒介形态都不会消亡,数字化技术也永远不能代替人脑进行创意生产,如何让新技术与人进行更好的融合,是长期以来传统广告公司在数字化转型中所需要思考的重要问题。

此外,省广集团在数字化转型的过程中,其庞大的业务体量使得转型之路并不容易,思维方式成为转型中最大的阻碍因素。虽然大数据中心的成员一直在积极与各事业部成员沟通,希望在最大的可能上使产品进一步得到改进和应用。但是从目前产品的推广和运用现状上发现各事业部与大数据中心的关联依然相对薄弱,这种未能有效契合的关系使得产品的推广和应用并不顺畅。

综上所述,传统广告公司向数字化方面的转型之路需要长期铺垫和实践,大数据是数字化转型的基础之一,在应用大数据更好地为客户和自身服务方面,传统广告公司应该制订长远计划,根据自身特点开辟出一条适合自身的转型之路,积极与外界联系,在实践中不断总结反思,调整自身前进的步伐。

利欧数字业务整合模式探析

个案价值：

近年来，伴随着"互联网+"和数字经济被纳入国家战略，数字营销的迅猛崛起已成为不争的事实。它既给国内原有的营销市场、广告市场带来了巨大的冲击，又促使传统的广告公司纷纷转型，争相拓展数字业务；而一些新型的数字营销公司则异军突起，逐渐发展为行业的中坚力量。在这一过程中，并购、重组成为各家公司快速拓展数字业务板块、获取数据资源、增强数字营销能力的最佳选择。作为一家成立于 2015 年的数字营销集团，利欧集团数字科技有限公司（以下简称利欧数字）以并购、入股等方式将一系列行业顶尖的数字营销企业收入麾下，在短短数年时间内完成对各子公司的整合，并取得了骄人的业绩，成为 2017 年中国盈利增长最快的数字营销集团之一。在并购过程中，利欧数字秉持着"每个领域只收购一家公司"的原则，并在组织框架的建立、人力资源的整合、业务流程的搭建及数据资源的配合等方面付出了诸多努力。因此，利欧数字的并购、入股和整合非常成功，在新型数字营销公司中很有代表性，其诸多做法值得业界学习和借鉴。为此，我们在 2017 年 8 月 15 日和 2017 年 12 月 2 日分别对利欧数字的副总裁兼首席整合官——詹嘉进行了两次独家专访。

利欧数字简介

利欧数字初创于 2015 年，隶属于中国 A 股上市企业——利欧集团股份有限公司（以下简称利欧股份），利欧股份是 1995 年创立的一家专注于泵材的传统制造企业。第三方数字营销媒体 Fmarketing 发布的《2017 上半年 100 家营销公司业绩业务分析报告》显示，利欧股份在 2017 年上半年营收为 45.78 亿元，同比增长 49.4%。

自 2014 年成立开始，利欧数字就通过并购、入股等资本运作方式聚合了一大批业务公司，如图 1 的利欧数字营销业务生态群所示，公司现旗下设有四大业务单元，分别为以琥珀集团为代表的整合创意集团、以氩氪集团为代表的数字创新集团、媒介业务群和多元业务群，现有员工近 1500 人。其中，琥珀集团包含琥珀传播、俊珀传播、马马也；氩氪集团包含氩氪互动、氩氪维他命、人工智能、空值创想；媒介业务群包含聚胜万合、微创时代、万圣伟业、智趣广告等；多元业务群包含五家参股公司，分别为碧橙电商、世纪鲲鹏、秀视、热源传媒和嘉年华。

图 1　利欧数字营销业务生态群

资料来源：利欧数字提供

一、洞察媒介驱动的行业发展趋势，以资本优势聚合互联网功能性媒体资源

当前中国的数字营销行业正处于大发展和大变革的时期，形势变化多端，无论是学界还是业界对此都处于不断地观察和研究阶段。但是，在瞬息万变的发展形势中，依托于技术之上的媒介领域的集中重要性却逐渐显现出来：不论是中国还是全球范围内，媒介和技术驱动行业发展的趋势越来越明显。不管是中国的 BAT 在媒体领域拥有的日益强大话语权，还是Google和Facebook等科技企业对于美国及全球市场在媒介上的垄断和影响力，我们都可以看到整个营销领域与媒介和技术的结合，这是营销行业一个非常重要的新趋势。而利欧数字深刻洞察到了这一发展趋势，运用自身的资本优势，不断地聚合互联网功能性媒体资源，试图依附于媒介进行更多的裂变，其利欧数字投资基金就是这样的一个存在。

从业务公司角度来说，利欧数字投资基金是一个和利欧数字六大子公司平级并独立于利欧数字营销服务体系之外的投资机构，目前由集团投资部和董事会办公室来管理。就目前国内的整个行业而言，国内大多数代理商很少有这种成规模、成批量的基金，因此，利欧投资基金具有一定的行业特色。除此之外，基金的设立也为集团带来了丰厚的经济利益回报。"作为一家上市公司，利欧股份一定会从股东角度考虑，为他们带来更大的回报，也就是说在我们的业务公司有非常好的业绩、能给投资人带来足够利润回报的同时，我们也在寻求一些好的投资机会。"詹嘉说。

利欧数字将其较为雄厚的资本优势应用到了自己对于行业发展的深刻洞察之上，常常会围绕行业需求在整个产业链上下游的一些不同的触点上寻找机会，在多元化的投资中突出核心和重点，尤其是对互联网功能性媒体企业的投资。"对互联网企业的投资能带给我们更多的互联网思维和资源。"詹嘉说。其中一个比较成功的投资案例就是异乡好居,这是一个针对中国留学生在海外租房和买房的互联网平台(可以称之为留学生版的爱彼迎),利欧数字最早在 A 轮就投资了异乡好居,而它 2017 年完成了 B 轮的融资。这意味着利欧数字不仅从投资效益上获得了非常好的回报,也对整个产业链和互联网行业有了更多理解。"我们既有基于互联网的营销公司又有互联网媒体平台,在面对行业竞争的时候,我们的理解力和所能够调动的资源是远大于仅仅做营销业务的竞争对手的。"詹嘉说,"此外,我们认为在中国这样一个还在持续快速增长的经济体中,投资也会换来更多的新技术、新人才,这些资源会再反哺到营销板块当中,这也是我们投资当中很重要的一个思考"。

二、以媒介代理公司——聚胜万合为中心,平衡集团整体组织协调性

利欧数字作为一个主要依靠资本运作而聚合起来的数字营销集团,怎样从组织架构上整合各大业务公司并形成利欧数字的整体向心力和凝聚力,成为利欧数字集团化发展首先需要面对的挑战。对于这个问题,利欧数字给出的解决方案是以聚胜万合媒介代理公司为核心,平衡集团整体协调性。利欧数字 CEO 郑晓东先生在一次采访中曾提到:"聚胜万合是一个'最大的盘子',用它来帮助其他子公司,将促进集团的整合力度。"由此可以看出聚胜万合在利欧数字组织架构整合进程中发挥的重要作用,究其原因,利欧数字副总裁兼首席整合官詹嘉说,这个策略是建立在利欧数字对于数字营销行业的深刻洞察之上的,即媒介领域是当前国内数字营销行业中最核心也最富变化的领域,而聚胜万合的媒介和技术优势很好地契合了利欧数字发展的核心需求,以其为中心对外延展,也满足了集团全面发展的需要。

结合媒介驱动的整体行业发展趋势洞察,利欧数字便将拥有媒介和技术能力的聚胜万合作为中心,通过后续收购战略延展其他业务,由此形成利欧集团全面化的服务能力和整体组织架构。正如詹嘉所言:"聚胜万合所生根的媒介领域是我们认为目前整个国内数字营销行业中最核心的、变化最多的领域。近几年来变革最快的就是和媒介附着比较紧密的代理公司或电商。相反,一些偏内容或者其他层面的公司的应变速度会相对较慢,且遇到的挑战也更大。所以,在这种情况下,选择聚胜万合这样一家全案的媒介代理公司作为利欧协调整合的核心,是符合行业发展趋势的。从利欧数字本身的策略定位来看,利欧数字的业务类型还是以媒介为核心。无论是新形态的媒介代理业务,还是基于媒介行为的数据解读分析,利欧数字的未来发展仍将附着于媒介之上。"

聚胜万合作为利欧数字目前各代理子公司中业务范围(即全案能力)最全面的一家,也是加入集团时间最长的一家,与整体集团的耦合度更高。此外,聚胜万合在数据和技术方面也有其强大优势,这与它自身基因是密不可分的:在收购之初,利欧数字收购了聚胜

万合提供数字营销服务的部分，而其技术部分则被 360 收购，这一部分奠定了 360 目前广告代理技术的基础。所以，聚胜万合在技术能力上具有强大的先天优势。对于利欧数字而言，借助聚胜万合所拥有的在技术方面的能力，将它作为中心对外的延展，可以为后续的发展奠定较好的基础，也体现了利欧数字对于行业发展的洞察。

因此，利欧数字收购战略和业务能力拓展也是建立在其对数字营销行业的深刻洞察之上的，从利欧数字的资本收购战略上也可以看出这样一条轨迹——最先收购拥有媒介和技术能力的聚胜万合，然后补充了氩氪集团和琥珀集团，通过这两个外延的收购对聚胜万合相对欠缺的创意策略、创意执行和新媒体内容营销层面进行补充。接着为了进一步增加更多媒体类型的代理业务，以扩展在媒体和流量上更多的可能性，利欧数字又进行了一系列有针对性的收购，这些资本运作行为都体现了利欧数字的媒介和技术驱动的全面化的发展需求。

三、超越销售导向，各业务公司围绕客户需求展开协同合作和业务流程整合

通过前期的资本运作和组织架构整合，利欧数字逐步拥有了从内容到媒介、从前期策划到后期执行的综合全面的数字营销服务能力，这与当前大型营销传播集团的发展趋势一致。但通过资本收购聚合起来的集团在进行业务运作时都会面临这样的问题：各业务公司在加入集团之前都形成了自己的一套较为完整和独立的业务运作模式，加上各自都在不同的领域具有专长，这两方面综合作用就直接增加了集团在进行统一的业务调度方面的难度，容易形成各业务公司各自为战的局面。为了应对这个问题，利欧数字摒弃了以往大型营销传播集团将所有服务打包进行捆绑销售的思维，而是从客户需求出发，从集团高度统一协调各业务公司之间的业务合作，根据客户具体情况制订针对性的方案。詹嘉坦言："虽然目前利欧已经可以提供一个完整的全案服务闭环，但客户在不同阶段甚至同一阶段，都会对代理商存在不同的需求，所以，我们不会强求客户接受我们的全案服务，这种方式太过于销售导向且没有考虑到大多数客户的实际需求。他们可能还是在某些领域，需要某些特定类型的代理商提供更专项的服务。因此，我们不强求子公司必须合作在一起，更不强求客户必须接受我们打包的全案服务。"

因此，在这种客户导向思维的指导下，利欧数字形成了一套较为灵活的业务运作模式。例如，在数据和信息共享方面，如果利欧数字在一家子公司的业务成果中发现了适合另一家子公司深入挖掘的基础信息，如数据资源或消费者洞察，而这些信息可以帮助这个客户补充或改进其在某一营销领域当中的不足，那集团就会引荐前者加入到跟客户的交流和合作中。"也就是说，我们是一环扣一环的协同关系，而非一开始就强行组队。"詹嘉说。

以具体的业务合作案例来说，目前利欧数字已经能够提供一个完整的全案服务闭环，很多客户和利欧数字某一子公司经过长期合作后，会倾向于将其他代理服务也转移到集团

内部以获得整合的营销服务。例如，实体经济品牌客户西门子：在集团成立之前，聚胜万合曾与西门子有长达八年的合作，一直负责西门子的数字投放和精准营销业务，在集团成立后，利欧数字开始在客户资源和客户需求上进行协同和拓展。目前，除聚胜万合之外，琥珀传播在服务西门子的整个数字创意及以数字为驱动的线上整合传播部分，氪氪互动也陆续为该品牌提供一些社会化营销。这样，在业务服务上就形成了一个完整的链条。而利欧数字则作为一个沟通协调平台，在内部首先消化客户的需求，然后再由集团各个分部门完成与客户的无缝对接。

这一理念也很好地体现在了对互联网品牌蘑菇街[①]的客户服务中，一般而言，互联网品牌在发展初期会有流量服务和精准投放的需求，发展到后期则需要做品牌建构以向消费者清晰完整地讲述品牌理念，从而积淀品牌价值。在利欧数字与蘑菇街合作的过程中，最初也是先由万圣伟业和聚胜万合来负责蘑菇街的流量导入等服务。随着蘑菇街品牌发展逐渐深入后，琥珀传播加入进来提供品牌化的服务。"前几年蘑菇街客户的需求更多在于流量的导入和用户的精准定位，这部分内容由万圣伟业和聚胜万合来完成。而当品牌越发成熟后，去年（2016 年）蘑菇街的核心诉求是能突破电商高度同质化的传播模式，即'社区+内容+电商'。基于这个目标，琥珀传播为蘑菇街打造了'解忧买手店'这个整合营销案例，创造性地将影视宣发、粉丝营销、场景营销和线上线下整合推广等多种营销传播手段融合到一起。"詹嘉说，"因此，各子公司通过协同合作来为客户提供一站式的服务，不仅降低了客户对接不同类型代理商的沟通成本，更能够提高集团公司和各业务子公司的市场竞争力"。

四、深耕数据挖掘和分析领域，以层层共享模式整合数据资源

在大数据背景下，营销与数据资源有着天然的契合属性，相比于传统的营销传播行业，数字营销行业对于数据资源的需求和重视程度是史无前例的，数据资源已经日益成为数字营销公司的核心竞争力之一。近几年，大型的营销传播集团都纷纷启动自有的数据资源平台的建设，面对各大型营销传播集团纷纷占领数据高地的局面，利欧数字也迅速做出了反应，初步建立了自有程序化广告交易平台和大数据管理平台，并着力提升自己的数据挖掘和分析能力，为下一步建立真正的完整打通、统一管理的数据管理系统做好准备。

在数字营销行业逐渐深入发展的背景下，数据管理平台日益成为数字营销公司尤其是大型的营销传播集团的标配。2014 年蓝色光标正式对外发布大数据战略，2016 年底省广集团也发布"G-NOVA 大数据计划"，宣布与微软中国达成合作，集结了包括阿里巴巴、腾讯、百度、IBM 等 54 家企业，共同打造大数据系统。利欧数字也跟进了这一领域，为

---

① 《蘑菇街〈解忧买手店〉用穿搭解决所有烦恼》：https://mp.weixin.qq.com/s/AVt7Cddl_zSO5rY6asaVXg[2018-10-10].

了帮助广告主提升采买流量和精准投放的效率，利欧数字建立了自有的程序化广告交易平台——AdGenius[①]，用于优质流量对接、交易优化和个性化创意优化等服务，目前为大型电商客户如苏宁易购等提供服务。同时，利欧数字还建立了自己的大数据管理平台——AudienceCloud[②]，它可以为品牌提供采集、挖掘、应用第一方数据及多渠道数据的全方位解决方案。此外，AudienceCloud通过对接自有程序化广告交易平台AdGenius和其他市场主流广告平台，还可以进一步提升投放效果。目前已经成功运用到伊利、长安等品牌的整合服务中。

然而，数据管理平台的建立并不代表可以一劳永逸地享受大数据带来的营销红利。首先，在当前国内媒体发展速度日益加快的背景下，媒体环境和媒体种类日益复杂和繁多，其更新迭代的速度也大大加快，在这种情况下，数据来源的渠道就非常复杂多变，这对数据管理平台的适用性和更新速度是一个很大的挑战。其次，我们也应该看到，在大量采集数据的背后，业内对数据的分析和运用能力仍然非常有限，虽然数据采集方面有很多新的课题，例如，如何与国内BAT等数据方建立起较好的战略合作关系等。但采集数据仍只是大数据运用中非常基础的第一步，对数据的分析和合理应用才是更关键的一步。因此，在这双重背景下，数据系统与平台的更新迭代和对数据的深入挖掘与分析也构成了行业所必须要面对和解决的双重挑战，否则，所谓的数据管理平台也就失去了应有的价值和意义。

数据的深入和挖掘是当前数字营销行业所普遍面临的问题，利欧数字在这一领域也存在短板，詹嘉也坦言利欧数字目前还没有最终完成建设一套一站式统一管理的数据管理平台，"我们始终认为利欧数字在技术、数据这个方面是在不断强化、投入和迭代的，这也是整个行业所有代理商都面临的挑战，只是每个公司需要强化的维度不一样。而在这方面，以BAT为代表的互联网公司的技术能力远远领先于代理商。"詹嘉说，"因此，我们必须尽快修补缺口，才能确保我们和BAT在未来的合作上有更大的共赢的可能性，也可以为我们的广告主带来更多的解决方案。相信我们会很快地建立起一个真正的完整打通、统一管理的数据管理平台"。为了达成这一目标，在2017年中，利欧股份投入了比较多的人力、财力和时间资源提升数据分析、处理和应用能力，包括投资建立自己的研究开发团

---

① AdGenius作为利欧数字的程序化广告交易平台，专注于优质流量对接、交易优化、个性化创意优化等，旨在帮助提升广告主采买流量的效率和效果。该平台支持PDB（programmatic direct buy，程序化直接购买）、PD（preferred deal，优先交易）、PA（private auction，私有竞价）等多种程序化广告新型交易模式，覆盖图片、原生、视频、开屏等多种广告资源，并通过交易模型、大数据、动态创意等多项技术，优化投放效果。AdGenius主要为大型电商等提供精准投放服务，目前服务的客户有苏宁易购、长安汽车等。

② AudienceCloud作为利欧数字自有大数据管理平台，可以为品牌提供第一方数据资产的采集、管理、应用全方位解决方案。同时，也可以帮助品牌采集、整合多渠道的数据，包括投放数据、CRM（customer relations management，客户关系管理）数据、社会化媒体数据、官网数据等，并提供强大的数据挖掘和分析工具，帮助品牌管理、分析自有用户，提供多维度的用户洞察分析报表。此外，通过对接自有程序化广告交易平台AdGenius和其他市场主流广告平台，可以进一步透过数据，提升投放效果。

队，积极与高校、协会等外部合作方合作等。例如，利欧数字与上海外国语大学国际工商管理学院合作开发了针对文案自动化的人工智能科研项目，它通过上海外国语大学的文本挖掘、情感分析、神经网络、自然语言处理等多项前沿技术，深度结合利欧股份的大数据能力，挖掘每一个消费者的需求，并由人工智能自动匹配、创造最迎合消费者个性化需求和情感的广告文案，真正做到一对一沟通，实现移动互联网领域的千人千面营销，这套系统的目标是每天生产超百万套创意。截至 2018 年上半年，此功能已在利欧股份部分业务中开始内测。

数据资源在公司内部的实际运用中，利欧股份从集团实际情况出发，在对数据深入分析的基础上，采用了层层分享的模式进行数据资源的整合。在利欧股份六家全资子公司的业务多元化的背景下，各子公司之间的互补性会更强，而共性会更少。因此，一种类型的数据或者一组标签下的数据并不能完全适用于所有子公司，这也促使了集团花费更多资源去提升数据分析和运用的能力，因为只有经过分析之后的数据才有可能展现数据背后的意义，才能使它的适用性更强。例如，一手的电商数据几乎只能满足电商品牌，而消费者洞察的一手数据几乎只能应用于消费者互动层面，所以没有经过分析、整理的原始数据通用性相对较差。与此同时，利欧数字内部也建立了数据共享的机制，当一个业务公司对数据进行了一些处理之后，所得的研究分析成果会分享给另外一家业务公司。"例如，负责品牌业务的公司，它的研究数据通常是一些传统调研的数据，如客户分享的消费者数据或业界分享的数据。在分析这些数据后一旦有新的发现，这些信息会从我们的策略公司、创意公司分享到媒介公司，媒介公司也会根据这些数据结合媒介数据进行进一步分析。同样，当媒介公司在媒介的处理上发现了一些消费新趋势，也会将这些数据和分析洞察传送到我们的电商代理公司，这是一个从策略到媒介再到销售的一条通路。"詹嘉举例说，"综合来说，目前我们更多的是将数据层层共享"。

五、以业务合作促进人才交流，用集团化管理统一公司文化

无论是传统的广告公司，还是新型的数字营销公司，人力资源从来都是公司的核心资产之一，因此，集团内部的整合归根到底也会回归于人才的整合层面上来，而利欧股份作为一个主要依靠资本运作而聚合起来的大型营销传播集团，在人才交流和整体文化建立上自然会比同行业的其他类型的公司面临更大的挑战。在这方面，利欧股份采用了以业务促进交流、用管理便利沟通的方式来对人才和文化进行整合。

从利欧股份形成的整个历史形态方面来看，其是在利欧股份收购了多家子公司之后经过整合才逐渐形成的。所以相应地，利欧股份的整个管理团队也由原先这些子公司的创始人和合伙人组成，慢慢形成一个集团化团队并重新进行人事任命和集团化管理，而其主体实业部分并没有参与具体的数字营销板块的管理。面对当前存在的人才交流和管理上的问

题，詹嘉认为这是这个行业普遍面临的挑战，他坦言："但相较于同类型的公司，利欧数字本身是通过并购方式组成的一个整体，在收购战略中会夹杂进来一些不同子公司的企业文化，员工也会带来一些不同的企业文化，这种融合与改变也给我们带来了巨大挑战。"

为了改善和解决这些问题，利欧数字在公司运营中采取了一些措施。首先，在保持整体运作的前提下，增加业务公司之间的合作，让它们在业务上产生更多的交流，以此来削弱原本公司文化上的差异。其次，在拉近物理空间、降低沟通成本、增加沟通频次等方面做了很多集团化的调整和管理，包括改进协作模式、统一办公地点等。"当然，因为利欧数字就整个发展历史来说还是相对年轻的，还有很多地方需要去慢慢磨合和学习。"詹嘉说。

利欧数字作为近些年来异军突起的大型营销传播集团，其过去的经验值得我们进行深入的研究和学习，而其对未来发展道路的选择也体现了当前本土大型营销传播集团的发展趋势——或深根中国市场，或走向国际。无论选择哪条发展路径，都取决于整个利欧数字对于行业环境的认识和集团的定位。"这可能是纵向深入中国市场的细分领域，也可能是走向横向扩展国际市场的新兴领域。"詹嘉说，"我们一直密切关注中国政府对于建立在全球具有影响力的国家形象和经济体的计划，无论是'一带一路'倡议还是其他国际交流的平台，都会成为我们部署新战略的重要参考"。

舜飞：技术与数据融合，赋能智慧营销

个案价值：

2009 年，Right Media 发明的 RTB 模式在美国上线，中国也在 2011 年开始探索这种广告 RTB 技术。2010 年一个偶然的机会，舜飞创始人张小白看到了投资银行 LUMA Partners 发布的北美程序化广告产业结构图，他经过一个晚上的研究，敏锐地洞察到这是互联网广告的未来。2011 年舜飞成立，成为中国 RTB 的先行者，同年阿里妈妈正式发布国内第一个互联网广告交易平台：Tanx。在随后的几年，舜飞抓住了效果广告主在 DSP 领域的红利，迅速成长为中国最具价值的互联网广告技术公司。舜飞的成长，见证了中国程序化广告技术的发展，是行业的一面旗帜。2017 年，舜飞产品副总裁梁丽丽将自己数年来累积的对程序化广告技术的理解深入浅出地写进《程序化广告》一书中，十分详尽地讲解了程序化广告的方方面面。舜飞作为这个领域里非常纯粹的程序化技术公司，了解它的过去、现在和未来，有利于我们了解数字营销行业技术的发展和趋势。为此，我们在 2017 年 8 月和 2018 年 12 月对舜飞创始人兼 CEO 张小白先生和舜飞产品副总裁梁丽丽女士进行了独家专访。

舜飞简介

舜飞成立于 2011 年 6 月，基于对程序化广告的强烈认同，以及领先的广告技术能力和超强的探索精神，舜飞自主研发了包括程序化广告平台（即 biddingX）在内的全流程营销技术平台，包括 SSP、DSP、DMP、动态创意优化（dynamic creative optimization，DCO）、网站监测分析系统（即 DNA）、网站 AB 测试平台（即 ABTester）、第三方代码管理工具（即 Tagmanager）等，是国内最完善的全流程营销技术平台。依靠领先的算法和大数据技术优势，为数千客户提供优良的服务和优异的效果，8 年来始终保持盈利，堪称业界奇迹。

一、技术驱动营销

"程序化是营销行业的工业革命。"——舜飞创始人兼 CEO 张小白

1994 年互联网展示广告诞生到 2011 年展示广告遍地开花，看似欣欣向荣，然而没有统一的广告标准、没有透明的售卖模式、没有充分利用起互联网的营销数据，仍旧延续传统的媒体购买方式，从而使得展示广告处在低效发展的状态下，约 70% 的门户网站和垂直网站的广告位没有实现应有的价值。如何实现每一个广告位的高效利用？如何提高多如牛毛的广告位的售卖效率？2012 年随着 RTB 技术的探索和应用，这些难题开始得以解决，DSP、广告交易平台等广告技术平台将广告投放从媒体购买阶段引入了受众购买的数字化、自动化、程序化精准营销阶段。2013 年程序化购买概念被提出[①]，程序化购买是基于自动化系统（技术）和数据来进行的广告投放。程序化不仅针对广告代理方，对于媒体来说，程序化是通过一个标准的方式让自身资源可以更广泛地售卖，能够引起多方竞价；而对于广告主来说，程序化则意味着通过一个或多个平台购买到全市场的大部分流量，广告内容可以通过技术或者数据触达到目标用户，并且是随时随地的，而非人工下单，也无须提前预约和谈判。正如舜飞创始人兼 CEO 张小白所说："程序化是营销行业的工业革命。"程序化真正开启了数字营销时代。例如，电力之于第二次工业革命，程序化广告技术全面推进了数字营销的深入发展。通过将广告主、广告代理公司、媒体等平台进行程序化对接，程序化广告技术能够助力数字广告平台实现目标人群匹配、竞价购买、广告投放、投放报表反馈等一系列过程自动化。这一系列技术既包括 RTB 的竞价逻辑，流量对接，用户画像，大数据挖掘、处理、分析技术，还囊括了用户识别和身份识别账号（identification，ID）映射、程序化创意、广告验证和反作弊等外围服务技术。不同于人工购买，过硬的技术才是入局程序化购买的硬实力。

张小白对舜飞的定位很明确：舜飞是一家技术公司，舜飞从创业之初就把自己定位成营销技术赋能者（enabler），明确"以技术创新提升企业营销效率"的持续发展创新策略。舜飞从创建起就走在程序化广告行业的潮头上，成为程序化广告技术的弄潮儿，经历了程序化广告市场从雏形到逐步规范，舜飞提出并建立了全流程程序化营销解决方案，是目前最完善的程序化营销解决方案，可参考图 1，整体包括了九项产品：DSP、广告交易平台、SSP、DMP、DCO、动态落地页管理系统（即 DLP）、ABTester、Tagmanager 和 DNA，以及在此基础上的优化行为出价（optimized cost per action，oCPA）和优化点击付费（optimized cost per click，oCPC）自动优化算法。舜飞作为国内 DSP 行业的早期进入者和开拓者，其旗下的 biddingX 如今是国内最大的 DSP。

---

① 悠易互通在 2013 年中国第一届广告技术峰会上，首次提出"程序化购买"的概念。

舜飞的程序化营销解决方案已经对接了国内主流媒体，每天超过 500 亿次可竞价流量，能够触达几乎 90% 以上的网民；对接了包括腾讯、阿里巴巴、百度、京东在内的主要线上数据平台和部分线下数据供应商；全流程监测技术，让舜飞能够监测用户的全旅程和全流程；自主研发的数据引擎，让舜飞能够实时处理千亿级数据，RTB 本身让舜飞具备实时触达用户的能力。通过技术和数据的领先优势，舜飞力争在广告营销流程的每一个环节给予客户最具实效的营销优化解决方案，最大化提升广告效果，为客户创造实际价值。

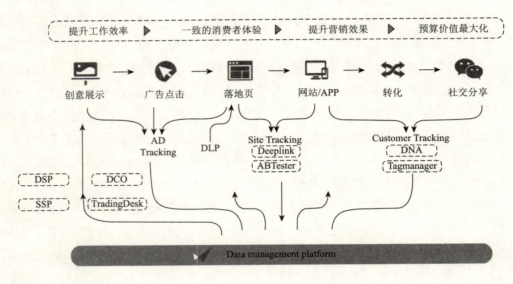

图 1　舜飞全流程优化服务图

资料来源：图片来源于舜飞官网（https://www.sunteng.com/）

对于公司如此多的产品，张小白介绍道——其实舜飞的主要产品是 DSP。其余产品是围绕整个营销的转化与全流程服务的。DSP 是比较偏业务端的产品，其他的都是运营过程中使用的一些数据产品，如 DMP、数据分析与测试产品、创意产品，这些都能在运营阶段更好地提升广告效果。而在与客户谈业务合作的时候，多是以 DSP 的形式出现。其他如监测平台是广告服务中必须要有的，包括前端的曝光监测、点击监测，以及到达网站之后的转化监测，再如程序化创意平台，用于做创意优化，做千人千面，这些产品都是免费提供给客户的。

整个平台都要用到 DMP 提供的数据，在算法驱动下，优化每一次竞价、曝光、点击、到达，并持续迭代。提到算法和大数据就不得不提到人工智能技术，舜飞的人工智能技术用到机器学习和推荐算法也用到深度学习，目前已经全面地应用于主要的效果广告投放。

张小白预言，营销将向着智能营销的方向发展，舜飞的解决方案是面向未来智能营销构建的，因此已经在数据和智能技术上进行了持续性投入。而且这种智能营销的能力需要构建在企业内部，因为只有广告主最了解自己的客户，才拥有最完整的第一方数据，他认为In-house 的营销技术会给未来几年的营销业态带来非常大的变化。

程序化早期，程序化广告技术的应用、各类平台的涌现驱动了数字营销的大发展，实现了从人工购买向自动化、程序化购买的跃进。而作为数字化"底料"的大数据，却如原矿石一样亟待开采、加工、利用，从而释放出价值。

二、数据释放价值

"所有媒体终将数字化，所有数字化广告终将程序化。"——梁丽丽《程序化广告》

著名的未来学家阿尔文·托夫勒将大数据热情地赞颂为"第三次浪潮的华彩乐章"，阿里巴巴原掌舵人马云也将数据比作"新能源"。没有大数据的"底料"，再过硬的技术便如巧妇难为无米之炊，数据的价值越来越凸显出来。凭着行业早期进入者的领先优势和过硬的技术，舜飞在程序化广告质疑不断的发展期仍然保持稳定盈利，然而随着行业竞争者的不断涌入，程序化广告技术生态图的不断扩张，一般的程序化广告技术不再是主要竞争力，优势重心不断向数据偏移。2016 年，张小白在接受开源中国的采访时便表示：海量的数据在不被使用的时候是没有价值的，数据应用于服务才会产生价值。他认为数据的应用价值可以分成三层：①管理数据（包括数据收集、存储和整理）；②依靠数据分析问题；③依靠数据解决问题。目前大多数公司依然停留在第一个层面，过度强调数据本身，而没有考虑如何用数据解决问题。[①]在张小白看来，现在的程序化广告市场已经从野蛮生长的发展期过渡到了精细化运营的成长期，广告主已经不再满足于同质化的产品，他们想要挑选技术实力过硬、数据积累多、经验丰富、投放效果显著的程序化广告平台来为他们服务。

对于 DSP 来说，完整的营销数据包括三方数据。第一方数据为甲方数据，即企业在生产经营及推广过程中积累的数据，是企业宝贵的数据资产。张小白表示："对于一般品牌类客户，社会属性数据可以满足其基本需求，但对于电商、游戏类客户，他们需要给我们更详细的如兴趣类数据，例如用户喜欢什么类型的游戏、玩过什么类型的游戏、喜欢什么类型的商品、买过什么类型的商品。"对于向外提供甲方数据，广告主一般会非常谨慎。"我们需要与广告主签订数据保密协议，因为这是广告主的数据资产，我们必须保证不会泄露"。第二方数据即媒体和广告平台共享的数据，用户在媒体上的行为也蕴含了巨大价

---

①《开源中国专访舜飞创始人兼 CEO 张小白》：https://www.sohu.com/a/81168799_249304[2019-02-07].

值，对这些数据的挖掘和有效利用，也对广告效果提升有非常大的价值。程序化广告领域的第三方数据主要来自第三方数据服务公司。舜飞DMP通过与国内众多数据供应商合作，包括 AdMaster、TalkingData、秒针等，整合线上营销数据，为舜飞其他产品提供精准人群定向和优化支持，见图 2。

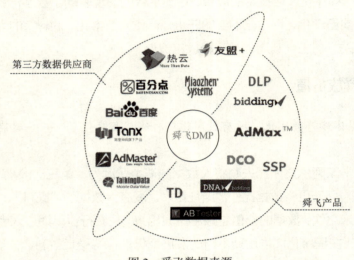

图 2　舜飞数据来源

资料来源：图片来源于舜飞官网（https://www.sunteng.com/）

舜飞累积的数据和数据技术除了服务自身 DSP 等业务产品，也逐步向广告主开放私有化服务。

随着全球第一大广告主——宝洁向程序化广告市场的重重弊端提出控诉，进而尝试 In-house 的数字营销业务，国内外广告主们纷纷跟风。赛诺贝斯（SINObase）合伙人孟艳冬预测 2019 年程序化购买趋势时说道："随着企业数字化转型进程的完善，'营销流程设计与数据价值挖掘'将成为 CMO 们关注的'新持续增长点'。"[1]挖掘数据价值成为每个企业必须关注的重点。诚然，未来每个公司都必须是数字化管理、数字化经营，数据资产是每个公司的核心资产，但并不是每个公司都有数据技术和程序化营销技术，In-house 便成了最好的解决方案。据美国互动广告局发布的 2018 年程序化广告趋势报告，程序化 In-house 模式发展迅猛，并成为广告主的首选模式。[2]通过 In-house，广告主在营销中的角色变得更为主动，而不仅是依赖渠道提供效果了。因为广告主更加了解自

---

① 《请回答 2019：数据与技术的四大全球营销趋势》：https://baijiahao.baidu.com/s?id=1621873654786509942&wfr=spider&for=pc[2019-02-03].

② 《重磅！IAB 发布 2018 程序化广告趋势报告》：https://baijiahao.baidu.com/s?id=1612040659467086914&wfr=spider&for=pc[2019-02-06].

身，也更加了解媒体和消费者，可以更直接地感知到消费者，更深入地理解消费者在媒体上的行为和诉求，更灵活地影响消费者。In-house 可以帮助广告主更好地积累数据和盘活数据，实现精细化运营，提升用户体验，最终实现营销效率和效果的双提升。率先使用 In-house 技术的广告主会获得领先优势。

舜飞在产品升级的基础上提出私有化解决方案服务，这是目前全球最完善的 In-house 解决方案。梁丽丽表示，广告主关注的不只是自身的数据资产管理，广告主本质上关注的是如何真正用数据提升营销的价值，同时关注数据资产的安全性。所以 In-house 的不应只是 DMP，应该是更完善的营销解决方案。舜飞的私有化解决方案本质是以优秀的团队打造出优秀的产品和服务，驱动企业营销智能化，帮助企业利用"数据+技术"实现对消费者的个性化精准营销，提升营销效率、效果和规模。例如，舜飞为客户提供面向线下数据收集的探针解决方案，主要就是用来给客户提供私有化数据收集服务，并结合客户内部数据或者对接第三方数据服务等，将线上线下用户进行一一匹配。针对 In-house 服务，张小白说："舜飞的企业定位非常清晰，我们提供数据技术工具并与数据服务商对接，我们的产品能够很好地满足客户数据管理和数据打通方面的需求，从而为客户提供目标市场数据分析和技术支持。"

随着广告主越来越关注自己的数据资产，采用 In-house 模式的广告主利用自身更加丰富的客户信息跟用户进行营销互动，精细化运营带来效果的提升，媒体的价值能更好地变现，千次网页展示收入（effective cost per mille，eCPM）和收益都会相应增加。广告内容变得更有针对性，媒体的（广告）用户体验会变得更好。In-house 模式平衡或者最大化了广告主、媒体、用户的利益，为行业赋能、促进产业升级，广告不再是广告，而是企业的运营手段，提供服务的通道。同时，也能让大数据的规模化变现成为可能，各种合法的拥有消费者行为数据的公司都有机会通过程序化的方式把脱敏的数据通过 In-house 平台实时地给到广告主，帮助广告主更好地感知、理解、影响消费者，同时又能快速量化数据价值，使数据可以规模化变现。In-house 促进了程序化营销生态的良性循环，帮助企业牢牢把握住了自身数据资产，并实现数据资产价值的最大化。帮助企业更好地实现 In-house 的营销技术公司也将把握住时代的脉搏，取得长足进步。

三、技术与数据赋能智慧精准营销

"未来的营销必然是数据驱动的智能营销。"——舜飞创始人兼 CEO 张小白

低调却过硬的程序化技术让舜飞顺利入局程序化广告市场，数据的积累和赋能，完善的 In-house 服务解决方案让舜飞遥遥领先，然而这个行业的变革速度远远超乎想象。张小白表示一直以这样一个问题反问自己：我们自己的能力与成长速度是不是能够赶上甚至超越行业变革的速度和需求？

营销必然经历传统营销—数字营销—程序化营销—自动化营销—智能营销五个阶段。张小白解释说，舜飞的数据管理解决方案是面向智能营销的解决方案——未来的营销必然是数据驱动的智能营销，前提是能够充分地感知用户、理解用户，然后在此基础上做出正确的营销决策和行动。所以舜飞强调三个核心能力——感知力、理解力和行动力，以及围绕这三种能力的五项核心指标——用户旅程覆盖度、转化流程覆盖度、场景覆盖度（包括线上线下）、媒体覆盖度和实时性。

中国现在的程序化广告，尽管存在种种问题，但是中国的程序化广告从无到有、从有向优的发展趋势是明晰的。对于未来这个行业将朝何处去，张小白认为：效果广告会越来越流行；整个行业对数据和技术的需求会越来越大；行业全链的专业度会越来越高；技术将向着 In-house 和智能化发展，而数据市场会随着 In-house 规模变大而兴起，技术和数据将成为企业实现智能营销的两大利器，智能化是终极目标。

舜飞作为中国最具价值的互联网广告技术公司，不断通过技术创新、产品升级、数据赋能、理念进步来驱动自己成为营销行业变革的先锋。通过其成长发展的道路也可观测出国内许多同类型程序化营销技术公司的发展路径和方向。"持续创造，为营销赋能。这是我们的使命。"张小白说，"目前正处在营销变革的早期，但是这个变革的速度之快超过我们的想象。所以我们会一直强调'小白'文化，保持空杯心态和学习心态，持续学习和成长"。

二更：内容平台的聚合重构与多元扩散

个案价值：

移动化时代赋予了短视频全新的生命力，随着移动互联网的普及和碎片化时代用户习惯的养成，以初期的快手、秒拍、美拍为起点，各大互联网平台纷纷开始短视频布局，各类短视频平台不断涌现，短视频内容呈现爆发式增长。[①]在激烈的短视频行业竞争中，杭州二更网络科技有限公司（以下简称二更）凭借其差异化的品牌内容定位，以及独特的发展模式在短视频行业竞争中持续领先，一直是行业观察的头部标杆。二更自诞生以来就以专业制作的精品内容来满足用户高质量内容消费需求，在发展过程中以不断的内容细分和多元化的产品布局来扩大自身品牌影响力。如今二更不仅建立起了全球化、城市化、垂直化的产品矩阵，拥有多元化的内容品牌，并且依托于其强大的内容生产能力，全网传播矩阵及完善的营销服务体系，二更展现出打造移动时代优质视频内容平台的独特发展之路。为了深入探究二更发展策略，2017年8月22日和2019年1月8日，我们通过电话访谈的形式对二更首席策略官刘永强先生（下以称为猫叔）进行了专访。

二更简介

二更是由杭州二更网络科技有限公司创立的原创短视频内容平台，最初于2014年11月在微信公众号上线，每晚二更时分（21：00～23：00）为受众推送一部原创短视频，内容为3～5分钟的新纪实短片。[②]二更视频聚焦于生活故事、社会观察、文化、艺术、潮流，反映社会主流价值，倡导"快乐、自由、爱"的理念，意在"发现身边不一样的美"，凭借专业化团队、优质的内容和精良的制作，二更一经推出就受到广泛关注，2015年，二更微信公众号就拥有500多万名粉丝，单条视频点击量在10万次以上。[③]在收获初期的大批粉丝基础上，二更也进行着短视频发展探索，四年时间里，二更已从单一内容产品线发展到日益完善的产品矩阵和城市布局，从一家杭州本土公司发展到全国近十家分公司再到二更产业园，从单一新媒体发展到覆盖传媒、教育、影业、文化创意、云平台的全域生态。二更传媒旗下拥有二更视频、更城市、mol摩尔时尚等

---

① 艾瑞咨询. 2018. 2017年中国短视频行业研究报告. http://report.iresearch.cn/report/201712/3118.shtml[2017-12-19].
② 欣梅. 2016. 二更，以大情怀做短视频. 传媒评论，（5）：95-96.
③ 周星星，王子默. 2017. "二更"公司转型发展研究. 新闻研究导刊，（6）：248.

内容品牌，斩获金鸡百花、金投赏等国内外 400 多项专业大奖，深受用户、行业和专业机构的好评。

二更坚持输出贴近生活、贴近用户的优质内容，以主流价值观为导向，打造有温度的新融媒内容。截至 2018 年，二更传媒已拍摄了 6000 多个生活在天南海北、承载形形色色命运故事的人物，累计发行作品超过 7000 部，短视频播放量超过 380 亿次，合作媒体渠道 400 多家，在互联网内容行业中有巨大的影响力。

一、优质内容沉淀品牌资产，垂直细分实现深层契合

在技术的驱动下，各类新兴媒体平台纷纷涌现，信息传播渠道得到极大丰富。多样化的渠道对其所传播的内容具有无限的"放大作用"，充斥在各媒体平台上的信息内容以多渠道传播触达受众，媒体平台的价值在当前时代日益凸显。[1]在传播平台爆发式增长的背景下，其所传播的内容日益受到关注，各类媒介平台上充斥着大量碎片化、低俗化、娱乐化的传播内容，通过迎合用户浅层信息需要而获得巨大的流量。[2][3]媒体平台在传播中的内容价值常常遭到忽视，高质量的传播内容在媒介市场日益稀缺，导致媒介市场所传播的信息内容呈现出同质化态势，差异化的高质量内容越来越受到消费者欢迎。[4]

移动互联网的发展使消费者的信息接收呈现碎片化趋势，这为短视频的发展提供了土壤[5]；用户媒介接触习惯呈现出从图文到视频的改变，也促进了短视频行业迎来发展风口。[6]相较于长视频、直播等视频传播形式而言，短视频所表现出的互动性和丰富的内容承载量使其成为图文社交后的一种新的社交方式，[7]短视频不仅制作较为简单，也更契合用户碎片化的信息获取与分享习惯，因此，短视频的社交属性、碎片化特征及创作门槛低的特征使其表现出较强的传播性。[8]二更作为原创短视频内容平台，其诞生之初就乘上移动端视频发展风口，并基于自身差异化定位而迅速从各类短视频平台竞争中脱颖而出。在访谈中猫叔告诉我们："二更短视频起步较早，同时定位很清晰。以'发现身边不知道的美'为宗旨，坚持正能量、主旋律，是我们做可持续优秀内容的重要原因，我们也是最早完成内容生产、渠道发行和商业变现全链条布局的公司，所以我们能在短视频行业脱颖而出。"

二更坚持优质内容定位，主要通过差异化打造品牌特色。其在内容制作、内容选择及内容细分领域的差异化策略促使二更在行业竞争中内容特色凸显。

① 苏旺. 2018. 短视频红利. 北京：人民邮电出版社.
② 王心瑞. 2018. 微视频的发展优势与困境——以二更视频为例. 新媒体研究，（19）：132-133.
③ 曾杨. 2018. 自媒体平台的发展问题研究——以微信公众平台"二更食堂"为例. 记者摇篮，（7）：113-114.
④ 梁逸. 2016. 天时地利人和——论新媒体视频平台"二更"成功之道. 新闻研究导刊，（15）：354.
⑤ 秦璇. 2018. 短视频中微纪录片的特征分析——以"二更视频"为例. 东北传播，（4）：115-117.
⑥ 赖敏. 2018. 短视频发展道路——以秒拍为例. 青年记者，（26）：106-107.
⑦ 殷俊，刘瑶. 2017. 我国新闻短视频的创新模式及对策研究. 新闻界，（12）：34-38.
⑧ 林瑶. 2017. 从二更视频看短视频自媒体的传播模式. 新闻世界，（9）：58-60.

首先，专业化内容制作团队的精良制作。[①]在新兴视频网站的发展冲击下，传统视频制作网站的劣势日益显现而面临着转型困境，二更为浙江海腾文化传媒有限公司于 2014 年 7 月推出的视频自媒体项目，凭借着高质量的内容制作定位，一经上线就广受关注，其能打造出高质量的内容得益于传统制作时期的专业化团队资源。依托于传统专业化视频制作团队资源背景，二更的视频制作相较于其他自媒体短视频平台而言，拥有着专业化资源优势。与此同时，二更拥有自己独立的专业化团队，从选题、拍摄到后期均有专业人士负责，在专业团队的把关下，视频制作的各个环节都经过精心策划和考究，力求以精良制作给予受众最佳的观看体验。"二更的核心内容是以自己团队制作为主，目前在国内是非常具有生产规模的公司，我们有 300 多人的创作团队，最主要的内容环节都是自己创作，但是还有一些和企业的合作项目，这部分我们会征集品牌与消费者的内容，原型由用户提供，然后由二更的专业制作团队进行制作推广。"猫叔在采访中告诉我们。

其次，聚焦人文短视频的内容特色。从短视频的行业背景来看，非虚构类题材在市场竞争中更具有效性。"以前的视频包括广告大概 90% 都是虚构故事，而 2016 年的市场发生了改变，有 50% 是非虚构的。其实在进入到中产或者发达的社会消费环境中时，非虚构类内容的消费比例会提升，这是源于社会学规律而非广告学原理。"猫叔在采访中说道。在资讯爆炸的当下，非虚构类内容正在快速崛起和成长，真实题材的营销价值已在传播及广告营销领域日益凸显。秉持"快乐、自由、爱"的理念，二更致力于从真实故事中挖掘精神内核、展现生活美好，所创作的短视频都是基于真实环境背景，通过真实人物表达真实情感，传达时代的主流价值和正能量的。[②]与新媒体行业中各类以娱乐化、低俗化等同质化内容相比，二更上线以来就将差异化的优质内容作为核心竞争力，猫叔在采访中告诉我们，"每个人的生活都有其精彩之处，无论是工程师、艺术家、快递员，我们的人生充满了故事"。二更的视频创作多以真实人物传达正能量，这一差异化的品牌特色也是由其内容生产模式的客观性决定的。一方面，在日常内容生产过程中，每天 5~7 条高频生产内容量决定了视频不可能都使用名人参演；另一方面，对平凡人物美好生活的挖掘也是二更所关注的重点。猫叔谈道："在拍明星名人方面，二更也拍得不少，只是由于整体的产出量，所以这部分被稀释了。但是目前就算我们拍明星名人，也不仅只是将他作为代言人从而消费他的名气，而是注重挖掘他们的真实故事和精神内核，与品牌想要传递的诉求达到更深层次的契合，这也是消费者希望看到的，而非脸谱化的明星。"

最后，基于地域特色的内容细分策略。二更作为原创短视频平台，其内容生产的升级主要通过"在地化"的运作模式。以"更杭州"为起点，二更陆续在上海、成都、北京、

① 徐海皎. 2018. 原创短视频平台的网络传播研究——以"二更"为例. 新媒体研究，（21）：20-21.
② 甘波. 2018. 顺势而为，守正出新——二更短视频的创作、传播及经营策略研究. 声屏世界，（9）：62-64.

广州等城市打造当地的专业化团队，以地域为划分，生产更贴合当地特色及人们需求的优质特色内容。与此同时，二更也进行了视频内容的垂直细分，其所创作的视频内容细分为纪录片、剧情片、广告片等领域，进一步满足了用户精细化的内容需求。

因此，完善的内容生产链条、对优质内容的严格把控，以及精细化的内容分发机制保证了二更差异化的品牌定位，促使其以鲜明的品牌特色在同质化的内容市场中脱颖而出。

二、多维度密集覆盖，分点式矩阵传播

渠道是内容传播的载体，对于内容生产平台而言，内容传播渠道的选择与布局具有不可或缺的作用。二更的内容创作定位于专业化、品牌化优质短视频，其在内容传播方面则采用全渠道传播模式，致力于实现内容的多维度密集覆盖。猫叔说道："结合全渠道分发，我们的优势是紧紧围绕二更内容正能量价值观的定位来寻找内容发行的渠道，无论是日常内容还是商业内容分发，都会围绕这个定位，目前除了W+T+N+S+I[①]的全渠道传播链，也完成了央级媒体、地方主流媒体资源的整合，既要做好的内容，也做更精准的媒介传播。"全渠道传播模式促进了二更优质内容的全网触达，传播辐射进一步增强了二更内容品牌的市场竞争力。

（一）"线上+线下"密集式传播矩阵[②]

二更的网络传播渠道主要以热门社交媒体平台为依托。在上线之初，二更以微信公众号的形式进行内容分发，每晚二更时分为受众推送一部原创短视频。在内容渠道升级过程中，二更的内容传播渠道覆盖逐渐拓展，如今已形成了强大的"W+T+S+N+I"全网传播矩阵。[③]其线上传播渠道包括微信、微博、头条号、秒拍、美拍、抖音，以及视频门户、资讯APP、视频APP等渠道。在猫叔看来，"双微"（即微信和微博）仍重要但重要性在削弱，"微信的打开率在下降，因为过度饱和，它的总体活跃度依旧在增长，但是增势放缓，因为微信的用户量已经逐渐达到了中国互联网用户的总数，没有新的增长空间。过去的流量红利时代消退，对于从业者而言，难度提升，但这并不代表媒体价值下降了。目前也有很多新的平台出现，比如快手、秒拍、抖音等等，都是一定程度上分散了用户的时间，但目前还没有出现一个替代性的媒体、杀手级的应用"。

与此同时，二更的传播渠道选择与一般的内容生产平台也具有一定的差异性，具体表现为线下渠道的布局。[④]电视台、地铁移动电视、商场实体店等线下渠道都是其视频内容的传播渠道。"线上+线下"的多元化传播渠道所呈现出的高密度、多维度的矩阵式传播

---

① W+T+N+S+I 即二更以微信、微博、头条号、视频门户、地铁等传播渠道为主的线上线下覆盖传播模式。

② 徐海皎. 2018. 原创短视频平台的网络传播研究——以"二更"为例. 新媒体研究，（21）：20-21.

③ 甘波. 2018. 顺势而为，守正出新——二更短视频的创作、传播及经营策略研究. 声屏世界，（9）：62-64.

④ 林瑶. 2017. 从二更视频看短视频自媒体的传播模式. 新闻世界，（9）：58-60.

特点为二更广泛发挥其内容影响力提供了保障。近年来，依托于出色的内容生产能力，二更与通用、阿里巴巴、京东、苏宁、联合利华等 500 多家国内外知名品牌深度合作，进一步拓展了内容传播覆盖范围。

（二）依托大数据实现内容精准传播

二更拥有自身的 DMP 系统，且数据技术的应用为视频内容的细分及用户需求的把握提供了数据来源，也为二更更好地进行行业洞察、深入了解行业趋势以获得更强的竞争力提供了数据依托。据猫叔介绍："二更有自身的媒体资源库，至今已生产了 7000 多条短视频，并在全网发行，在每个平台都有它的播放量、转发、评论等，对于这些后台的相应数据，平台都会追踪统计。"二更的内容传播采用的是全网发行模式，用户反馈数据主要来自各第三方平台，由于每个平台都有自己的监测机构，二更的数据管理主要通过对内容在各平台的播放量、评论，以及其他相关内容数据如导演、演员、内容等信息的收集形成自身的数据库，猫叔表示，视频播放量仍是目前二更的重要数据导向之一，所获得的也是行业认可的第三方数据，对受众反馈评论数量和质量都有分析考量，如评论所反映的网友情绪导向、好评量等数据信息，也会作为内容精准传播的信息来源。

随着内容生产及发行过程中数据信息不断增加，二更逐渐累积形成具有独家价值的视频内容数据资产。除了对用户反馈信息的数据分析之外，在内容细分方面的数据技术应用也为内容精细化运营提供了便利。"我们在数据库中会为这些内容贴上相应的标签，比如风格、情趣、题材、主人公，当这些数据累积到具有统计意义的时候，我们会分析何种标签在何种环境下具有最佳的传播效果，这是基于数据可以得到的洞察。"猫叔说，运用数据技术为内容进行更为精细化的标签分类，并根据所获的用户反馈数据进一步分析用户的内容需求以指导内容生产，不断提升用户体验。二更依托大数据分析形成了"分析—生产—分析"的良性循环，以精细化的内容运营力图实现内容传播影响力的最大化。

三、多元化产品布局，构建新型融媒体内容生态

作为专业化的内容平台，实现规模化的优质内容生产是二更发展的核心。在此基础之上，二更着眼于平台的内容生态建设，以多元化内容产品不断丰富平台的内容形态，通过资源整合进一步促进内容的产品化和品牌化，日趋形成一个有态度、有温度的内容生态平台。

（一）多元化内容产品矩阵

二更诞生之初，仅通过微信公众号为受众每晚推送一部原创短视频。凭借差异化的品牌定位与契合目标受众需求的优质内容，二更在行业市场竞争之初就获得了广泛关注。在移动碎片化潮流及用户内容消费习惯的驱动下，各类短视频平台纷纷涌现，面对竞争日益激烈的行业环境，二更在坚持专业化优质内容生产的同时，也在积极探索具有自身特色的

发展模式。从 2014 年上线以来，二更致力于自身内容生态的打造，其内容产品线已从单一的视频内容推送发展到日益完善的产品矩阵及城市内容生态布局，实现了从单一新媒体发展到覆盖传媒、教育、影业、文化创意、云平台的全域生态。[①]如今，"二更传媒"已在 30 多个城市建立起了全球化、城市化、垂直化的产品矩阵，旗下拥有二更视频、更城市、mol 摩尔时尚等内容品牌。从全国化到"都市融媒体"，二更进入了品牌发展的战略新阶段。

（二）资源整合构建平台内容生态

在采访中猫叔谈到当前战略时很坚定："前四年是二更布局发展的四年，我们已经成长为品质、规模都领先的原创短视频内容平台。未来，我们将努力成为更具影响力的新兴互联网内容公司，所以我们未来规划的实现路径也非常清晰，包括内容产品化、IP 化等。"与短视频行业市场中其他企业不同，二更从创立之初就致力于强大内容品牌的打造，通过全国化内容布局，二更实现了高效的规模化内容生产。多元化内容品牌矩阵使二更内容覆盖不断拓展的同时也进一步垂直细分，更加精准地契合目标受众需求。在原有内容中心之外，二更 2018 年搭建起了基于视频的全国都市融媒体网络，更好地为本地品牌企业、政府机构提供视频服务，满足企业媒体化的需求，并为城市的品牌建设贡献力量。

与此同时，资源整合与营销生态构建也促进了二更盈利模式的转变，猫叔告诉我们，现在二更的盈利来源不仅限于之前的流量广告、商业拍片、教育培训收入等，还增加了商业内容 IP、创意营销、媒介整合传播等收入。盈利来源的多元化是二更结合自身发展与行业状况的结果，基于多元化的内容生态，二更的盈利模式也在不断丰富。

四、整合优质资源，完善人才生态布局

人才资源战略是企业发展战略的重要内容，优质的人才资源是企业获得良好发展的重要保障。二更通过系统化的资源整合，人才生态布局日益完善，为其作为短视频内容生态聚合平台发展战略提供了强有力的人才资源基础。

（一）在地化合作战略

二更在发展初期阶段主要以杭州为起点，内容制作也主要依托杭州地域需求和文化特色。随着二更的内容传播获得广泛关注，进而面临着新阶段的市场拓展。由于二更定位于优质原创短视频平台，致力于从身边的人物发掘其中的美好，其内容生产的质量受到团队资源、地域资源、成本等诸多因素限制，在保证内容质量及品牌调性的情况下，二更的市场拓展之路尚存难度。在发展探索中，二更于 2015 年启动了"二更伙伴"计划，采用

---

① 杜娟娟. 2018. 新媒体环境下微纪录片的叙事策略及商业发展模式研究——以"一条"和"二更"微纪录片为例. 新媒体研究，（11）：111-112.

了在地化合作策略，在全国各地寻找优秀制作团队，并给予当地优质团队在技术、资金及作品发行方面的指导与支持，逐渐形成二更独有的兼具品牌一致性与风格多样化的全国性团队资源。目前二更先后在全国多个城市成立了分公司，更上海、更北京、更成都、更西安和更南京等纷纷出现，"二更伙伴"为其内容生产提供了强有力的支持，极大提升了二更内容生产与制作效率。①

以在地化合作模式形成稳定团队，进而以本地受众需求契合度较高的本地化视频内容占领当地市场，二更的在地化团队对其市场拓展具有重要作用。在资金和技术方面，在地化团队的合作方式为解决发展初期市场拓展成本提供了可能，利用当地已有的团队资源，为二更团队资源壮大节约了成本。在内容制作方面，本地制作团队拥有着天然的地域优势，对当地的地理人文、民俗景观等具有较为全面的了解，因而更容易创作出契合当地民众需求的内容，为二更更快速地获取当地目标受众群体提供了帮助。

（二）系统化人才培养——二更教育

中国影视行业快速繁荣的背后，是影视创作人才、产业职业人才的严重不足，培养更多优秀影视从业人才，既是二更自身发展的重要驱动力，也是二更对行业和社会的回馈。二更在发展过程中与包括好莱坞、宝莱坞等国际团队交流，深感"作品创作"与"影视工业"之间的巨大差距，而国内院校教学和传统广电系统的视频专业经验也在新媒体环境下显得不够与时俱进。

二更自成立之初就非常注重对青年创作者的人才培养，作为集团战略的重要一环，"二更教育"以二更学院、万名短视频创作人计划为抓手，自 2016 年开始倾力打造"影视创作人生态平台"，整合社会各界与高校的优质影视创作人才，建立起大体量、高质量的人才库、作品库与资源库，为中国传播、媒体、影视等行业在新时代的转型升级赋能。②截至 2018 年，二更学院已为二更乃至全行业培养和输出了上千名优秀人才，学员作品播放量已超十亿次，参与线上课程的学员近万名。

五、结语

移动化发展所掀起的碎片化潮流不仅改变着信息传播形态，也重塑着用户的信息获取习惯，短视频以丰富的内容承载力及结合社交功能的传播特质，营销价值凸显。伴随着各互联网巨头平台的短视频生态布局，不断涌现的各类短视频平台促使行业竞争日益激烈，以 PGC（professional generated content，专业生产内容）、UGC（user generated content，用户生产内容）、PUGC（professional user generated content，专业用户

---

① 丰瑞. 2018. 纪实类短视频的内容生产与运营模式分析——以"更城市"平台为例. 中国广播电视学刊，（5）：82-84.
② 甘波. 2018. 顺势而为，守正出新——二更短视频的创作、传播及经营策略研究. 声屏世界，（9）：62-64.

生产内容）为特征的内容平台不断探索着各自的发展道路。在竞争激烈的短视频行业，二更走出了其专属的特色之路，坚持"正能量、主旋律"，以饱含真实情感的人文短视频发现身边不知道的美。依托优质的内容，二更不断丰富其内容产品，形成了品牌特色产品矩阵，与此同时，全国化布局的升级战略促进了其品牌内容生态的构建，以二更教育为依托的人才生态布局为其未来发展提供了专业化人才支持，由此形成了二更从内容生产到营销价值实现的特色发展模式。

从传统的视频制作公司到新媒体内容平台的转变，二更的发展为传统视频制作媒体平台的转型提供了可参考的方向。依托内容资源优势打造差异化优质内容，以全渠道传播实现密集覆盖，并以不断细化的内容化产品矩阵和全国化资源整合构建自身内容生态。二更的发展成果显著，在未来的发展中也有诸多挑战：一是内容专业化与规模化的权衡问题。规模化内容生产对二更扩大市场规模具有重要意义，但与此同时其也面临着内容质量把关难度，如何保证规模化的同时维持其优质内容的核心竞争力是二更未来发展中有待协调的问题。二是品牌内容的精细化运作不足问题。伴随着消费者内容消费升级背景，当前主流短视频平台的泛娱乐内容将无法满足用户多元化内容需求，垂直领域内容将会更加丰富和细化，二更通过优质人文短视频的特色内容表现出差异化的竞争优势，而面对内容消费升级态势，二更如何敏锐洞察消费者需求以提供契合需求的内容、实现更进一步的内容精细化运作，是其实现品牌内容持续竞争力需要思考的问题。三是数据技术的应用。当前二更的数据来源呈现出对第三方平台的依赖，建立可靠、丰富、科学的自有数据技术产品，对未来内容生产及精准传播将会更加重要。因此，二更的未来发展仍需把握行业及发展趋势，不断地更新完善。

竞立媒体：数字媒体时代国际 4A 公司的转型之路

个案价值：

近年来，互联网技术迅速发展迭代，数字时代的到来带动了数字营销的迅猛崛起，各类营销技术层出不穷。进入中国市场近 40 年的国际 4A 公司受到内外部环境的双重冲击：内部组织结构冗长僵硬；外部来看，新兴数字营销公司、互联网巨头和广告主本身作为竞争者入局，谋求数字时代下的转型成了国际 4A 公司破局的最佳选择。WPP 成立于 1985年，早在 2008 年就成为全球最大的广告传播集团。如今，WPP 大力推动组织结构朝着精简化和扁平化发展，通过裁员、精简部门和部门合并来整合组织架构。而在公司内部，突破垂直的部门层级，在各个子公司建立专业群和 In-house 团队等全新的工作模式。伴随着组织结构的扁平化整合，节省下的资金用以支撑搭建和完善数据技术平台，如群邑集团全新的数据和营销技术的集成平台——[m]PLATFORM。组织结构的精简必然带来业务的整合，WPP 根据"数字+创意"的模式对公司业务进行整合，旗下群邑集团合并媒介代理公司尚扬媒介和迈势媒体，用以扩张旗下数字营销服务机构盈讯数码公司的业务，在这样的背景下，群邑集团旗下竞立媒体也实现了从"媒介策划购买商"到"内容和渠道相结合的整合供应商"的定位转换。加大技术比重的同时，WPP 并没有掉入"技术至上"的陷阱，仍然立足"创意"之本，意欲向"创意变革公司"（creative transformation company）转型。

作为曾经的广告巨头，国际 4A 公司的权威日渐式微，对内要面临本土数字营销公司的崛起，对外要面对来自产业链上下游的挤压，而国际 4A 公司本身一直被诟病的"体系庞大、运作流程过长"的传统问题在 WPP 身上也十分凸显。WPP 的转型之路在国际 4A公司中具有一定的代表性，其系统性的变革思路和措施值得业界学习与借鉴。本文以期从WPP 及其旗下的竞立媒体的转型案例中窥得数字媒体时代国际 4A 公司的转型之路。

竞立媒体简介

竞立媒体是全球最大的营销传播服务集团 WPP 的成员，也是 WPP 的综合媒体投资管理部门群邑集团的一部分。竞立媒体是世界领先的媒体代理商之一，为全球客户计划和购买媒体，2018 年全球网络包括 7000 名员工，遍布全球 105 个国家的 130 个办事处，客户来自各行各业，从汽车到消费品，从零售和制药到电信、娱乐和时尚等。竞立媒体在中国设有北京、上海和广州办事处，作为一家内容和渠道相结合的整合供应商，主要客户既有历峰集团、一汽、大众、奥迪、戴尔、宝洁等国际用户，也有中国人民银行和滴滴出行这样的本土客户。

2018 年是竞立媒体创纪录的一年，其荣获 2018 戛纳国际创意广告节年度最佳传媒网络奖。竞立媒体为特易购公司在英国的广告活动中赢得了优秀传媒规划全场大奖，而为宝洁旗下品牌吉列在以色列创作的广告中赢得两项银狮奖和一项铜狮奖，还赢得了八项最后入围提名，成为传媒代理商中最大的赢家。更是被全球媒体营销盛典（Festival of Media Global）评为年度最佳代理网络，并在营销情报服务商 WARC 发布的 "Gunn Media 100" 中名列榜首。竞立媒体中国凭借玛氏与葛兰素史克媒介策划案例，在亚太区顶尖的广告创意节 "2018 Spikes Asia" 中勇夺三金三银一铜共七项大奖。

国际 4A 公司起源于美国广告代理协会（American Association of Advertising Agencies, 4A），20 世纪 70 年代末，国际 4A 公司从台湾、香港一路来到大陆（内地），从成立合资广告公司开始进入中国市场。经过近 40 年的发展，国内专业广告公司的缺位带来的国际 4A 公司的红利期已经不再。一度是客户服务一流、策略规划一流、创意执行一流、媒介运作一流代名词的国际 4A 公司走入内外交困的境地。

从内部环境看，其一，漫长的资本并购扩张带来了组织结构的冗长僵硬，这是干扰国际 4A 公司发展的根本原因。从客户部、策划部、创意部、媒介部、制作部到设计部等，部门之间相互独立、各司其职。不仅如此，决策权与执行权分离，方案的最终通过还要依赖于 CEO 的决策，即便是创意总监也鲜有决策权。一套方案经历各个部门的审核通过需要经过复杂的流程，耗费大量的时间，无法及时对转瞬即逝的热点进行反应，很容易失去最佳的传播契机。其二，技术基因的缺乏。奥格威曾经说过："没有大创意的广告犹如在黑夜里海上驶过一艘船一样无声无息。"大部分的国际 4A 公司都靠"大创意"起家，创意依赖于个人的灵感，纵使是消费者洞察很长时间内还停留在问卷调查和深度访谈上。进入互联网时代，数字技术发展形成的海量数据和技术壁垒使国际 4A 公司的"大创意"效果大打折扣。其三，人才稳定性差。奥美中国的创办者——宋秩铭，在接受媒体专访时曾提到："人才流失是奥美最需要直面的问题。每年，整个奥美会有约 30% 的人员流动，算起来有 600 人之多。这当中包括换人，也包括员工的自主流动。"国际 4A 公司的标准化还体现在薪资上，每个职位的薪资基本是明码标价的，对于新人来说，高压、高密度的工作并不能获得与之匹配的薪资，往往要熬到升职才能加薪，因而他们更愿意选择跳槽到待遇更好的互联网公司或数字营销公司。对于高层来说，在大平台中积累的经验和资源往往能成为其自主创业的良好背书。

从外部环境看，国际 4A 公司面临着供需双方的压力。作为产品和服务的提供商，大量竞争者入局，国际 4A 公司的议价能力减弱。首先，本土"小而美，专而精"的广告公司和数字营销公司正在蚕食国际 4A 公司的市场。例如，主打创意的天与空、Karma、W；主打线下活动策划的捷奥；主打双微营销的钛铂新媒体等，这些专注某一细分领域的公司凭借其专业性和对热点的超快反应能力，已经开始服务于可口可乐、杜蕾斯、耐克和百度等广告主。不仅如此，互联网巨头在掌握了入口和渠道后，凭借强大的平台和海量用户数据的天然优势打造营销平台。腾讯 WE+ 营销体系，在全面立体的数据洞察之上，实现多场景甚至全场景的融合。而咨询公司也插上一脚，美国《广告时代》杂志最新发布的《2018 年营销服务提供商报告》中，埃森哲互动三度蝉联全球最大的数字营销服务商。此外，广告主自身出于成本的考量也纷纷组建内部创意团队，美国广告协会发布的报告显示，在他们调查的 412 个广告主中，成立内部创意团队的比例已达 78%，这一比例在 2013 年仅为 58%，2008 年仅有 42%。[①]

一、组织结构革新：立足超强平台，组织结构扁平化发展

在数字环境下，广告界巨头 WPP 主要从扁平化组织架构和迭代技术平台两个大方向进行转型的布局。

对于小型广告公司而言，精耕创意、媒介、社会化营销或数字化营销某一细分领域往往没有产生国际 4A 公司因规模化的组织结构而带来的困扰。它们一般只提供某一类型的专业服务，通常采用的是圆形循环的组织形态，围绕着营销总监等核心角色，不同部门处在同一个平面，相互联系与合作，部门人员根据需求跳过直线型流程由核心人物直接调动。

相反的是，以 WPP 为代表的国际 4A 公司在刚发迹的时期，大量资本涌入传统媒体，WPP 只能通过版图扩张完成高速增长，一方面利用规模效益统一调配资源，降低成本，迅速进行全球布局占领市场；另一方面细分市场、细化产业链，提升协同效应和效率，对其他公司形成行业进入壁垒。1985 年，WPP 创始人苏铭天爵士用 25 万英镑购入一家超市购物车生产厂商 Wire & Plastic Product 的部分股权，第二年正式更名为 WPP，在 WPP 成立后的 18 个月时间里收购了 18 家公司，根据企业融资顾问公司 Clarity 提供的数据，截至 2012 年，WPP 共进行了数百起收购（表 1），从广告业务、媒介业务、公关业务、消费者洞察、品牌识别业务到数字业务无不囊括在内（图 1）。

表 1　WPP 大型收购事件列表

收购时间	收购对象	收购事件
1987 年	智威汤逊	WPP 用 5.66 亿美元恶意收购了当时年收入是 WPP 13 倍的智威汤逊
1989 年	奥美	WPP 以同样的收购方式，用 8.64 亿美元收购了奥美
2000 年	扬罗必凯	WPP 以 47 亿美元的价码买下了扬罗必凯
2003 年	科迪恩特传播集团	WPP 收购了科迪恩特传播集团，将达彼思（Ted Betes）、菲奇全球（Fitch Worldwide）、HealthWorld 和 141 Worldwide 收入旗下
2005 年	葛瑞集团	麦迪逊大道剩下的最后一家超级独立广告集团——葛瑞集团，也被 WPP 以 18 亿美元的价格收入囊中
2007 年	24/7 Real Media	WPP 耗资 6.49 亿美元买下数字营销公司 24/7 Real Media

为了谋求转型，组织架构冗余、工作流程繁杂、对热点反应缓慢、沟通低效等都是国际 4A 公司亟须解决的一系列问题。WPP 相对一些国内外超大广告集团而言，其改变步

① 刘雨静. 2018. 近 80%的美国广告主自建创意团队 承包更多营销活动. https://www.jiemian.com/article/2542017_qq.html[2018-12-17].

伐更加迅速，进行了包括裁员、裁撤办公室、调整架构等措施在内的重组，让集团架构更精简扁平。

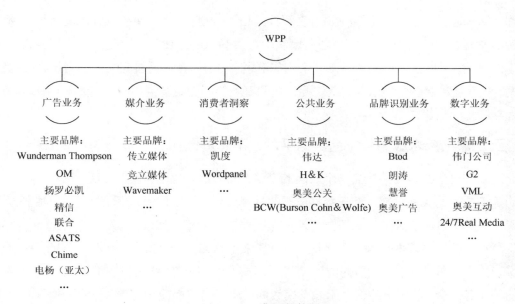

图1　WPP集团架构图

在公司层面上，WPP大刀阔斧精简结构，截至2021年，WPP计划全球裁员3500人，裁员人数占WPP总员工数13.4万人中的2.6%，同时计划关闭80个办公室，另外还有100个业绩放缓的办公室将会被合并[①]。

2017年6月，WPP旗下奥美宣布将所有子品牌进行合并，成立"一个奥美"。7月，数字营销公司Possible Wordwide与电商咨询公司赛欧曼（Salmon）被并入伟门公司（Wunderman），数字营销公司Rockfish并入VML，而群邑集团旗下的媒介代理商尚扬媒介与迈势媒体合并成Wavemaker。2018年1月，WPP旗下五家设计咨询公司合并成Superunion，博雅公关（Burson）和凯维公关（Cohn&Wolfe）也进行了合并。2018年11月26日晚，WPP发布声明称，将旗下老牌广告代理商J. Walter Thompson与数字营销公司伟门公司合并，组建为新的公司Wunderman Thompson。在公司内部，多级垂直的组织架构正在突破部门层级，朝着扁平化发展，各个子公司建立了不同的创新工作模式。例如，"客户群"模式，以客户为中心，将整个公司划分为"客户群"，并为客户建立"专家群"，组织各个领域人才，在品牌、公关及影响力、客户互动及销售、媒

---

① 刘雨静. 2018. WPP宣布裁员3500人，并整合200个全球办公室. https://www.jiemian.com/article/2698912_qq.html [2018-01-25].

介推广等领域提供有深度的咨询服务。为了更加贴心高效地服务品牌主，WPP 也建立了全新的 In-house 工作模式，基于每个人的能力与天赋来搭建团队，并与品牌主的内部团队联合办公。在新加坡，WPP 整合了旗下多达 13 家代理公司在新加坡的团队，并同联合利华团队一起在 Level3 联合办公空间，为其旗下的 400 多个品牌提供极具灵活与创新性的解决方案。WPP 联合利华全球业务团队负责人 Peter Dart 说："我们一直想要共建一种工作模式，以便让我们的成员同联合利华更紧密合作，并且通过完善消费者行为路径的数据，从而让品牌更快地成长。我们要在变幻莫测的消费市场中表现得更为灵活，可以适时为品牌提供对策。"①

二、深化技术服务：整合数据平台，不忘洞察初心

技术的进步必将带来社会各个层面的变革，而大数据挖掘、人工智能、区块链、程序化购买等技术的飞速发展，都无疑将广告业从"大创意"时代带入了"数据+技术"营销时代。在这样的一个时代，专门的数字营销公司在互联网技术的迅速发展中应运而生，它们从组建起就自带技术基因，经营业务也以搜索引擎和信息流营销、社会化营销、程序化购买等技术流服务为主。为应对时代的变革，国际 4A 公司纷纷进行了组织结构的扁平化转型和业务整合，节省下的资金用以支撑数据技术平台的搭建和完善，寻求资源价值最大化和内部协同的最强化。

早在 2016 年，WPP 就搭建了数据管理开发平台——指南针（Compass），融合 WPP 旗下凯度（Kantar）、伟门公司和群邑集团（GroupM）三家公司拥有的全部的数据。而群邑集团也打造了自己的数据管理平台——邑宝（Turbine）来帮助客户实现精准的媒体投放。伴随着数字化时代品牌主们数字化营销需求的不断更新，群邑集团在邑宝等数字化技术产品的积淀基础上从三个方面进行了一次平台化产品革新，搭建了全新的数据和营销技术的集成平台——[m]PLATFORM。首先，强化数据和技术。[m]PLATFORM 的核心就是以单一消费者为导向的[m]insights，一方面，与中国特有数据的数据合作伙伴对接、整合数据资源；另一方面，整合母集团 WPP 旗下伟门和凯度、秒针等第三方数据提供商，以及群邑集团与全球媒体合作伙伴的优质数据。其次，优化系统。在 [m]PLATFORM 正式推行之前，优先让部分客户进行体验，并基于客户的反馈对系统进行进一步的优化。最后，人才建设。大力提升人才团队建设，尤其是技术人才。[m]PLATFORM 由来自群邑集团旗下多家专业公司和邑策（Xaxis）的数据科学家、技术人员和数字从业者组成的团队提供支持。

整合集团下跨产品线、项目线，打通了搜索、社交、移动、电商和数字广告运营在内

---

① Huang L. 2018. WPP 集合 13 家子公司力量为联合利华组建全新 In-house 模式. http://www.madisonboom.com/2018/05/24/unilever-and-wpp-launch-unique-in-house-collaboration-in-singapore/[2018-12-22].

的数据分析与数字服务，区别于传统营销代理模式，[m]PLATFORM 为群邑集团旗下的传立媒体、竞立媒体、Wavemaker 三家媒介代理公司搭建了一个开放、透明的数据与技术架构，通过数据来解码品牌主的目标受众，更加精准科学地洞察消费者、指导营销决策。

[m]PLATFORM 共有五项关键产品，分别对应媒介策划与购买链上的各个环节（图2）。

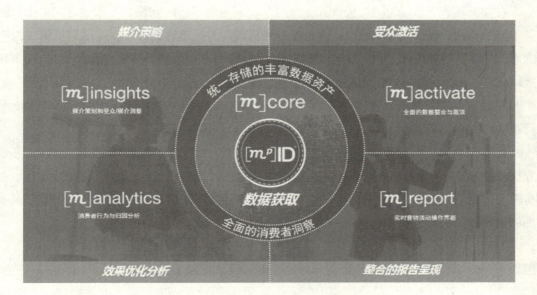

图2　[m]PLATFORM 核心产品与功能示意图

[m]core——首款全面的受众智能平台，将跨平台数据，如显示广告、移动、视频、CRM 和应用等，形成单一的消费者识别标志[m^p]ID 集合到一个环境当中，是一个统一存储丰富数据资产的平台；[m]insights——以受众为中心的管理分析平台和媒介策划工具，通过单一用户识别标识[m^p]ID 整合多方数据源；[m]activate——创意流程管理、跨媒体广告频次控制、基于地理位置的整合投放管理和受众激活平台；[m]analytics——整合线上和线下广告活动和转化数据，结合单一用户标识[m^p]ID，以实现分析、归因与优化；[m]report——将数据整合成直观的可视化图表，实时展示活动营销效果，对于很多品牌主关心的品牌安全和虚假流量问题能够起到很好的监测与自证效果。如此形成统一储存的丰富数据资产，将全面的消费者洞察数据分享给客户，并为客户形成后期效果分析。

在数字化趋势的浪潮下，广告公司的转型难免陷入"技术至上"和"数据万能"等误区。而身怀"创意"基因的国际 4A 公司在迎接技术的同时，也应当保持原有的格局，将系统的洞察放在重要位置。人与技术结合，真正形成最大化的合力，而不是全部依赖于技术。在数字领域启动数据管理平台的同时，群邑数字智慧和群邑智库部门也一直聚焦社会新动态、行业新趋势和消费者新特征，将数据和洞察相结合，不断地和各界专家进行互动，更深刻地把握趋势的发展和变化。

三、业务转型：基于内向整合，提供精准服务

在母公司 WPP 转型的大背景下，其旗下的竞立媒体也重新调整定位，积极转变业务模式，谋求跨界合作，以更好地应对集团转型和市场变革。

在业务转型上，国际 4A 公司和本土 4A 公司走向了"内向整合"和"外向扩张"两条不同的道路。从 2011 年起，蓝色光标开始在国内进行迅速的并购，并通过扩张成为中国最大的营销传播集团之一，数字化和国际化是其扩张的两大方向。省广集团通过"收购+战略入股"子公司的方式打造整合营销体系，涉及游戏营销、娱乐营销、体验营销等领域，相对前期重点投资其传统优势业务——媒介代理业务，目前集中在对省广集团大数据·全营销战略的全面升级。

与本土 4A 公司起步晚、现阶段还在谋求快速对外扩张的布局不同的是，WPP 在成立后长达三十多年的时间里，早已通过向外扩张版图，成了全球最大的广告传播集团，业务全面渗透进营销的各个领域。解决业务矩阵繁杂重复带来的高成本和低效率问题是其实现健康转型的关键。

WPP 旗下的群邑集团拥有传立媒体、竞立媒体、尚扬媒介、迈势媒体四家公司。群邑集团一方面整合尚扬媒介和迈势媒体的全球运营和团队，成立 Wavemaker——一家集媒介、内容和技术的代理公司，以降低成本，用来投资增长前景更佳的领域；另一方面，扩张旗下数字营销服务机构盈讯数码公司的业务，在其现有的媒介和创意能力上，增强传统媒介能力，并在全球更多市场运作。但是与大部分完全转型走"数字化"和"技术化"道路的大传播集团或新兴公司不同，WPP 在增强数字营销能力后，仍然将创意作为立足之本，在裁员的背景下仍然打算在 2021 年前，新雇用 1000 名左右与创意相关的员工。

新兴公司产生了尖刀似的效应，撕开一个缺口，但是新兴公司可能缺乏全局观，缺乏系统性的训练。面对新兴创意公司和数字营销公司的冲击，在以消费者为中心的环境下，技术带来了媒体使用的多元化和消费内容的碎片化。当整个消费者的自主权更强的时候，单向的传播或者是单一渠道的垄断，都已不再现实。因此，竞立媒体才有了定位的变化——不把自己定位成媒介策划和购买公司，而是做 content plus connection agency，即内容和渠道相结合的整合供应商。

竞立媒体基于数字化和移动化，立足于大数据洞察，快速地对市场做出反应，提供科学的全球数据解决方案（图 3）。作为整合传播方案中的必备，竞立媒体在社会化营销方面也有很大投入。例如，在双微营销上，竞立媒体也有自己社会化营销团队，会进行 KOL 合作、硬广购买，或是跟微博上一些大号的深度合作，竞立媒体还会根据不同的消费者使用习惯来确定沟通方式。他们认为应理性对待各个媒介渠道，不能因为某一媒体总的用户量大就加大投放比例，甚至整体覆盖。应注重投放目标与消费者的关联，而不是"一刀切"。

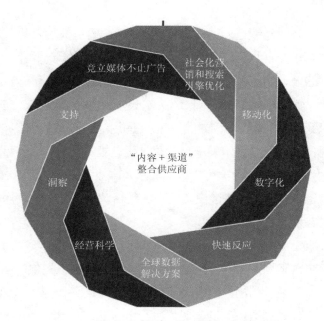

图 3 竞立媒体 "内容+渠道" 业务生态图

四、跨界合作超级平台：从竞争对手到战略合作伙伴

随着移动设备使用量和用户触网时间的增加、广告形式及数据驱动的定位功能不断升级，以及移动支付的入场、广告客户在移动端投放支出的增加，中国数字广告市场将迎来飞速增长，而 BAT 三家超级平台更是成为主导者。

阿里巴巴运营着全国最大的电子商务平台 "天猫" 和 "淘宝"，坐拥大量消费者数据，在云栖大会上提出了全域营销（Uni Marketing）的蓝图，整合淘宝营销生态、阿里大生态和全域媒体生态，以适应不同渠道的营销方式，实现在多个异构媒体上不重不漏地影响每个目标人（群）。腾讯则拥有微信和 QQ 两大社交平台，叠加移动支付、社交、移动游戏等一系列功能，将品牌自有数据和腾讯社交数据及流量结合起来。百度则凭借搜索引擎一统江山，多年的数据积累丰厚，在搜索营销上也占据着优势。

BAT 在数字营销上的强势入局导致其与广告公司一直处于竞争关系，竞立媒体率先打破对立状态转向合作，打破数据孤岛，共谋利益最大化。一方面，竞立媒体作为媒介代理商协助阿里巴巴走向国际，帮助更多中国企业走向全球。全球最大零售商阿里巴巴已任命竞立媒体为其海外媒介策略及购买代理商，服务包括旗下天猫国际、阿里云、钉钉和淘宝国际版等，以继续推进其在全球范围内进行业务扩张的计划。竞立媒体拥有非常强大的全球网络，受任为天猫国际提高到站流量和销售转化率，合作则以围绕竞立媒体为总部与竞立本土团队紧密合作的方式来进行。而借助此次机会也可以为其服务更多中国品牌提供背书。竞立媒体 CEO Rupert McPetrie 对此表示："通过这次绝佳的机会，我们将帮助一家世界排名前十的公司延续他们的成功佳话；对于希望将成功经验应用到其他市场的中国品牌而言，竞立中国有能力引导他们实现国际业务的扩张，而阿里巴巴的此次选择，正表明了他们对我们的极大信心。"①

另一方面，竞立媒体积极地谋求和 BAT 超级平台的战略合作，在客户服务层面，竞立媒体与 BAT 超级平台打通数据，共同为客户提供定制化解决方案。在代理公司层面，建立长久合作机制，帮助竞立媒体秉承其"数字化无处不在"（digital everywhere）的理念，提高其数字化能力。而[m]PLATFORM 作为中立的技术力量和成熟的第三方平台，可以链接各个围墙花园平台，帮助客户实现高效整合营销，最终从数据角度协助客户打造更加无缝整合的生态系统。

2018 年 6 月，竞立媒体与腾讯正式达成战略合作伙伴关系，双方通过以客户为导向、自下而上的营销解决方案加深合作。竞立媒体将积极利用腾讯提供的各种功能和机会，触达包括社交、游戏、视频、购物、出行、支付等生活中的各个场景。通过腾讯 WE+营销体系，以全面立体的数据洞察，实现多场景甚至全场景的融合，覆盖消费者从品牌认知、购买到分享的全链路过程，帮助竞立媒体的客户提升品牌销售额，挖掘中国市场的更多价值。竞立媒体的所有客户几乎都和腾讯有某种形式的合作，如通过微信端的广告投放触及使用微信的每个个体。而竞立媒体在担任了阿里巴巴海外媒介代理商的同时，[m]PLATFORM 两大核心产品[m]insights 和[m]report 将与阿里巴巴全域营销平台 UniDesk 对接进行合作共建。在确保数据安全的前提下，通过[m]insights 这个桥梁，帮助品牌广告主实现自有电商平台与天猫店铺的用户数据打通，使广告产品获得难得的跨平台用户数据洞察和激活。

更深层次上，国际 4A 公司的"中国经验"将帮助其在国际市场的竞争中加码。中国互联网和移动互联网已呈跳跃式发展，包括微信支付等，对于仍处于线性发展的外国市场来说非常具有借鉴意义。中国市场的变化日新月异，尤其是高渗透的社交网络和领先世界的电子商务，都让消费行为发生了不小的变化，对全球消费市场来说具有一定的超前性，因此国际 4A 公司在服务中国市场过程中收获的经验也是超前的。群邑集团的数字营销架构中，基本上每个团队都有自己的数字营销人才，策划、执行人员也培养出了综合的服务经验，在电商和社会化营销上都占有一定的优势。国际 4A 公司在中国市场社会化营销等方面收获的经验可以反向输出，推广至在全球各个国家的品牌服务中。

①《阿里巴巴任命竞立媒体担当其海外媒介代理商》：http://www.madisonboom.com/2018/08/27/alibaba-group-hires-mediacom-as-overseas-media-agency/[2018-12-23].

第三篇

访谈篇

【数字营销公司】

并购浪潮中公关公司的发展策略

——专访"公关教父"黄小川

访谈手记：

  迪思传媒集团（以下简称迪思传媒）成立于 1996 年，是第一批立足于中国市场为客户提供整合营销顾问服务的专业机构，是中国公关行业的开创者，也是中国本土最早的传媒公司之一。D&S 取"民主与科学"（democracy and science）之意。自 2001 年，迪思传媒始终保持在中国公关行业的前五名以内，被业界誉为中国公关行业的"黄埔军校"。2014 年 6 月，迪思传媒被国内领先的全球化、数字化全域营销传播集团——华谊嘉信整合营销顾问集团股份有限公司（以下简称华谊嘉信）收购，成为华谊嘉信全资子公司。

  迪思传媒的创始人黄小川在业内享有极高声望。他 1992 年进入公关行业，1996 年创立迪思传媒，是中国公关行业最早的探索者，被誉为"中国公关黄埔军校校长"。熟悉黄小川的人，都亲切地叫他"黄校长"。

  2014 年，黄小川带领迪思传媒加入华谊嘉信，并担任集团联席总裁。2018 年 5 月，经第三届董事会选举，黄小川有了一个新身份——华谊嘉信的董事长。[①]黄小川就任华谊嘉信董事长后，仍继续担任迪思传媒董事长，推动内容营销的进一步发展。在集团层面，黄小川将全面负责集团战略规划、投资与品牌发展等相关事务。加入华谊嘉信之后，迪思传媒是如何利用自己在公关领域的既有优势在庞大的营销集团中占据一席之地的？又是如何配合集团整体的战略布局、充分发挥数据的精准营销作用的？在迪思传媒的理念中，什么是营销的制胜法宝？

  2017 年 8 月，武汉大学数字营销调研团队在黄小川北京的办公室对他进行了访谈。

访谈对象：迪思传媒创始人、董事长，华谊嘉信董事长 黄小川
访谈时间：2017 年 8 月 30 日

---

① 佚名. 2016. 迪思新总裁到任，华谊嘉信数字化国际化更进一步. 国际公关，（6）：34.

一、和而不同：秉持总体战略的同时坚持自身定位

华谊嘉信是较早登陆深圳证券交易所的创业板公司，黄小川如何带领华谊嘉信进一步获得长足发展等问题备受关注。2018 年 1 月，在第六届国际视野下的创新与资本论坛上黄小川提到，上市公司与被并购标的之间的业务互补非常重要。优秀品牌之间的联姻可以产生巨大品牌溢价，协同内生，形成强大的造血功能，这对于上市公司的未来发展意义重大[①]。在《证券时报》的专访中黄小川介绍，除并购迪思传媒外，华谊嘉信还并购了国内领先的数字营销公司——好耶，好耶作为业内领军企业，成功赢得某移动运营商 2017 年、2018 年连续 2 年的集团互联网传播业务；体验营销方面，子公司北京华谊信邦整合营销顾问有限公司在 2017 年下半年也与某大型电商公司达成合作意向；而在公关广告方面，迪思传媒依托多年积累的专业优势、资源优势、执行优势，赢得了多个汽车及快消知名品牌的公关代理业务[②]。

从迪思传媒的官方网站可以了解到，迪思传媒的公关传播服务以整合见长，追求实效，不仅可以为客户的大规模传播活动提供整合型的策略和高效的执行方案，也可以根据客户特定时期的特定需求，提供实效性的定制传播。凭借品牌方法论"5C 快速定位法"及"漏斗模型"，迪思传媒以"数字时代的品牌建筑师"为核心定位，为客户提供全系列品牌战略咨询、公关传播、数字营销、行动营销、媒介管理及危机管理等专业服务，帮助客户提高品牌声誉和品牌价值，并最终帮助客户与消费者共建品牌。

迪思传媒加入华谊嘉信以后，和华谊嘉信共同制定了"大数据+大内容""外延+内生"的战略。尽管华谊嘉信内部各子公司分工各异，但"集团的战略方向不会改变"——黄小川在《证券时报》的专访中首先表达这一大前提[②]。他表示，华谊嘉信将继续秉持"技术与创意共同推进营销行业发展"的理念，沿着专业化发展的方向，进一步推进"大数据、大内容"和全球化战略，打造全域营销生态圈并在海外布局。随着以新媒体为代表的传播格局改变，以内容驱动为核心的大传播及营销整合成为趋势，华谊嘉信将进一步推进既有战略发展，将内容营销、数字营销尤其是移动数字营销，以及业务协同作为公司业绩核心增长点，继续加强技术研发，简化、精细化管理，注重人才培养和业务创新。

因此，迪思传媒秉持着华谊嘉信的总体战略，主张重视用户思维、社会化思维和大数据思维，创造有分享价值、有话题性、能产生持续互动的内容[③]。迪思传媒通过"中央厨

---

① 《黄小川分享上市公司并购要诀：并购成功的关键在于协同与互补》：http://www.dsconsulting.com.cn/news/1.html[2019-01-19].

② 许岩. 2018. 华谊嘉信新任董事长黄小川：战略方向不变 将继续推进重大资产重组. http://www.stcn.com/2018/0602/14291879.shtml[2019-01-19].

③ 佚名. 2016. "公关黄埔军校"20 年 "大数据+大内容"打开中国公关新阶段. 公关世界，（8）：31-32.

房"式大内容管理平台,以大数据工具来夯实终端营销场景,以大内容融合构建输出生态,并通过推送独特内容,激发受众参与,引导话题裂变,使用户产生持续共鸣①。

关于社会化营销的主要阵地——微博和微信两个平台,黄小川认为:"二者本身属性存在差异,微博传递的是社会化诉求,而微信更多则是社交的诉求。此外,两者连接的人群是不同的,微信用户的互动大多基于熟人与朋友,微博用户的互动行为则以兴趣为导向。微博和微信双运营是当下最好的选择。微信更多地关注好玩有趣的内容;在实际营销活动中,微博的投放量其实并不大,有时会在公关层面上使用,向公众推送公关稿件。"针对目前大量存在的微博用户量在下降的声音,黄小川认为不然:"微博和微信不是在争抢客户,而是在对用户的时间展开争夺。"

在如今多媒体形态的深刻影响之下,无论是媒介传播的信息,还是用户的媒介使用时间,都呈现出碎片化的特点。"应对碎片化最好的武器,是营销人员的传播、互动、分享精准化。首先,在碎片化时代,营销的核心是了解精准的人群画像;另外,营销传播时间的精准同样重要,在不同的使用场景之下,媒体属性稍有差异。而精确地还原场景最重要的依据就是数据,营销人员需要通过数据还原目标受众的媒体偏好,还原实际的触媒场景。总之,营销人要善用大数据,找到用户的精准画像。当原创内容不足以吸引消费者的时候,就要积极寻找符合用户画像和喜好的其他资源,如 IP 合作、影视植入等,利用不同的内容资源与消费者有效沟通。"迪思传媒打造了致力于 IP 研究与 IP 库搭建的 IP 中心,从版权到内容、从冠名到植入、从 IP 联合到 IP 孵化,致力于为客户实现更有价值的资源推荐,通过不断演绎和探索 IP 内涵,继续对优势 IP 资源进行高度整合和再孵化,创造全新 IP,持续为客户输出有价值的内容和合作形式。迪思传媒下属的迪思影视以实效整合为原则、以公关传播为基础、以大数据为工具,通过对电视剧、电影、综艺等板块的专业评估,在剧本创作期、植入招商期、拍摄期、制作期、取证期、定档宣传期、开播宣传期、开播期产出高价值内容,将消费者需求、企业需求和影视营销进行深度联结,打造从用户到品牌再到影视的全链条娱乐营销闭环,实现内容模式、结构、价值的全面升级。

要和消费者达成有效沟通,黄小川认为大数据必不可少:"总之,在当下这个内容分享的时代,互动、体验和分享是核心,利用价值是以分享价值为核心进行的。营销人员首先要找到谁是目标消费者;其次,营销人员要真正建立以内容分享价值为核心的模式。在这个模式里面,迪思更希望跟消费者一起去创造内容、分享内容。在这个互动过程中,形成一个可循环的机制。"

---

① 黄小川. 2016. 迪思传媒 拥抱大内容和大数据的发展. 成功营销,(Z1):113.

二、有的放矢：自建数据平台精准快速触达

近年来，迪思传媒十分注重大数据平台的建设，目前已拥有两个专业的大数据系统：品牌大数据洞察 BDIS 系统和舆情监测 e-monitor 系统。通过这两个系统，迪思传媒不仅可以帮助品牌实现从数据流量到数据挖掘、数据洞察的全面提升，还能进行全天候、全网全域的舆情监控。据黄小川介绍："这套系统宏大且反馈及时，数据的抓取核心技术是爬虫技术。数据平台一方面可以为公关、营销传播过程中的舆情分析提供依据，另外很重要的一点是，在制造话题的时候，借助并迎合当下的热点是必须要做的，而数据平台可以帮助营销人员捕捉实时热点。"

自 2016 年起，程序化购买广告的热潮开始逐步走向理性。对于程序化广告交易，很多广告主持怀疑的态度，尤其是近两年很多负面的声音传开。但广告主们又不能放弃数字化转型这个过程。因此黄小川认为，广告主建立自己的 DSP 在未来可能是一种趋势。随着 IP 模式的兴起，代理公司开始思考如何帮助品牌主在移动端或者 PC 端找到自己的目标受众群体，这时大数据的力量就得以凸显。

数据是分析之基。没有数据支撑，对用户信息的分析管理就无从谈起。就 DMP 的数据源，目前很多传统 4A 公司存在的核心问题是，大部分广告公司拥有一些营销过程中收集到的数据，但是这些数据无法被激活。黄小川介绍说："目前迪思传媒收集数据的主要路径有二。第一，整合一些来自第三方的数据，比如现在市面上应用较多的运营商的数据。但是，运营商的数据层次不尽相同。目前国内三大通信公司——中国电信、中国联通和中国移动，对于数据的把控能力和整合能力都是不一样的。现在开放度最好的是中国电信，目前搭建 DSP 的执行方或代理公司，其核心的数据源基本来自中国电信。从 2017 年开始，中国联通也开始陆续开放数据。而中国移动的开放标准由各省公司自行制定，因此整合能力相对较弱。但值得注意的关键点在于，中国移动的数据在整个市场占据的份额在 64% 左右。除了运营商的数据，第三方数据来源还有 SDK[①] 的数据。比如，用户手机安装有滴滴打车的 APP，广告移动网络推送公司会在滴滴的程序里嵌入一个 SDK 的代码，可以帮助滴滴推送消息，进行 LBS[②] 的定位，以及扫描用户手机里面所有的移动应用平台。此外，现在数字营销公司里广泛使用的还有 Wi-Fi 探针的数据。Wi-Fi 探针是指基于 Wi-Fi 探测技术，自动识别特定范围内已开启 Wi-Fi 接收装置的移动终端设备并获取设备 MAC 信息的一种硬件。数字营销公司渴望获取数据，会与一些合作的品牌主展开深度沟通，这其中

---

① SDK 即软件开发工具包（software development kit）。

② LBS 即基于位置的服务（location based service），是指通过电信、移动运营商的无线电通信网络或外部定位方式，获取移动终端用户的位置信息，在 GIS（geographic information system，地理信息系统）平台的支持下，为用户提供相应服务的一种增值业务。

存在一定的误差，但是这种误差会相对减小。第二，一部分 DMP 的数据来自投放数据的回收，比如 DMP 可以在它投放的媒体里面嵌码。现存比较棘手的问题是一些强势的媒体不允许平台挂码，如此数据就只能投放出去，但是不能有效地回收。"

要想搭建一个成熟有效的 DMP，广告主的数据是非常重要的来源。那么广告主对于数据的开放秉持着什么样的态度呢？黄小川说："从现状来看，对于汽车、地产行业来说，用户尤其是会员用户的信息是公司的核心竞争力。为了自身的品牌安全，广告主往往不会将核心数据开放给第三方平台进行数据对接，并且会对一部分有代表性的数据进行 MD5[①]加密。在经过 MD5 加密之后，广告主会将其作为种子数据交付广告公司的 DMP，与 DSP 进行对撞，使数据平台去还原真实的用户。接着在整个 DMP 人群里面进行 lookalike[②]的模型放大并打上标签，比如用户去过的地方，之后在互联网上进行主要定向的交易投放，以保证它的效果更加精准。目前的 DSP 基本上都是标签化的，经动态的族群聚合后触达用户，以非结构化的数据为主，主要用于做辅助、做出快速的商业决策。"

当被问及这样的数据收集是否存在触及用户隐私、威胁数据安全的风险时，黄小川表示："在营销层面上来讲，我们的服务更多是面向大众群体，更多的是关注'群'的概念，而不是单个的'人'。所以在分析、触达方面都是以'群'的方式来承担，不会聚焦到某一个人身上，单个人的信息可挖掘的价值极低。从隐私的角度上来讲，当前的数据大多是以设备号为主，除非是在多家数据串联起来的情况下，设备号其实很难去还原个人实际的信息情况。因此相对来讲，用户的隐私比较安全。行业监督机制是存在的，但关于流量作弊、数据造假这种问题，有些不规范的广告公司的确是这样，现在甲方往往会找独立的第三方来进行监督，相信假以时日这种现象会慢慢消失。"

三、效果为王：受众愿意接纳分享才有价值

所有营销最终都要回归到效果。经过一段时间的投放，品牌层面上究竟提升了多少，迪思传媒通过传统的营销倒金字塔诊断漏斗去评估。漏斗的五层对应了企业搜索营销的各个环节，反映了从展现、点击、访问、咨询，直到生成订单过程中的客户数量及流失。从最大的展现量到最小的订单量，这个一层层缩小的过程表示不断有客户因为各种原因离开，对企业失去兴趣或放弃购买。"有利于销售是广告主选择营销手段的根本原则与标准，当广告主发现投入大量资金却并没有带来更多的销量时，往往会重新进行审视和思考，或

---

① MD5 可以为任何文件（不管其大小、格式、数量）产生一个同样独一无二的"数字指纹"，如果任何人对文件做了任何改动，其 MD5 值也就是对应的"数字指纹"都会发生变化。

② lookalike 技术基于种子用户画像和社交关系链寻找相似的受众，即在大量用户群中选择一组特定的种子（即有转化行为的）受众，包括但不局限于点击、下载、安装、激活，然后根据实际需求，筛选、识别、拓展更多相似受众，进一步引发更大客户量级的倍增。

转移营销手段，或净化营销流程，使这个链条更干净，又能产生效果。"黄小川说，"今天的广告主更愿意为 CPA①、CPS②、CPL③付费，再谈 CPM④其实已经非常困难"。

关于未来数据的透明化，黄小川认为主要包括两个方面："第一是投放金额的使用，第二就是效果的透明。要实现整个链条的透明是非常难的。以往判断线索的真假，可以通过回溯在互联网上的行为来判断这个人到底是不是真人用户，但是今天的技术已经能发展到无法识别这个数据是来自真人或机器人，这同样也是一种挑战，因此短期内媒体数字化的透明还很难实现。"

黄小川坦言："在新媒体出现前的传统媒体时代，一则广告投放了以后，无论是消费者的触达率还是传播效果，相对而言非常模糊，难以确认。而现如今到了搜索云的时代，使所有参与互动的部分可追踪和量化成为可能，比如点击、阅读、回复这些行为。数据可以量化的时代已然来临，而数据透明化是未来发展的必然趋势。"

目前迪思传媒从互动、二次转发等维度去观察、评估投放效果。如果一次社会化媒体传播没有形成特别好的二次转发或点赞、没有按预期在特定圈子逐步扩散，迪思传媒便会回溯每一个传播节点，重新搭建平台复盘整个过程：从发起到慢慢沉寂的整个过程中，究竟是哪些媒体起到了关键的作用。由此在再次遇到相同或者相似题材的传播的时候，就为优先选择某些媒体提供经验和依据。

数字营销领域的公司都在讲品效合一，黄小川认为这是一个伪命题："媒体的广告如何投放，从根本上来讲取决于广告主的心态是否发生变化。今天能做到品效合一、敢于承诺效果的数字营销公司凤毛麟角。敢于承诺效果的公司一定是在与品牌进行深层次的接触之后，借助线下的渠道作为补充，而非仅仅是线上投放。"

在公关行业纵横多年，黄小川认为，公关的另外一个根本价值是管理消费者认知："消费者会对特定的内容感兴趣，这是外界力量难以改变的；但是从企业的角度出发，营销人员需要影响、引导受众改进认知。营销人员在传播信息时，首先要判断信息是否具有分享价值。具有分享价值的信息——比如行业内突破性的新技术或者颠覆受众认知、能够引起讨论的内容，往往对应着特定的目标群体，并能激发其价值共鸣。"

"今天移动端的用户是信息接收最大的一个端口，未来流量越来越贵，提升社会化能力和打造自媒体的难度将会更大，需要更多时间和资本的投入。如果到了这一天，在营销模式上，人们的媒体消费行为或许又会发生新的转变。过去人们在大众媒体上进行消费，紧接着到了互联网时代，人们则更多地去分享、创造内容。"黄小川认为当前的核心是大

---

① CPA（cost per action）是广告主为每次行动付出的成本，即每次行动成本。
② CPS（cost per sale）是以实际销售产品数量来换算广告刊登金额的，即按销售额付费。
③ CPL（cost per leads）是以搜集潜在客户名单多少来付费的，如引导注册，即按注册成功支付佣金。
④ CPM（cost per mille）是由某一媒介或媒介广告排期表所送达 1000 人所需的成本，即千人成本。

数据、精准内容分享、互动体验。从 IP 内容开始吸引用户并产生流量，到最终形成销售形式，这形成了一个闭环。与以往的模式相比，这个闭环中增加了社区和分享，"我们必须承认，新媒体、新技术的发展改变了业态，未来人工智能还会对很多业态进行冲击，甚至改变你我的生活。广告模式会存在，但是会受到越来越多的挑战，最大的问题是营销人员无法确定创意传达的信息受众是否愿意接纳"。

"创意内容才是未来的发展方向，受众愿意分享、愿意接纳的内容才有价值。"黄小川认为，"传统广告服务的理念、观点、理论，在新媒体时代已经受到了冲击。广告原来强调单一诉求，强调'我说你听'，向受众传递理念和生活方式。但对于受众而言这也许并不符合需求。当下营销人需要秉持开放的心态，与消费者创造的内容充分结合，引导消费者的认知和意见，共同创造品牌的收入"。

在内容分享的时代，互动、体验和分享是核心。或许是公关公司起家的缘由，迪思传媒格外注重引导公众的认知，因此在其营销理念中，消费者占据着至高的地位。迪思传媒通过大数据刻画目标消费人群，据此真正建立以内容分享价值为核心的模式——消费者不仅是内容的接收者、分享者，也是内容的创造者。迪思传媒未来营销前进的方向是尊重消费者的需求，接纳消费者的意见，顺势引导消费者的认知，与消费者共同推进品牌的成长。

在集团公司纷纷扩张、并购的浪潮之中，迪思传媒在黄小川的带领下，综合考量自身优势，准确地找到自己在新集团之中的定位，在时代的变革中既要顺势而为、不断升级营销理念与能力，又要配合集团整体的战略布局、探索发展路径。就目前看来，迪思传媒已经找到了一条符合未来发展趋势的道路。

袁俊专访：数字营销行业的困顿与破局

访谈手记：

2012 年成立的上海顺为广告传播有限公司（以下简称顺为互动）①是一家数字媒介全案代理公司。从好耶出来的创始团队使得顺为互动有着天生的技术与数据基因，拥有大量具有自主知识产权的数字产品。同时凭着多年积累的经验，顺为互动主要提供"全程"与"跨屏"数字营销解决方案，驱动广告主在数字媒体中获得最大价值与长久利益。

基于共同的发展愿景，2015 年，顺为互动以其数据优势并入传统制造企业深圳市实益达科技股份有限公司［现更名为深圳市麦达数字股份有限公司，以下简称麦达数字］，并携手同期并购的奇思国际广告（北京）有限公司、上海利宣广告有限公司搭建了全产业链、全媒体一站式整合数字营销平台。

数字营销行业的重组并购常见，但要成功与母公司各方面进行深度融合，发挥 1+1>2 的协同效果却需要一番努力。麦达数字在 2018 年 4 月公布的《关于重大资产重组业绩承诺实现情况的说明》显示，顺为互动在 2015～2017 年业绩对赌期内累计实现的扣除非经常性损益后的净利润达 1.02 亿元，超额完成了业绩承诺。②

2016～2018 年时任顺为互动执行总裁的袁俊先生是资深的互联网/移动互联网专家，著有多部行业相关著作。他自 2003 年开始担任多家互联网/数字营销机构战略咨询顾问，2016 年加盟顺为互动，担任执行总裁一职。袁俊先生持续从事互联网/数字营销领域工作与研究，拥有精准的行业判断与丰富的实战经验。

2017 年夏天，我们于上海专访了袁俊先生，试图了解他对数字营销行业一些现存问题的看法及可能采取的解决对策，并探寻他对于行业未来发展的判断。

访谈对象： 顺为互动原执行总裁　袁俊（现任中国商务广告协会 IP 生态商业委员会常务副理事长）

访谈时间： 2017 年 8 月 14 日

---

① 顺为互动官方网站：http://www.digital-s.cn/#/。

② 麦达数字. 2018. "智慧营销+智能硬件"双轮驱动, 麦达数字 2017 年扣非后归母净利暴增 212%. https://mp.weixin.qq.com/s/mSXIemMUWJeyAe1h15fPRw[2019-10-23].

一、利益驱动下的数据孤岛与虚假流量

数字营销区别于传统营销的地方，不仅在于渠道数字化与内容形式的多样化，更在于在大数据的加持下数字营销公司可以更清晰地了解目标消费者，获取精准的用户画像。袁俊说："我们在为品牌客户服务时，广告主并不会提供完整的用户画像，而只会提供一些信息。数字营销公司需要借助第三方数据公司提供的数据、自身累积的数据以及行业内已成型的数据报告，整合一个大致的用户画像。现在做画像并不会完全依赖系统，因为系统提供的还只是结构化的数据，重要的还是在于人的因素。"

在数据领域里，一直在提倡开放、融合，但是一直到今天也并未实现，未来仍有很长的路要走。随着大数据在广告业应用的不断深化，并带来诸多便利及财富的同时，"数据孤岛"问题也一直存在。正如袁俊所说："以阿里巴巴、百度、腾讯为代表的三大巨头，占有大量的数据，外部只能拿到很有限的数据。在我看来，行业数据不存在透明。当三大数据孤岛不愿意把门打开的时候，我们去聊数据透明是一个没有基础的事情，这三家包括它们所掌控的公司的数据加起来占了中国数据很高的比例，我觉得我们国家的数据远远没有到透明化以产生更多效益的地步。"

目前，BAT 已经开放了部分商用数据，有些数字营销公司和媒体表示目前拥有的数据已经能够满足基本的策划需求。对于此，袁俊表示，这些数据能否满足需求是相对的："在我看来，数据是否够用是从三个方向来考虑的。第一，觉得够用，有可能是习惯了这样的数据，没有了解到真正够用的状态是什么样的，对目标的认知决定对够用这个判断是否客观。第二，BAT 开放一定的 DMP，不代表这三家已经数据互通，彼此孤立的数据不能真实地描绘用户行为，做不到很理想、很丰满的状态，数据量和数据间的关系是同等重要的。第三，BAT 开放的用户画像，局限于单一平台场景的特点。即便解读了这些画像，最后要达到触达效果、进行生产，还是在产生数据的原平台效果更好。"

对于数据使用最为理想的状态，袁俊认为："完全的数据打通不符合 BAT 的商业利益。我觉得理想状态下三家数据应该全开放，另外用一个 ID 可以整合全部，但事实上是不可能的。当前越来越多的行业被互联网连接以后，兴起了 BAT 主打的消费者级之外的企业级公司，沉淀下来的大数据是在 BAT 体系外的，对打破数据壁垒有非常重要的作用。"

除数据孤岛问题外，数据造假、虚假流量的问题成为阻碍数字广告发展的另一个严重问题。利益驱使和不正当竞争下的数据造假、虚假流量问题使得数字广告面临着信任危机。对此，袁俊认为："广告主既是虚假流量的受害者，同时也是'推动者'。广告主对数字营销近乎迷信的崇拜，过分追求 KPI 或其他效果指标。在这种非理性的状态下，为了赢得广告主的青睐，代理商便希望将数据变得更好来呈现。其实商业元素是平衡的，或许广告主会对数字营销投入产出比的失衡感到矛盾，但他们依旧会认为是真的。因此当很多公

司愿意用一些虚假的数据来迎合去获取业务的时候，自然而然行业内这种流量乱象的清理不是一代企业家能够做到的。"

在目前应对虚假流量的问题上，对全流程流量进行监测是常用手段。袁俊表示："公司自身的效果监测平台可以跟踪从流量的来源一直到流量过程中整个的行为，从客观来说，现在广告主对于这一套业务的独立需求不多，只是作为整个服务链中的支持、配套环节存在，广告主更加强调独立的第三方监测。"

对于能否通过业内多家公司的联合，共同建立起一个行业监督机制，共同清理数据造假的现象，他感到并不乐观："在业内建立一个共同认可的监督机制，是大家一直倡导的行业准则，但是从商学博弈论角度来说，这是不可能的事情，口号可以喊，但真实落地很难。"

二、程序化购买的全面普及不能一蹴而就

程序化购买自 2012 年进入中国市场，以其自动化、精准匹配的优势得到广泛的关注。对于广告市场上的每一位主体而言，程序化购买都是一场颠覆式的创新。

但是经过了几年的发展，程序化购买并没有得到大范围的普及，反而因为不透明、品牌安全、数据造假等问题，使得一些广告主失去了对其的信任，并表示将减少在程序化上的预算。袁俊认为："普及程序化购买并非一代企业家能够做到的事情。几年前，行业内便对程序化购买给予了非常高的期望。而事实上，截至目前，中国的程序化购买也只能在2900 亿元的广告市场规模中占比 10%左右，并没有发展到特别快的增量中。"

"程序化购买的结果主要取决于四个因素：媒体的开放程度、本身数据的通透度、产品水平及运营水平。"袁俊说，"但从目前的情况来看，第一，许多媒体的优质流量并不参与公开市场流量竞拍的交易；第二，数据远没有到透明化以产生更多效益的地步；第三，运营水平不足，而程序化快速放量对团队有着相当高的要求"。所以，目前程序化购买的发展还受到多方因素的制约。正如他所说："程序化没有完善到像机器人一样可以解决所有的问题，还是要不断调试。"在未来，通过各项基础设施和交易制度的完善，程序化购买的问题也将逐渐得到解决，达到更好的效果。[①]

程序化购买作为一种新的资源购买方式，通过技术手段优化投放环节，实现资源的自动化购买，能极大地降低人力成本，提升营销效率，是对传统的广告代理制的颠覆。

实际上，营销自动化已经不是一个新词。在 1992 年，Unica 公司便着手营销自动化。近几年，有了数据和技术的加持，营销自动化逐渐吸引了营销人的注意。在流量红利日渐消逝的数字广告市场，企业实现营销过程的自动化与营销内容的精准化变得更加重要。越来越多的公司向着这个方向发展，甚至有人认为 2018 年便可完全实现营销自动化。对于

---

① 杨慧芝. 2017. 移动互联网时代的去营销化趋势——专访顺为互动执行总裁袁俊. 中国广告，（4）：84-85.

此，袁俊表示，"实际上，企业实现营销自动化只是一个开关问题，而自动化程度则是一个幅度的问题。营销自动化在未来的红利可能在于大量的小微企业，它们用标准化的方法来解决小预算问题，可以解决整个社区投放，从火锅店到足浴房，这是有可能的。但在如何获取流量上，小微企业并没有非常理想的状态"。

三、双微营销风口已过，广告主认知趋于理性

互联互通时代，传统的以产品为中心的 4P（product, price, place, promotion）营销组合被以消费者为中心的 4C（customer, cost, convenience, communication）元素所取代。与消费者积极互动、尊重消费者作为"主体"的价值观、让消费者更多地参与营销价值的创造，是菲利普·科特勒所提出的在营销 4.0 时代应坚持的人本营销观念。而社会化媒体营销作为数字营销的主流方式之一，其充分重视消费者的主动特性，通过更深层次的互动与共鸣，建立新型的消费者关系。

袁俊指出："所有的社会化媒体主要有两个基本特质：一是用户产生内容，二是用户主动分享。这两大特质决定了社会化媒体营销通过与品牌的目标用户和利益相关者实现有效互动，从而实现品牌信息的传达，建立品牌知名度，并在多次的传播中提升品牌资产和丰富品牌个性。因为社交媒体是处在品牌生态链中的，通常借助社交媒体去解决以让用户了解或达到链接的目的，但这并不代表用户会立即贡献利润。"

微博、微信作为社交媒体的代表，自然也是社会化媒体营销的主要平台。前几年双微营销风靡一时，但是现在面临内容形式、覆盖面、圈层传播三方受限的困境，其热度也日渐消减。

在袁俊看来，双微营销更多的是一种常态化营销工具，而不应被作为一种决胜的手段。他说："在双微运营的红利期，要求给广告主的回报很高。但现在，经过几年的发展沉淀，广告主对双微的期望会更加理性，更多的是将其看作为获取连接和维护口碑生态的方式，不会要求立竿见影的回报。其实，无论是在双微，抑或是其他社会化媒体上，营销活动都是持续不断的常态。"

在短短几年内，新的社会化营销平台崛起，除微博、微信，相继诞生了探探、秒拍、花椒直播、抖音等有社交属性的应用。同时随着新技术的发展，还出现了 VR、AR 等新的营销方式。

在营销方式的选择上，袁俊说："目前公司服务的主要是品牌客户，它们对自身的业务结构相对比较理性，预算支出上倾向于稳定，所以仍以传统的投放为主，像搜索广告、视频广告等。中间也可能尝试一些新的东西，比如直播、VR，但占比比较少。但广告主在经历了多年的数字营销训练以后，并不会对这些新奇的东西做赌博性投入，也并不会对此买单。"

四、社交媒体的未来在于价值性内容的输送

2016 年开始，直播作为风口席卷社交媒体，大量流量再次汇聚。此后，短视频类社交媒体后来居上，聚集了大量流量，也诞生了一大批网红主播。基于直播和短视频的大流量与互动优势，与视频相结合的营销方式应运而生。如何帮助企业主进行产品和品牌的营销，实现最大限度的变现，这是各大平台关注的问题。

谈及视频媒体的主体，袁俊说："在我看来，能够让人产生兴趣并且获取信息的社会化信息源应该有三种。第一种是意见领袖，如李开复，用深度观点征服粉丝；第二种是网红，如芙蓉姐姐，以自己的网红文化特质来吸引粉丝；第三种则是主播。以观点和文化特质吸引粉丝的意见领袖与网红将直播视为扩大自身影响力的一种途径，并不靠直播获利，因而不是直播的长期忠实用户。所以目前直播平台仍以主播为主。"

在 2016 年直播行业经历了井喷式发展后，2017 年开始迅速降温，总体用户增长陷入瓶颈，多家直播平台纷纷倒闭。人们逐渐对这类娱乐形式产生了适应性，对主播的同质化也产生了审美疲劳。对于主播来说，如何延长自己的"生命周期"是大家共同面临的问题。

毫无疑问，网红主播的生存能力与其输出内容有关。只有价值性内容才会滞留，猎奇性的非价值性内容不可持续，对于想借势的品牌来说不具备长久合作的可能性。"现在一些网红主播以各种低俗内容吸引注意力的情况并不少见。一般而言，中国主播的'生命周期'是 3~18 个月，这样的生命周期对于想要持续连接更多粉丝的品牌方来说，是否可以持续发生效应，这是我一直以来的困惑。"袁俊补充说。

所以，袁俊认为，现下非价值型的内容基本上都是昙花一现，未来的直播行业会有一段时间沉淀，沉淀后这一部分主播是以输送价值性内容为主。直播平台可以被看成为用户提供内容的个人电视台，而电视台最终还是要依赖内容生存。同时直播平台也可以从社交角度获得有口碑效益的流量，并作为一种结构性的流量在整个大流量圈中稳定存在。[①]

在内容为王的时代，视频媒体行业同其他行业一样，要靠提高内容的质量，建立优质内容的推荐靠前机制，提升自身的竞争力。

在过去的二十年，随着移动互联网和技术等多方面的发展，数字营销领域的一切都在飞速的刷新。但各类技术都不是万能的，只是助力营销的方式之一。即使经过了多年的发展，数字营销行业依然存在诸多的问题与挑战。品牌能做的，就是回归本真，去深耕与培养消费者。

---

① 《顺为互动袁俊：风林火山——内容营销之律规与禁则》：https://mp.weixin.qq.com/s/3WycHA1ywNBV2POSoMreQw [2019-01-15].

珍岛集团赵旭隆：智能营销创新变革的驱动者

访谈手记：

赵旭隆在 2005 年创立了上海珍岛信息技术有限公司 [后更名为珍岛信息技术（上海）股份有限公司，以下简称珍岛集团]，似乎就赋予了"珍岛"不凡的使命，珍岛集团秉承"整合数字资源，技术驱动营销"的核心运营理念，专注于数字营销技术、产品、服务、资源的创新与整合，致力于打造全球智能营销云平台，面向全球企业提供营销力软件及服务，现已形成珍岛 Iass（云计算）、珍岛 PaaS 平台、各类企业数字营销相关软件工具集 SaaS 应用，以及威客服务平台、云市场、数字媒体自助等开放子平台，立足 Marketingforce（营销力），为企业提供 360 度全方位服务。

珍岛集团的创始人兼总裁——赵旭隆，拥有资深的互联网经验及网络营销发展的前瞻性判断，一直致力于互联网营销的创新和实践。倡导以客户为中心、以服务为导向的服务理念，带领公司团队及时、准确、有效地为每一位客户提供行之有效的整合网络营销解决方案，在品牌整合营销和效果营销方面有显著成果。他在 2013 年率先提出"营销自动化"理念，于 2014 年首次提出"智能营销"，2015 年出版中国第一本有关"智能营销"的专业图书——《智能营销：数字生态下的营销革命》。赵旭隆多次被评为"中国数字营销年度人物""中国数字营销年度影响力人物""营销传播领军人物"等，目前兼任上海市青年企业家协会理事、上海市虹口区科学技术协会副主席、上海大学大数据与新媒体研究中心主任，以及多所高等学府客座教授。

在"互联网+"的时代背景下，珍岛集团如何利用新平台、新技术真正实现"智能营销"？未来的营销将如何演变？广告公司将会走向何方？或许赵旭隆会给我们答案。

访谈对象：珍岛集团创始人兼总裁　赵旭隆
访谈时间：2017 年 8 月 16 日（面访），2019 年 3 月 18 日（微信访谈）

一、顺应时代，将智能营销做到极致

2005 年创业之初，市场上的企业刚刚开始接触互联网，珍岛集团通过"建站服务"获取了第一批客户。随后的 10 年，则是企业通过互联网各种渠道疯狂争夺流量的 10 年；中国的数字营销市场经历了搜索引擎营销时代、新媒体营销时代、内容营销时代、程序化购买精准营销时代。在这 10 年内，赵旭隆没有停止过思索，他带领珍岛团队，一直在考虑一个问题：流量都被 TOP 企业花钱买去了，几千万的中小企业怎么办？10 多年来，流量服务市场一直处于"人工服务"的时代，是否会有更好的方法来替代？

一个好的领袖，首先是一个出色的预言家和架构师。多年思考的问题，被赵旭隆用"智能营销"高度概括。互联网发展至今，营销手段越来越依靠数据支持，尤其是在大数据和数字营销背景下诞生的"智能营销"，已经成为未来数字营销的发展趋势。依托技术支撑和数据的沉淀、挖掘，结合人工智能、大数据、商业智能及数据监测与回收系统，数字营销公司已经有能力为广告主提供一站式的整合营销解决方案。

赵旭隆很早就看到了这个趋势，他说："我们看到了智能的趋势之后，就更加坚定了一个想法，那就是要把智能营销做到极致，不断开发系统工具和软件，并且我们在这方面做得也越来越多。"

虽然云计算的应用在国内已经完美起步，但是大多数集中在大企业、大产品、大投入的范围内，而中小型企业在流量的获取和平台的搭建上还存在很大困难。正如赵旭隆所说："虽然理论很完美，从长远看，大数据、云计算及物联网将会在现有的行业基础上支撑起智能营销的发展与进化，能让企业和服务商之间相辅相成，客户广告投放精准到位，实现生态中各方的共赢。现实却是：传统市场里企业营销过分依赖服务商，多方并行数据不能统筹，由于服务商之间的相互抵触隔阂而导致了数据完整性的割裂，人为抬高了运营成本，且无法得到最完善的评估结果！"

为此，赵旭隆提出：SaaS 级营销自动化平台，才是撬动中小企业融合数字营销的最佳路径。SaaS 是 software-as-a-service（软件即服务）的简称，是一种创新的软件应用模式：厂商将应用软件统一部署在服务器上，客户可从互联网向厂商订购应用软件服务，且客户可只租用基于 Web 的软件来管理其企业经营，且无须对软件进行维护。由服务商来管理和维护软件，厂商不仅提供互联网应用，也提供软件的离线操作和本地数据存储，让客户可随时随地使用。SaaS 是中小微型企业采用先进技术的最好途径，任何规模的企业都可从 SaaS 中获益。珍岛集团面向市场推出 SaaS 级智能营销云平台，截至 2019 年 8 月积累企业用户已达近 7 万家。

他还说道："智能营销是时代发展的趋势，主要靠软件系统和工具来驱动，未来智能营销将会无处不在。比如说社群，社群的大部分驱动来自大数据和智能营销，除此之外，像写作、电影、图片设计、短视频等行业，未来都会出现很多相应的智能软件，总而言之，我个人认为在未来智能化的趋势是会越来越深入的。"

不可否认，智能化已然是大势所趋，但随着智能化的不断发展，越来越多的人也提出质疑："人工智能有一天是否会完全替代人类？"

对于这一点，赵旭隆解释道："不可否认，人工智能在营销领域是很必要的，但是它也不可能完全去代替人，你会发现，最终的策划还是要依靠人的力量。也就是说，智能不可能全部替代广告人的策划或创意，大数据和传统营销策划其实不矛盾，从流量角度来说，大数据一定是最有价值的，但是从策划角度来说，策划人的作用也是举足轻重的。"

事实上，智能营销与大数据骨肉相连，如果没有对大数据的研究，就谈不上智能营销，大数据是智能营销的实现基础，所以想要搭上"智能营销"的快车并非那么简单。基于这一现状，赵旭隆认为营销人员应当主动去学习一些跨学科的知识，只有这样才能跟上行业快速变革的发展趋势："国内许多从事广告和营销行业的人是文科背景，而很多文科背景的人是害怕数据的，面对海量化的数据也只能望洋兴叹。然而事实是，从事广告或营销类职业的人将会发现当今他们的行业中数据越来越难避免。因此，我非常鼓励营销人去学习一些跨学科的知识，他们需要了解一些大数据样本的东西，以后的营销工作也一定离不开技术团队的合作和支持，如果纯粹学策划，就不会知道有很多工具可以去使用，那么效率和效果也会大打折扣。未来趋势是智能化，对于广告人来说，可以通过大数据分析，通过社群的调查取样，去判断品牌的发展趋势和人群未来的消费习惯与消费预期来给相应品牌主或广告主做一些指导，进而做一些适合品牌的活动，这样广告效果将会有所提升。"

技术驱动营销已是大势所趋，数据也将成为营销行业的核心驱动力，这对于广告人和营销人而言可谓是机遇与挑战并存。

二、创新精神驱动企业成长

这是一个不断革新的时代，只有不断创新、不设上限，企业才能够得以成长。正如赵旭隆所说："互联网时代，企业应永在创新创业的路上，保持学习力。否则不知哪一天就被淘汰了。诺基亚、摩托罗拉、雅虎的'倒下'在告诫企业家们：要时刻有危机意识，要建立好的股权激励机制、合伙人机制，让创业精神深入到核心团队的骨髓。只有不断创新，企业才会保持活力。创新能力就是企业的学习力最好的体现，除了人类越来越长寿，产品的生命周期、一切商业生命都越来越短了，唯有敏感、谨慎、责任、认真，才能不被时代抛弃，这是最坏的也是最好的时代，我特别希望保持珍岛创新精神不变、创业激情不变，为实现中国梦而奋斗！"

不仅是"创新"这一要素，赵旭隆将珍岛集团的企业文化概括为"创新、全速、专业、务实、诚信、感恩"："创新，是企业生存和发展的灵魂，企业只有创新才有发展，企而创新，因而卓越，要进行技术创新、产品创新、服务创新；全速，是全力以赴，第一时间快速行动，互联网时代只有全力以赴、快速行动才可能实现目标；专业，是用敬业的心，做专业的事；务实，是凡是工作、必有计划，凡是计划、必有执行，凡是执行、必有检查，凡是检查、必有反馈，凡是反馈、必有奖罚；诚信，是人格的镜子，以诚待人、恪守信誉、言行一致是珍岛人的行为准则；感恩，不仅是道一声'谢谢'，还要有丰富的、善良的情感做根基。"正是在这样的创新型企业文化的驱动下，珍岛集团才得以不断发展。十四年前，市场上的企业才刚刚开始接触互联网，而彼时的珍岛集团已经蓄势待发，准备好搭上智能营销的快车。

接下来的十几年中，在赵旭隆的带领下，珍岛集团一直在不断革新，把握时代脉搏，在饱和的市场中寻求突破口。珍岛集团"智能营销云平台"核心服务企业市场的腰部力量——中小微企业客群，这可以称之为"极具意义的战略"；并非因为中国 5000 万家中小企业客群的庞大，而是"雪中送炭"远比"锦上添花"更具备黏性和价值感。

对于中小企业来说，要想高质量发展，前提是"生存"。企业的核心生命力来自"营销"和"获客"，中国 5000 万家中小企业群体的生命力若被激活，对中国经济的推动和促进意义不可小觑。但在当前的竞争环境和生存压力下，中小企业"营销力"普遍存在短板；面对多元复杂的数字营销世界，"介入难"和"运营难"是摆在中小企业面前的两大难题。珍岛集团"智能营销云平台"的设计之初，则直面中小企业"刚需"，通过低成本（年费或增值服务收费）、一站式（建平台、做推广、再营销、臻管家）企业 SaaS 服务平台模型创新，以及威客服务平台、云市场、数字媒体自助等增值服务体系的设计，帮助中小企业完成营销力的闭环赋能。随后，珍岛集团又不断扩大客户群体，将 T 云的客户群体拓展到"一带一路"版（国内出口型中小企业客群）、全球版（海外中小微企业客群）、院校版（全国高职及本科院校）及园区版（全国各类招商型园区及中大型专业化商品市场）。截至 2019 年，珍岛集团拥有软件著作权近 200 项，获得与智能营销云平台相关的专利20 余项。2017 年，依据《上海市企业技术中心管理办法》和《上海市市级企业技术中心认定评价工作指南》，珍岛集团被评定为上海市级企业技术中心，围绕企业商业新需求、产业互联网创新转型、互联网+、企业数字营销智能化应用而进行创新型技术组织建设，该技术中心目前已形成立体式数字和数据技术生态体系架构，涵盖云计算、大数据、人工智能等领域。珍岛集团已经形成珍岛 Iass（云计算）、珍岛 PaaS 平台、各类企业数字营销相关软件工具集 SaaS 应用，以及威客服务平台、云市场、数字媒体技术等开放平台，通过自然语言处理、跨平台数据抓取分析、机器学习等数字技术，为企业提供 Marketingforce 服务，并在产品技术、技术人才组织、产学研合作、商业模式创新等领域已具备典型核心竞争力及突出的社会效益和商业价值。

三、跨界是趋势，融合是未来

2017 年堪称品牌跨界营销的狂欢年。那些把跨界营销玩得风生水起的品牌们似乎成了精通线上线下玩法的超级玩家，出乎意料的合作方，意想不到的新玩法，这让它们收获了大量的注意力和好感度。像网易云音乐曾与农夫山泉合作，精选了 30 条乐评，印在 4 亿个农夫山泉瓶身，推出全新的"乐瓶"，上市就收获了广大用户的好评，备受瞩目。"小黄车"（OfO）和小黄人也曾携手合作玩跨界营销，一方是共享单车海量的用户群体，另一方是知名度强大的内容 IP，双方互相借势，让一众消费者拍案叫好，直呼过瘾。①

在 2017 年的访谈中，赵旭隆就提到："我们现在发现跨界营销也是未来的趋势所在。未来我们做营销、做产品策划的时候，可以考虑做一些跨界的策划，这是很好的。有的时候你不是被你的同行所颠覆的，而是被不知什么行业的人颠覆的。品牌方没有想到的，广告人可以策划个跨界营销，这样一来作为广告人的价值就充分显现出来了。"

与此同时，通过打造综合平台来实现跨界营销也是很多企业所青睐的选择。赵旭隆谈道："现在很多企业都会尝试打造综合平台，比如美团和大众点评合并之后，成为现在的新美大，以前是一个基于吃喝玩乐、基于点评的平台，而现在成了一个综合平台。比如说有些大牌，原来只做服饰，后来鞋子、包包也一起做，这种情况在今后会越来越多。"

目前一些大型互联网企业的做法正印证了赵旭隆的说法。例如，阿里巴巴在原有电商平台的基础上，又加入了金融、物流、数据、营销、社交、LBS 及娱乐等不同种类的服务，各服务之间进行账户互通，犹如一个虚拟社会，能够满足用户丰富的应用需求，从而实现精准的跨界互推。另一个生态巨头腾讯以 QQ、微信为核心，衍生出大量的应用和服务，涉及不同领域行业，只需一个通用账号即能实现不同应用和服务的登录，此类模式同样可以理解为一个完整的生态平台。

不可否认，技术的快速变革给广告营销行业带来了很多了机遇和挑战，广告人专业的策划能力在这一过程中得到了凸显。正如赵旭隆所说，"总的来说，我认为广告比以前更有意思，也更复杂了，这种颠覆性的案例在未来将会越来越多，因为粉丝群体比原来更复杂了，当然换个角度来说，广告行业也会更难做，这给广告人带来了更多的机会和挑战"。

在谈及未来广告公司的发展趋势时，赵旭隆这样说道："公关、广告、营销策划、电商之间的界限会越来越模糊，在未来，整合型的公司将会更受欢迎。"随着移动互联网的全面普及，传播形式发生了比较彻底的变化，现在的广告、公关、社交媒体，甚至咨询公司的界限已经越来越模糊。比如大家都喜欢做的"事件营销"，广告公司能做，公关公司也能做，社交媒体更加能做。

---

① 《珍岛集团副总裁 Bred：跨界营销的演进之路》：http://www.sohu.com/a/114333116_403952[2018-12-16].

赵旭隆认为，在融合的趋势下，能提供整合营销的大公司会越来越受到广告主青睐："当你能给客户提供全套服务时，客户当然会更乐意。现在很多客户都需要同时和不同的企业联系，这些企业彼此之间可能也会有冲突和矛盾，而在整个过程中，出了问题也不知道算哪家企业的责任，所以能够提供整套服务的整合型公司将会更受欢迎。而专业性的小公司就需要靠广告人的策划和创意驱动，力求做到专业性强，小而美，否则一定会被替代，这个趋势是不可逆的。"

在这种状况下，珍岛集团正朝着综合性企业的方向发展，创新精神和创业热情始终鞭策着每一位珍岛人，"高度的责任感、强烈的进取心、饱满的学习热情和永不止步的创新"成为珍岛集团选拔干部的重要标准。正如赵旭隆所说："知识也好、技能也好，在工作中其实都不需要太久就可以具备，但综合素质却不会在工作中很快提高。一个人的素质、品德、责任心与学习能力同样重要。数字营销的泡沫红利已经过去，每个广告人、营销人只有踏实地去做、去学习、去思考，这个行业才会获得长期、可持续的发展。"

对话 CCE：坚守"初心"方能时时"出新"

访谈手记：

  上海程迈文化传播股份有限公司（又名 CCE GROUP，以下简称 CCE），是一家基于互联网技术的整合营销传播集团，于 2007 年进入数字营销领域，2009 年正式创立社会化营销部门，开启与欧莱雅集团长期合作之旅，后来又逐步创建了策略部、技术部、媒介部、娱乐营销及 IP 研发部门等。在维护原有的化妆品和快消行业客户之外，CCE 又开拓了互联网企业，以及母婴、家居、跨境贸易和餐饮娱乐等其他行业客户。

  CCE 的主营业务涉及数字营销的方方面面，创意营销、大数据营销、社会化营销和品牌 O2O（online to offline，线上到线下）技术整合营销成为公司的四大支柱营销业务。同时，不断增加的互联网技术产品研发投入，以及不断实践创新的效果营销团队，保证了 CCE 在数字整合营销领域独树一帜、高速发展。

  在中国数字营销行业发展 20 周年之际，我们有幸邀请到了 CCE 的副总裁林麦琪女士，就目前 CCE 集团高层对数字营销行业的发展趋势、现存问题的一些看法，以及集团在面临行业变革中采取的应对措施及发展策略等一系列话题进行了一次深度访谈。

  访谈对象：CCE 副总裁 林麦琪
  访谈时间：2017 年 8 月 16 日（面访），2019 年 3 月 7 日（微信访谈）

一、顺势而为，以商业需求为业务导向

正如《纽约时报》2012 年 2 月的一篇专栏中称，"大数据"时代已经降临，在商业、经济及其他领域中，决策的做出将日益基于数据和分析，而并非基于经验和直觉。目前，大数据已然成为数字经济时代最关键的生产资料，数据为数字营销提供了方向，并影响着营销的广度与深度。

据林麦琪介绍，作为一家具有强大互联网技术基因的整合营销公司，CCE 的技术部门主要分为两块：一个是技术部，负责研究公司自己的产品；而另外一个服务于广告主，名为大数据架构部，它基于整个大数据架构，为公司业务和广告主提供产品支撑。从数据的搜集到整合、运用，CCE 凭借着强大的技术支撑和创新思维在过去的几年里进行了不少尝试。

询问到公司主要的数据来源时，林麦琪回答说："CCE 的主要数据来源有两个，一是广告主授权放在公司数据平台里的 CRM 数据，这一部分数据虽然可见，但字段是广告主已经设置好的，比如仅有会员姓名、年龄等字段可见，而其余则被隐藏。第二个数据来源是通过外投广告将外部不认识的消费者带到某一页面，与之产生互动来获取的，这个互动在微信里就表现为一个授权，只要消费者授权登录这一页面，就能收集到相关的数据，但是此时 Open ID 背后对应的手机号是谁仍然是不可见的，目前所有消费者端是有字段的，无法收集到非常完整的数据，因为按照国家的法律法规规定，类似'你是谁'这样的数据是不能被获取的，但如果能在这之上加一个简单的营销活动，例如留下手机号就能到专柜领取小样，当消费者自愿主动发生该交互时，便可实现微信 Open ID 与手机号的匹配。进一步地，可以在广告主的 CRM 数据库中，将电商平台的消费信息通过手机号进行匹配。虽然数据已然成为数字营销行业的基石，但 CCE 目前并未进行大量数据外采，现在太多公司拥有海量数据，但是我们要来这些数据对实际的应用层而言并不实用。所以我们还是以结果为导向，集中于服务广告主，通过线上线下的营销活动帮助广告主把数据库进行拓展，如果广告主有需求，我们也可以帮忙进行匹配。"

近年来，许许多多的互联网公司都建立起了自己的数据平台，如百度、阿里巴巴、腾讯等互联网巨头，以及华为技术有限公司（以下简称华为）、中兴通讯股份有限公司、浪潮集团有限公司等国内领军企业，都拥有获取大数据的能力，在数据采集、存储、分析和数据可视化等领域保持着领先地位，此外，一些依赖于大数据工具、针对市场需求为市场带来创新方案的大数据公司也纷纷在行业中大展拳脚。林麦琪提到："我们自己是有建立数据平台的，但是根据公司的规模和业务结构来讲，如果向广告主主推我们的数据库多么庞大，是很难取信于广告主的，毕竟现在有这么多 BAT 出来的人自己开的数据公司，所以我们现在的方向是帮助广告主管理数据，在数据中台通过算法实现应用。"

经过思虑考量，CCE 放弃了重点建设数据平台的想法，而选择将大数据的处理能力融入自主研发的产品之中，借由产品展现 CCE 数据方面的实力，她透露说："大数据对于 CCE 这样走在互联网营销前端的公司来说，无论是在做策略还是创意上，都有重要的意义，然而 CCE 的定位是一家整合营销传播公司，向广告主推销数据库并不是我们的主营业务，我们用自主研发的产品来向广告主展示公司在大数据方面的实力，于是'脑洞'这个基于大数据的产品应运而生。它包含几个不同的业务，例如其中之一是类似于今日头条的一个产品，但是以网站的形式呈现，它利用爬虫技术去抓取国内外网站上好的文章、案例，根据兴趣来分类、贴标签，内部员工或者开放权限的用户可以在上面进行订阅。同时，'脑洞'中还包含一个名为'营销日历'的产品，'营销日历'将节气、节日、明星的生日等等各种信息抓取整合，并以此为依据做推送，如果遇到当时特别火的热点也会借势做专题推送。热点的出现总是不可预料的，谁也不知道什么时候会出现，CCE 不乏帮用户追逐热点的经历，在过去，盲目追踪热点的效果一直不尽如人意，甚至有过东施效颦的笑话。脑洞平台基于算法抓取爆款文章里面的爆词作为预警，比如某一个词突然在很多社交平台上出现，那么公司就会向广告主发出预警，告知这个很可能成为热点的内容。"公众人物、节假日一直以来都是热点频繁发生的领域，"营销日历"利用这一点在一定程度上可以达到预判热点的功能，因此，CCE 还在继续投入研发这一产品，认为它不失为一条别具新意的追踪热点之路。

林麦琪坦言，想到做"脑洞"产品其实还有另一原因，即制作脑洞产品之前一次不算成功的 ATO 产品的研发经历，区别于脑洞产品以数据整合为中心，它将重心放在人工智能领域。ATO 主要针对微信营销，通过抓取一些爆词、爆文，半自动地生成一篇不算特别通顺的文章，再通过对其进行人工修改润色，形成一篇行云流水的完整稿件，这种人工智能创意节省了不少人工劳动量。然而在向广告主推销时却遇到了阻碍，当他们这个产品推荐给核心广告主欧莱雅集团时，广告主并不是很满意，总觉得文章应该是包含感情的，而不是像 ATO 这个平台把微信的后台用户人群一个个打上标签，统一进行自动推送，读这样的文章总是差了情感上的连接，自然无法打动用户的内心，就像人们在谈及人工智能时总会不由自主地产生不够人性化、没有情感的印象。同时，这种自动生成再经人工修改的文章会带给人生硬追赶热点的感觉，虽然行文用词通顺，字里行间却透露着过时的气息，不符合潮流。截至 2019 年 3 月，两年以来互联网格局又有了一次巨大的变革，头条系的产品通过消费者停留时间、交互行为、地理位置等数据信息分析后进行精准推送内容的方式已被证实有效，CCE 的 ATO 逻辑已经从单篇内容的组合产出调整为生产大量内容，通过算法向不同组别的微信好友推送不同的内容，大大地提高了广告主官方微信文章的打开率。

"CCE 作为一个商业导向型的公司，从来都是先判断行业趋势和商业价值，再通过前端业务的需求去进行后续的研究开发工作，公司的前后端一直以来都是联动的，一旦前端业务有需求，就会向后方的技术部门提出建议，比如趋势是什么，广告主想要的是什么，能否为公司产生利润，能否被标准化模块化向更多的客户进行推广，技术部据此建议再做叠加翻版，避免了做出一套大数据产品却卖不动的情况。因此，当意识到 ATO 当时的逻辑并不能为广告主所接受，CCE 也就调整了业务，暂时放弃这个产品而将重心转移到'脑洞'产品，开启了新的道路的探索。"林麦琪如是说。待市场成熟之后，改变了逻辑推出了新的产品。技术革新之路漫长、动态且耗人耗财，如何在广告主的需求、市场的趋势和公司盈利之间找到平衡，是 CCE 一直以来思考的问题。

二、直播营销如何持续发展？转化流量为销量是关键

2015 年网络直播进入大众视野并且得到普及，2016 年更是进入了全民直播时代，整个行业经历了资本的涌入和白热化的竞争①，除了各个直播平台开始关注如何利用直播的优势来帮助广告主进行产品销售、品牌宣传，最大限度实现流量变现，各个营销集团也争相顺应直播这一潮流展开了营销活动的布局，上海 CCE 也在 2016 年做了不少大大小小的直播营销活动，如为美妆品牌欧莱雅策划的一场连续 24 小时的超级直播秀"欧莱雅洗发水养花挑战"，同年 12 月针对巴黎欧莱雅"魔术水"策划的一场百人卸妆直播秀，以及在天猫与优酷双平台上播出的互联网首档育儿亲子互动综艺类直播。凭借着别出心裁的广告创意与卓越的营销效果拿到了 IAI 国际广告奖（IAI International Advertising Awards）、TMA（Top Mobile Award，移动营销大奖）、中国广告长城奖等多个奖项，CCE 的多次直播营销活动也使其一跃成为"上海直播第一家"。

林麦琪在讲述 2016 年 CCE 在直播营销方面的尝试时说道："我们公司的创始人赵聪翀的终极梦想是做一名导演，因此直播成了他很热衷的一个营销方式，每次直播他都会去到现场，在每一次的直播活动中也不断在改进与创新。最初一次的直播很简单，就是单纯拿着手机去采访 Angelababy，但是这种简易的利用手机对明星进行访谈的直播存在许多问题，明星因为档期以及各种私人原因无法做好十足的直播准备，直播很难按照脚本进行，效果难以达到预期，然而没有明星就难以产生流量。因此，第二次我们尝试了另外一种直播方式，以摄影机架机位的拍摄方式进行了一次直播综艺活动，即按照打造综艺节目一样的方式去做直播。而第三次，公司决定在综艺的基础上加上一个类似现场辩论的情境，把辩论场搬到了现场，变成了一出大型歌舞综艺。这三次对于直播活动的创新与改进使 2016 年的 CCE 在直播营销领域取得了十分丰厚的成果。"

到 2017 年初，直播界的竞争格局逐步形成，全民直播的风潮也逐渐消退，用户数量

---

① 艾瑞咨询. 2018. 2018 年中国网络直播营销市场研究报告. https://www.iresearch.com.cn/Detail/report?id=3180&isfree=0 [2018-12-22].

经过爆炸式增长后规模扩大的速度有所放缓，直播作为营销手段也渐渐不再像 2016 年那样红火，许多商家发现直播营销热闹表面下隐藏的问题，正如林麦琪所言，直播营销效果的跌落是因为直播平台无法直接进行销售转化，如 CCE 为肯德基入驻天猫造势的一次大型网红吃播综艺"肯德基天猫奇葩直播秀"。在天猫超级品牌日活动举行之际，肯德基品牌率先入驻天猫电商平台，开拓电商售卖快餐的新尝试，品牌邀请颜如晶、肖骁、马薇薇、姜思达四位出身于《奇葩说》的"奇葩辩手"，根据选手各自的调性，代言品牌不同品类。为了和 90 后、00 后的消费者产生更强的共鸣，品牌还邀请了人气漫画家郭斯特为四大"奇葩辩手"绘制四大岛屿，并在直播前期邀请消费者为各自喜爱的产品站队，炒出声量，结合开业促销转化高销售。满满的炸鸡、甜品、小食吃播不仅在感官上刺激着消费者的味蕾，风格鲜明的"奇葩辩手"更是为了各自的代言金句连出，笑点连连，让消费者被一种更另类、更娱乐化的方式安利，这一场直播赢得了观众"笑到飙泪，买到剁手"的评价，效果不可谓不好。"但是这就有一个问题浮现，脱离了天猫平台，其他直播平台没有任何出口可以导流，虽然说按照最初设定是线上购买，线下消费体验将线上的流量转化为销量，但实际上并没有完成这一点，由于实际消费体验无法在当时随着直播同时进行，而是必须外跳到另一个平台进行，所以当时观众看完了，笑过了，就没有下一步的动作了，整个营销活动没能形成闭环。另外，利用一个好的直播平台、邀请明星、节目筹办等各个环节所需经费都不低，因此，这次直播虽然表面效果良好，甚至成了阿里的天猫直播营销的成功案例，但从其他平台的投资回报率来说并不如人意。"林麦琪的这一句道出了许多直播营销存在的缺陷，尽管直播内容丰富多彩，形式多种多样，并通过双向互动拉近了品牌与消费者的距离，但实现流量的变现仍然是一个难题。直播的一时爆红吸引了无数商家与消费者的目光，当直播不再是一个新颖的噱头时，创造富有创意的直播内容、完善将流量转化为销量的路径便显得尤为重要。

三、历尽千帆，广告行业终将回归最初的面貌

随着数字营销行业的快速变革，数据和技术成为推动行业发展的极大动力，也给数字营销公司带来了很大的挑战。数据造假现象频出，VR、AR 等新技术不断融入营销场景，程序化购买改变了传统的广告投放模式，一家体系庞大的数字营销公司如何看待这些现象、对于人才的培养建设提出了哪些新的要求，这是每一位业界高层都在思考的问题。

对于诸多互联网平台而言，庞大的用户数据是其赖以生存的核心要素，而近年来，被曝出数据造假的公司不在少数，数据造假似乎成了互联网行业的通病，谈及此处，林麦琪认为："数据造假在行业里成了一个高频词，从意见领袖们的社交账号到 APP 平台，无处不在。资本是催生数据造假的直接原因，通俗点说就是'钱催的'。APP 要融资，资本方首先要看的就是用户量和日活数据，大账号要争取更多的商业合作，除了哗众取宠博眼

球的文风，最直接的体现就是阅读量和转评赞数据。对广告主和代理公司而言，目的都是效果。但是投入和产出之间的博弈从未停歇，甲方想用四两拨千斤的方法投入最少的预算获得最大的回报，但实际上在低廉的单位成本之下，很难完成这样艰巨的任务。对媒体而言，定向维度越多，能看到广告的受众越少，单位成本必然越昂贵。代理公司在面对动辄开价大几十万的大号还不愿开放后台数据时，只能表示无奈。甲乙丙方都要生存，要盈利，要出效果，在最直观的体现——数据上动点手脚是下下策也是无奈之举。如果现存有一个能监督数据真实的体系，CCE 必然会支持，但是这个体系不是自下而上去完成的，而是需要自上而下的引导建立。这一监督体系会让广告主们明白，在很低的预算或者说很低的单位成本内，务必要降低对效果的期待值。对代理公司而言，在保证盈利的前提下，优化服务，不断突破创新才是硬实力。而对于第三方而言，深耕内容，牢牢地牵住用户的手才是正经事。"路漫漫其修远兮，在数据打假这条路上，期待甲乙丙三方能尽早达成共识。

除了大数据成为炙手可热的概念，近些年随着数字技术水平的提升，各种能够运用到营销领域的新技术也层出不穷，你方唱罢我登台，看得人眼花缭乱，VR、AR 之类的崭新技术手段不仅受到消费者的青睐，也引得商家瞩目。由于 CCE 与暴风影音一直是战略合作伙伴的关系，CCE 自然成了第一批购买暴风影音推出的"魔镜"产品的使用者。暴风"魔镜"是由暴风影音正式发布的一款硬件产品，是一款"VR 头显"（虚拟现实头戴式显示设备），在使用时需要配合暴风影音开发的专属魔镜应用，在手机上就可以实现IMAX 效果，观看普通的电影也可以实现影院的观影效果。然而，这个新技术虽然看起来炫目，但高昂的成本使广告主接受度非常低，市场的不成熟使之在民众中的普及率也很低，资本热钱的迅速退潮造成了 2016 年 VR 战役的滑铁卢。林麦琪说："AR 技术也是一样，虽说风靡一时，但我们可以看见到现在为止 AR 技术比较成熟的是淘宝、QQ 和美图系产品（2018 年火起来的短视频 APP 也都带有 AR 功能），在'营'的世界，AR 技术的确可以带来噱头和亮点，甚至可以带来消费者短暂的互动和传播，但在'销'的世界，就压根不是一回事儿了。归根结底，无论何种技术，被众人如何吹嘘，在营销上都只能作为一个辅助的手段，永远不足以成为最根本的内容。最根本的内容一定是极简的，通过消费者的眼看产品，从而产生洞察，最本质的东西绝不可能是花里胡哨的。"

CCE 也一直没有停止过向同行学习，虽然"去乙方化""4A 公司即将消失"的言论铺天盖地，但是 CCE 始终认为，传统 4A 公司研究消费者心理的能力、营销模型和思维导论都是非常值得学习的，对现存的所有营销公司都有十分重要的借鉴意义。说到这里，林麦琪也道出了目前令 CCE 十分焦虑且亟待解决的问题："我们离消费者已经越来越远了。现在的消费者多是九五后，我们没有办法设身处地地站在他们的立场上去考虑，尽管现在还有数据支撑，还可以做线上定量调研，但数据和调研远不如真正的消费者真实的定性研究深刻，但是考虑到效率和成本，不可能每做一个项目就花掉一半的时间去做定性研究，广告主的预算和紧迫的项目时间也不允许我们这么做。这个问题只会随着时间往后越来越大，对于做营销、做广告的我们来说是一个迫在眉睫的问题，但目前还没有找到一条好的出路。"总而言之，对于营销公司来说，新技术仅仅是辅助手段，重要的是通过定性研究真正地抓住消费者内心深层次的真实需求。

除了在营销手段方面，在广告投放的方式上，CCE 也认为返璞归真、回归最质朴的方式为最优选择。自 2013 年程序化购买变得火热，不少广告主纷纷选择这样的广告投放方式，认为它与常规的人工购买相比，可以极大地改善广告购买的效率、规模和投放策略，但是这中间一直存在着一片灰色地带，要拨开中间的层层迷雾需要能力，更需要魄力。所以林麦琪认为，程序化购买虽然确确实实给广告主在广告投放上带来了不少便利，却并没有必要存在于所有广告平台里，她解释道："宝洁、联合利华、欧莱雅集团等消费品龙头企业是 DSP 数据化营销的一个风向标，但是在品效合一的大趋势之下，这些企业都在紧缩 DSP 的投放预算。一度火热的程序化平台倒了不少，转型的也不少。广告行业看起来很美，有些是泡沫带来的，有些是真正打动人的，有些是真实有效的。这个行业在经历这么多的变化后一定回归到最原本的地方。"

最后谈及对于人才培养的建议时，林麦琪着重强调了三点：理论知识、数据处理能力和英文。她说："广告行业是一个准入门槛很低的行业，不论什么专业、什么背景的人只要喜欢都可以来做广告。但广告业也是一个笑着进来哭着出去的行业，修行靠个人。比起一些经验老到的'老油条'，CCE 更喜欢聘用刚刚大学毕业的科班生，甚至可以说我们一直对于高等学府和科班生有一种天然的期待，他们在大学里学习的理论知识能够弥补我们这些实战派的缺失，科班生可以给我们提供相当多的理论知识，让我们产出的策略更加有据可循，而公司可以教授他们实战经验，告诉他们怎么去卖方案，怎么去对广告主的商业现状、困境和需求进行判断。其次，数据处理能力是必要的，至少 Excel 需要达到精通的水平，当然，最好能有更深入的学习。英文更不必说了，工作中时常会遇到国外广告主，英文方案是必备的。"

在与林麦琪的对话中，我们能感受到 CCE 是一家年轻且踏实的公司。技术的发展、人们生活水平的提升使得数字营销催生出了百般花样，方式与内容千变万化。古语有云：万变不离其宗。在纷繁复杂的现况中，CCE 始终追求拨开华丽的表象去寻找本质，不管是营销的方式、内容还是其对借助的工具的选择，都不能离开营销活动最初的目的，只有坚持从消费者出发，创造行之有效的方案才是营销活动的最优选择。

专注央视平台，构建全领域营销

——洪潜谈三人行的数字化转型之路

访谈手记：

北京三人行数字传播股份有限公司（以下简称三人行）自1997年起开始广告之路，一步步成为央视最大的广告代理公司。二十余年来，合作过的客户超过200家，与国内诸多企业共同打造了领军品牌，引领消费习惯。2009年，北京众成就数字传媒股份有限公司成立，下设三人行、闻视频、在身边三个业务板块。三人行的业务范围涵盖传统广告代理、内容营销、数字营销，闻视频则主要负责内容制作。三人行一直努力探索在新的媒体环境下帮助客户实现投资回报的最大化，同时还拥有Digitop数字营销品牌，以"数字媒介策略+内容营销服务+电子商务推广"的数字营销理念，短短几年时间已经成为年营业额近10亿元的国内最重要的数字营销公司之一。

从以客户为中心的广告到以用户为中心的传播，从三人行广告到众成就数字传媒，三人行见证了一个个客户成为各行业领跑者；同时，凭借"不一样独一家"的服务理念，三人行也成了行业的领军者。面对传统媒体被集体唱衰的局面，背靠央视的三人行是如何完成蜕变转型、形成别开生面的台网融合格局的？2017年，武汉大学数字营销调研团队在三人行总裁洪潜先生的办公室对他进行了访谈。

访谈对象：三人行总裁　洪潜
访谈时间：2017年8月29日

一、个性在释放，而主流不会消亡

"企业没钱就上央视，钱少了就上央视招标段，预算更不足就上最好的时段"。二十年前，三人行的这个论断曾在广告界流传一时。时至今日，三人行认为这个逻辑依然成立。品牌只有具备公信力，才可能赢得用户喜爱，进而走向卓越[①]。今天，尽管传统媒体被集体唱衰，但在三人行看来央视的权威性和"国家品牌计划"的公信力，仍然远远超越任何网络媒体。

洪潜认为，虽然如今到了个性释放的时代，但在中国的媒介大环境下，核心和主流类的内容仍然是非常必要的："体育新闻、春晚和中秋晚会、中国诗词大会等内容在央视依旧占据很高的重要性。现在由于网络广告投放比例的增加，对央视肯定存在一些影响。很多央视的客户目前采取'软着陆'的方式，即在央视平台上不再增加投放，保持住之前的量，而新增的营销费用则体现在互联网的不同平台上，比如将淘宝作为第一广告平台，第二批次是百度，第三是腾讯，最后才是 CCTV。但是从去年（2016 年）的数据来看，电视的投放量总体仍然占据大部分，因为网络现在的垄断性很强，而分级使得电视频道的数量非常多，加之央视之下也有很多平台，这样总体加起来的投放量依旧比较可观。"

三人行认为，如果有好的产品，又有好的渠道，又有着坚定做全国品牌的目标，那么选择央视是必需的[②]。在经历了与央视的漫长合作后，三人行认为，其自身的优势在于专注央视后对央视资源的全面理解和掌握——通常是基于对央视媒介现实环境的认知去做广告，而不是单纯地信赖枯燥甚至过分完美的数据去思考。

2017 年，三人行创始人胡栋龙在接受中国新闻网的采访时，讲述了央视和"国家品牌计划"的渊源。基于对央视平台的深度理解，三人行认识到"国家品牌计划"不仅能帮助客户树立品牌形象，而且是一个难得的促销平台。登上这个舞台，不单赢得了品牌价值的倍增，更能获得数字化和全球化传播的诸多机遇。三人行对"国家品牌计划"的坚定信心，也出于与央视多年来的良好合作——从 2006 年起三人行就将央视作为唯一的电视投放平台，并且连续多年在央视代理公司排名中位居第一[③]。

三人行作为腾讯微信的广告代理，全程参与了 2015 年央视羊年"春晚微信摇一摇"的策划和实施。2016 年央视猴年春晚，在三人行的策划与推动下，阿里巴巴蚂蚁金服旗下的支付宝成为央视春晚独家新媒体互动平台。与央视平台和数字平台这两次经典的台网互动跨界营销案例，进一步触动了三人行敏感的神经。数字化时代带来了许多机遇，只要选择符合发展趋势的方式方法，企业的品牌营销也能与传播社会主流文化相互助力。传统

① 胡栋龙. 2011. 前进路上 仅与央视同行. 广告人，（4）：149.
② 贾似. 2018. 创始人专访 "专注央视平台，成就伟大品牌". http://www.digitop.com/?p=8669[2019-01-19].
③ 《三人行：专注央视平台成就卓越品牌》：http://www.chinanews.com/cj/2017/10-20/8357371.shtml[2019-01-19].

广告的边界正在被技术进步所消解，数字媒体和传统媒体充分融合，将为品牌传播开辟出全新的路径。

二、风口变化快，而原创不会过时

随着数字营销的风行，跨屏营销、社会化营销、直播营销等各种新型营销方式如雨后春笋般涌现出来。三人行在营销方式上也做出了多种尝试。

在跨屏营销方面，三人行强调要精准触达用户。洪潜介绍说："在做跨屏营销的时候，我们有一个要求，那就是同一个 IP 地址上的用户，无论是通过手机还是 PC 端，看到同一则广告的次数不能超过三次。但是这个计划需要检验它的最终效果，即每个用户是否被有效触达三次。数据会展示每个平台的曝光量，但是有时同一个用户从不同 IP 登录，或者同一个 IP 上有几个不同的用户登录，这部分数据目前还无法区分，无法确保每次的曝光量都来自同一个用户。所以下一步我们计划在这方面做具体的改进与执行。"

在社会化营销方面，目前三人行多是通过内容形式进行全面覆盖，双微更多是售卖服务。洪潜以微信公众号为例展开了说明："如今每个企业都会赶着这个热潮创建自己的微信公众号，但实际存在的问题是大部分公众号的关注量较低。除非是将公众号推文分享在朋友圈，一些契机使其在朋友圈广为传播，否则很少会有用户主动点开订阅号去关注一些信息。但是公众订阅号也有其优势，例如它的服务功能。在这个体系中，服务的价值是大于产品的推送形式的。如果一个平台的功能定位侧重于服务，那么就要基于客户打造运营平台，其重心不在于产品的售卖，整体产品和广告所占的比例就要相应减少。而如果需要投入更多的人力运营公众号的话，那么运营的费用需要远大于推广这一服务花费的广告费用。"

而对于不太被看好的直播营销，洪潜认为这种传播模式还是有存在的必要的。相对于前两年，直播也有逐渐回归理性的趋势："直播主要还是靠主播来拉动流量，这类直播的播出生命周期大约在七天，短时间内可以大量获取用户的注意力和流量。但是存在的问题是，网红可能带来一时的流量，但是未必能够很好地与产品或者服务相结合，热度也会很快退去，不能给品牌带来长远的利益和认知。很多博主通过视频对自己身边的事物进行记录，这在某种程度上可以增加垂直类和专业性的发展。某博主通过直播售卖一块价值 3 万元人民币的德国砧板，在一个星期之内卖了 15 块。而之前这种砧板在全大陆地区年销售额也不过如此。越是像这样附加值高的或者价格高的商品，越容易通过这种方式赚钱。"

当下新型营销方式层出不穷，其实早在 2008 年，三人行就开始尝试数字化营销。在试水的经验与教训中，三人行逐渐感觉到，实际上客户的品牌和它们的用户之间存在不少隔膜，这将是制约品牌未来持续发展的一大阻碍。

互联网时代到来之前，中国企业往往秉承"酒香不怕巷子深"的传统思维，专注于研发、生产产品，在营销活动方面往往满足于搭建渠道来介绍产品的功能与优势，却忽视了与用户的深度沟通交流。而互联网时代的来临改变了用户接触品牌信息的方式。如果品牌与用户之间不能建立有效的情感连接，不能真正了解用户的需求，再好的酒也会卖不出巷子。做内容、讲故事将是沟通品牌与用户最有效的手段。三人行主张通过讲故事的形式，让别人理解、接受、喜欢、信任你。中国新闻网的《三人行：专注央视平台成就卓越品牌》一文中提到，2016 年，央视启动"国家品牌计划"让思考未来的三人行看到了机遇，"国家品牌计划"不仅赋予每个品牌延展"国家品牌"的空间，还设置了"品牌故事"专栏，给每个入选品牌提供传播品牌内容的窗口①。"国家品牌计划"的创新将给中国企业的品牌传播方式变革带来一次极大的促动。洪潜称："在追逐热点的同时，我们也需要将其与品牌未来的营销方向相结合，要将产品或服务的功能与消费者的兴趣方向相契合，将品牌需要传递的产品信息与消费者需求画像相结合，如此才能有效传递价值。"

从代理广告到传播内容，从做策略到讲故事，转型的背后是人才的支撑。洪潜介绍说："我们从央视二套尤其是财经频道招来了很多人才，以前财经频道第一副总监也来到我们公司，同时带来了一些业务。她来到三人行后，组建闻视频团队，围绕健康的生活方式和生活理念，在美食、汽车、运动、时尚、旅游、居家等生活领域深入布局，并成为各个领域的头部品类供应商，逐步建立包括自有 APP 和网站平台在内的垂直内容矩阵。"

目前，三人行制作的美食类节目在网络平台播出，在微博、微信、头条都设有自己的账号进行运营。洪潜欣喜地向我们分享说："目前美食节目上线不到一年，总点击量已经达到 7 亿次，在美食类节目中非常突出。由此通过内容带来了流量，我们也获得了媒体的分成。此外，我们还打造了一档在贵州卫视首播的汽车测评周播栏目——《汽车评中评》。并非完全看重这个平台，而是希望在汽车领域的垂直层面推广视频内容。以前的视频存在两个明显的问题：一个是纯图文的报告，完全没有视频；二是由于面对的多是汽车客户，展现信息较单一，没有多面性对比，不能较好地切入用户的需求点。我们希望项目可以触达用户的痛点，在行业内产生一定影响力，并逐渐发挥它的潜力。"

在内容整合营销过程中，大数据处于何种地位呢？洪潜认为，数据在技术层面提供了一个支撑，可以帮助三人行进行内容的建设："技术可以帮助我们寻找到受众关注的热点，不论这个热点我们是否认同，它都是客观存在的并且发挥着它的作用的。春节期间的数据显示，'茅台'的搜索量较大，另外'红烧肉'的关注热度也比较高。所以我们在此基础上设计了一道'茅台做红烧肉'，这个活动超过了将近 500 万次的点击量。"

大数据在进行消费者画像和挖掘消费者内在需求方面非常有效，既可以指导营销和生活，还可以对热点进行预判，帮助营销人员提前做出预测和安排。洪潜说："事件的热度

---

① 《三人行：专注央视平台成就卓越品牌》：http://www.chinanews.com/cj/2017/10-20/8357371.shtml [2019-01-19].

在短短几小时内有一个极大的提升，所以对于公司的运营能力和反应速度是一个很大的考验。如果在四小时之内没有及时跟上，那么这个事件的价值就减弱了很多，因此对运营的效率要求非常之高。我们对未来内容服务的定义是：给用户最喜爱的品牌内容，让他们在最合适的时机和环境下收看。"

三、行业有乱象，而规则终会到来

2018 年是改革开放 40 周年，中国的许多自主品牌无论在科技创新、产品研发，还是产品品质、产品功能、售后服务等方面都已经具备了深受用户喜爱的基础。为了服务央视"国家品牌计划"，探索品牌内容传播，三人行正在搭建"央视×数字化"的内容服务架构，研发数字化技术和平台，完善数据分析团队、内容团队和可视化系统。数字化的本质就是"在线"，数字化产业的本质就是"实时"，因此三人行创建了 UPeV（user place experience visualization）系统，以用户为中心、实时记录用户体验并进行可视化，既可以帮助企业和品牌实时监控、管理用户需求，又能够在用户各触点帮助企业、品牌优化可视化的表达。

三人行通过数据技术，对用户进行画像或者标签定位，这些基础信息基本会被完全记录下来。洪潜认为，营销行业数据价值取决于具体的产品品类："以汽车行业为例，在中国，买车是一个复杂且漫长的行为，顾客会在多家不同的品牌店之间进行比对，耗费较大的人力和财力。而在这个过程中，用户可能会在多家店面留下自己的个人基本信息。这样的数据可以帮助企业大致预判某一车型的预购人群，分析用户大致是属于哪一等级的消费群体，但并不能提供精确的用户信息，难以细分到具体车型上。而如果是像日化类的消费品，像淘宝这样的购物网站甚至可以根据数据预判消费者使用该产品的时间，向用户推送相应的产品。马云曾说自己不是一家做电商的公司，而是一家售卖数据或者数据服务的公司，这一点我认为是非常正确的。但 BAT 的问题在哪里？BAT 要求客户开放自己的 CRM[①]体系，即客户关系管理。其核心就是用户购买行为的所有数据。一旦将这些数据进行售卖，等于是将自己的核心数据和优势进行瓜分。在这一点上，双方依旧存在较大的矛盾，导致后续的合作很难进行。"

在数据管理方面，三人行之前建立过自己的 DMP。后来由于运营成本太高，就取消了专门的部门，转而通过与专业公司合作进行 DMP 的运营和维护。合作方式主要是通过在网络上获取的一些数据来支持三人行的内容制作。"这就好像我们计划做一道菜，但对于怎么做、如何做并没有具体的规划，需要合作方将一些支撑性数据给我们，例如，菜的品类、适宜季节、一些关键词标签等等，从而配合我们的相应设计。我们 DMP 的主要服

---

① customer relationship management 即客户关系管理，是指企业用 CRM 技术来管理与客户之间的关系。

务对象是福特，在整个平台的 15 亿~20 亿元中，长安福特占到 10 亿~12 亿元。电视广告对于汽车品类并不是非常适合，尤其是对于其具体性能的介绍不够充分。中国人在买类似汽车这种大体量物品之前，基本上都要成为半个行业的专家。所以在买车的用户中，80%的人会到'汽车之家'这样的汽车类垂直门户了解信息，而 DMP 都需要垂直类门户来收集汽车类信息，所以我们可以通过 DMP 服务来实现垂直类人群积累的目的。投放时不仅参考数据，也会通过一些内容来定性判断。我们对于客户也提出了三个要求：第一，无活动投放；第二，从内容部分投放；第三，不监测不投放，因为如果不提供监测，就无法掌握最后的数据反馈效率。"

在行业虚假流量和数据造假方面，洪潜认为客户显然会存在一些顾虑："例如淘宝数据会显示效果非常好，但是如果根据这个效果进行投放，下一次的数据未必会有等比例的提高。所以我们在做 DSP 长尾流量购买时，普遍比较谨慎。在其具体的操作过程中，DSP还是会遇到一些问题。例如，几家公司在竞标的过程中，会承诺给广告主比较低的价格，而其相应的自身效果就很容易超出实际情况的预期，从而反衬出广告效果，而广告效果也会被因此夸大。现在我们逐渐发展到垂直平台，基于自身的内容数据进行判断和投放，整体效果还是相当客观的。"

在洪潜看来，形成数据造假的原因有很多，一方面是数据的来源多样化，另一方面是投放之前的高承诺："客户难以得知数据背后的东西，有时候客户需要点击背后的数据，会发现很多 IP 的前几位数是相同的，且每个 ID 的持续时间都很短暂，只有零点零几秒，显然是人为刷量的结果，这背后的原因很容易被总结报告蒙蔽。"

对于解决数据造假的对策，洪潜认为首先需要行业自律，同时法律需要在这方面进行适当的介入："一些广告主，例如宝洁在之前提出过数据透明的制度，但因为宝洁的体量太大，不能一步一步地慢慢来，而是一大步跨过去，这样就缺少了在实践中积累和试错的过程，而只有在这样的过程中才能摸索到网络的一些规律。现如今行业的更新速度实在太快，尚未形成系统性的法律法规对其进行规制，热潮和风口或许就已经结束了。管理依旧是需要时间的，需要在发展中逐渐规范。所谓行业数据透明化、数据监管，这种愿景是存在的，但是实践过程中难免还是会存在问题，因为市场存在媒体彼此之间的竞标，而同时又需要不断耗费人力进行监管和运营。虽然我们知道这个状况很艰难，但依旧需要不断尝试，因为我们发现，即使行业依旧存在造假，这个造假的比例在不断降低，行业也在不断为规范护航。这个过程一定存在，只是需要时间来诊断。"

从 2008 年开始接触数字业务，到现在移动互联网发展得如此迅速，三人行一直在摸索中前行。为了服务客户转型成长的多样化需求，三人行展开了在新零售领域的布局。新零售的核心是每一个品牌要与用户建立直接的关系。基于这样的认识，2018 年 8 月 30日，在数字智能时代的新全域整合营销前沿论坛上，三人行广告提出了"新全域整合营销"

策略，与杭州企加云计算技术有限公司（以下简称企加云）结成战略合作伙伴关系，宣布"三人行全域营销事业部"正式成立，与企加云、阿里巴巴等战略合作伙伴共同致力于数字化生态下的企业新零售、新营销转型服务[①]。

三人行从 1997 年创立至今 20 多年来服务于中国各行业领导品牌，积累了自己深厚的专业化资源，始终坚持建立品牌与客户之间的联系，与互联网时代的用户思维不谋而合。而在从传统大众传播向数字化生态转化的过程中，理念和思维的转变是至关重要的一环。无论外部环境如何更迭，高质量内容与专业化服务都是竞争中的王牌。基于这样的优势，三人行在转型过程中进一步整合技术资源与数字能力，与策略创意相结合，不仅为众多品牌提供了全域营销的解决方案，也找到了传统代理公司在互联网时代的发展思路。

[①] 《三人行广告与企加云战略合作，宣告全域营销事业部成立》：http://www.digitop.com/?p=8858[2019-01-19].

华扬联众发展模式探究：顺时而为，适者生存

访谈手记：

　　1994 年，中国的广告业正冉冉升起，此时，华扬联众数字技术股份有限公司（以下简称华扬联众）的前身"北京华扬联众广告有限公司"在北京成立，作为一家成长于本土的广告公司，华扬联众对国内行业现状有着深入的了解和把握——深切地感受到了互联网环境的一系列变革，华扬联众 2002 年开始正式涉足互联网广告领域，顺应行业内整合营销的发展趋势，在技术、内容、资源上开展诸多新的布局。

　　在这期间，华扬联众先后成立十余家子公司，并通过投资、设立海外子公司走向国际，形成了多维互联网广告服务生态。通过不断扩张的业务版图，华扬联众与中国各行业领域的数百家数字媒体展开了合作，以自己对策略、创意、媒介整合和行业发展的敏锐洞察，帮助客户在数字营销领域不断取得成功。[①]可以说，华扬联众的成长和转型，见证了国内数字营销行业的发展轨迹。

　　展望华扬联众的发展理念和产业布局，我们会发现，它之所以能有今天的成就，每一步都有其合理性，为此我们专访了华扬联众深圳分公司副总经理郑帅先生。郑帅先生 1995年进入广告行业，从传统广告做起，2004 年进军互联网营销领域，至今已有二十余年的广告从业经验，是一位资深互联网广告专家，他的回答或许能为众多寻求转型的营销公司提供一些借鉴和思考。

　　访谈对象： 华扬联众深圳分公司副总经理　郑帅
　　访谈时间： 2017 年 8 月 10 日（面访），2019 年 3 月 10 日（微信访谈）

---

① 华扬联众官方网站：http://www.hylink.com/cn/about.html。

一、数字营销时代，数据资产是立身之本

在郑帅看来，数字营销的概念一直在更新，但其本质上没有太大的变化，更多的是通过数据和技术在驱动。

数字化业务的运行需要建立在海量的数据之上，因此华扬联众非常重视完善自身的数据建设，建立了自有数据管理平台，数据来源主要分为客户以往投放的数据、大型品牌商（如腾讯、阿里巴巴等）的商用数据、第三方数据库等。华扬联众也会协助广告主打理他的DMP——郑帅介绍道："我们会与广告主共建数据平台，在他们拥有的历史投放数据基础上进行扩充与完善，以及对接他们内部的 CRM 体系，从而在未来可以正确利用自己的数据做营销。如果客户没有自己的 DMP，华扬联众的 DMP 也可以为他们提供服务。"

2016 年 4 月，华扬联众对接了腾讯和阿里巴巴的部分数据，这些开放的商业数据多是一些数据标签及用户的网络行为。郑帅认为："这些数据更多的还是网络对接的一个接口，我们会基于客户需求来请求这部分数据，现在国内的 BAT 基本上已经开放了这部分数据作为商用，但仅针对几家核心代理公司。"

除此以外，华扬联众还积极与第三方数据库展开合作，以发挥双方在数据技术、整合营销等领域的优势，打通数据实现互利共赢。

2017 年 9 月 4 日，华扬联众与上海数据交易中心有限公司（以下简称上海数据交易中心）达成战略合作，在上海数据交易中心的数据流通合规体系与数据交易网络的支持下，运用上海数据交易中心汇聚接入的多源数据供应，借此进一步完善其用户标识体系，打通用户全网行为数据，实现数据整合。[①]而后的 2018 年 12 月，华扬联众与 TalkingData 展开合作，宣布将全面引入 TalkingData 的第三方数据管理平台服务。[②]这一举措将进一步提升华扬联众在消费者洞察、媒体分析和人群定向等方面的数字化服务能力。同时，华扬联众通过共享自身丰富的行业经验和数据资产，帮助 TalkingData 打造、升级 DMP，更好地提供全域整合营销服务。

然而，虚假流量、数据造假是数字营销中不能忽视的顽疾，面对这种现象，郑帅认为："目前在数据作假方面，这种现象也在逐渐减少，且在未来会越来越少，因为作假最终还是会落在效果上，一味获取流量也是不利于后续的转化的。监督机制的确是需要完善，但是最重要的还是业内从客户端到代理端对营销的认知提升，毕竟这是为了生意做营销和投放，更多的还是要看营销为客户品牌带来的价值。"

---

① 上海数据交易中心. 2017. 华扬联众联手上海数据交易中心，变革大数据时代的受众营销. https://mp.weixin.qq.com/s/u3kdV303cgiQ9qMWos1dGw[2019-01-02].

② 《华扬联众携手 TalkingData，以数据互通领行营销升级》: https://www.prnasia.com/story/233975-1.shtml?bsh_bid= 3387801669 [2019-01-02].

二、数据和技术驱动，提供更有价值的整合营销方案

对程序化购买的价值，郑帅给予了肯定的态度，但他认为程序化购买不会全面取代原有的广告购买方式，理由主要包括以下三点。

"第一，程序化购买集中于长尾流量和特定行业。程序化购买整体投放量不大，更多的是一些长尾流量。现在逐渐也加入了一些优质流量，这些流量不能否认它们的价值，尤其是一些游戏产业，程序化购买的量是非常大的——也就是说程序化购买会集中在某些行业。

第二，在具体的广告投放中，品牌商的投放模式是非常多样化的。互联网毕竟是一个开放型媒体，区域性广告一般做得比较少。比较注重效果转化的客户可能会偏重于选择程序化购买方式，比如汽车品牌的营销投入方式非常多样化，传统投放方式并不是最主要的，大部分会以互联网为主，它们会不断尝试新的营销方式；而房地产广告的营销方式比较单一，区域化特征比较明显，所以传统户外广告投放的方式会偏多一些。

第三，中国还有很多小媒体，如果放进 DSP 里，它的媒体价值会越来越弱，很多媒体不愿意变成这样的角色。虽然从目前阶段来看，程序化购买在未来的比重会越来越大，但不能完全替代人工代理。在中国，媒体的数量大、种类多，尤其是一些大型媒体，还没有办法完全实现自动化。一些大体量的客户，需要一些优质的资源与流量。媒体也要产出内容，并非单纯等待被投放，这些内容通过自动化是没有办法实现的，所以说自动化完全取代代理公司的可能性不大。"

对于数据、创意和技术在数字营销中的重要性，郑帅认为："目前我认为最重要的是技术和数据驱动，为客户提供更有价值的营销方案，包括现在说的新零售，零售新业态，如何帮助客户在前端快速抓住消费者实现销售转化，这些都会是越来越受到关注的点。"

资源整合能力是一个比较核心的因素，郑帅补充道："因为目前数字营销越来越碎片化，业态也越来越复杂，包括目前出现的众多 APP 和各种影响方式，比如内容营销、场景营销等等。在做数字化营销的时候，如何为客户提供整合性的营销方案和资源，而不是单纯关注其中的某一点，是非常重要的——客户的营销方式不仅限于一种，他们需要全面建立起更强的行业战斗力和竞争力。"

三、自研与合作并重，打造多元技术格局

数据技术一直以来都是华扬联众比较关注的方向，多年来华扬联众不断通过融资收

购、技术研发、深度合作等方式来做技术布局。[①]对于这方面的投入，郑帅介绍说："在技术上我们有自己的研究中心，HDTC 以及在硅谷的 D-Lab 对人工智能也有相当一部分投入，我们有很多技术产品。"

2016 年，华扬联众成立了"全国数据技术中心"（Hylink Data Technology Center，HDTC），该中心承担起华扬联众的数据和技术重任。HDTC 最初成立就有 80 多名数据工程师及分析研究人员，整合了华扬联众核心数据与技术资源，通过管理和应用数据技术、打造开放的创新平台，帮助客户与合作伙伴拓展数字营销领域的深度与广度。[②]另外，华扬联众在美国硅谷组建了数字实验室（D-Lab），主要研究数据资产的开发和利用，通过挖掘自身数据潜力，从技术层面提升营销效果。2016 年 9 月，章骏博士出任华扬联众首席技术官并兼任旗下数字实验室主任，负责数字实验室整体发展的规划及华扬联众数字平台体系结构的搭建，致力于人工智能技术在数字媒体领域的研发与应用。[③]

除了成立专门的实验室，华扬联众也与高校展开合作，据郑帅介绍："我们与清华大学及国家有关团体共同发起成立'商业数据工程研究中心'，建成后将充分发挥各方优势，面向商业数据应用，研究知识发现、大数据、人工智能等领域的国际最新理论，逐渐建成商业数据工程领域的国家级智库和高层次人才培养基地。"

郑帅 2004 年进入互联网营销领域，他一向强调数据和技术的重要性："一些如 AR、VR 等新技术的应用也是一种新的营销趋势，但是如何更好地商用也是一个问题。2008 年，PC 端占主流的时候，我们也尝试使用 VR 技术，很多都是在展会上使用，但是这些技术发展到现在，做商用的话还是需要一些大平台来推动。"正如他在之前的采访中提到的，对于整合营销来说，技术与大数据的应用、媒体的变革、互联网文化形态、用户的网络生活形态都是很关键的因素，需要不断地去学习。[④]

四、产学研融合，培养实战型人才

行业的快速变化，客户对营销多元化的需求等，这些都给营销人带来了更多的挑战，对高校人才培养提出了更高的要求。

目前，数字营销领域的营销方式朝着越来越智能化方向发展，很多案例进行了创意模板化的尝试，尤其在电商领域使用较多。但是郑帅觉得，在整个传播规划里还是缺不了人的因素，对于代理来说，依旧需要人参与一些判断与决策过程。他说："未来，广告公司

① 岳平. 2014. 转型中的华扬联众. 市场瞭望（上半月），（2）：87-88.
② 《华扬联众成立"全国数据技术中心"，贾殷殷担任总经理》: https://www.digitaling.com/articles/25165.html[2018-12-24].
③ Gu T. 华扬联众宣布章骏博士出任旗下数字实验室主任. http://www.madisonboom.com/2016/09/21/zhang-jun-was-appointed-director-of-the-laboratory-of-digital-hylink/[2018-12-24].
④ 《郑帅：来聊一聊互联网营销》: http://www.adquan.com/post-9-27546.html[2018-12-25].

会回归到用脑的阶段，创意、策划、市场判断的能力很重要。虽然说大数据很有价值，但依旧需要人工来做解读得出最后的结论。即使实现了自动化，对于人的需求也并没有减弱，要靠人去优化，不过是对人的要求发生了质的提升，需要你运用一些分析的思路去做优化。"

对于教育和行业发展的脱节，郑帅深有感触："因为我们本身是深圳大学的实践基地，每年他们的毕业答辩我们也都会去。他们也在探讨教学升级的问题，目前教育跟不上行业的整体变化速度。"为了应对和改变这种状况，华扬联众与深圳大学、暨南大学等高校签署了高校实习基地协议。根据协议，华扬联众为在校学子提供全方位数字营销领域的实操平台和业界顶尖培训讲座等；同时，高校的新闻传播学院也全方位支持和助力华扬联众进行市场调查及课题研究等工作。[1][2]华扬联众实习基地的落成标志着业界学界的高度融合，通过引进优秀的在校生，建立华扬联众人才数据库，为广告界注入新鲜的血液。

面对行业的飞速发展和严峻挑战，郑帅结合自身经历为教育界的教学体系改革和人才培养提出几点建议：

"首先，适当增加课程实践性。数字营销越来越具有实战性，我们招的毕业生基本上走上工作岗位也是从头学起。对于对数据感兴趣的学生，我们也有专门性的培训，会有一些专业认证的课程体系，需要通过考核。如果学校能够提前开设相关方面的课程，那么学生在踏入社会时也能较快的适应。

其次，现在学校比较缺乏对于媒介知识的教育，或者说停留在较为浅显的层面。数字营销领域对于媒介的应用是很关键的。以客户服务为例，原先需要相关岗位的工作人员具有较强的亲和力和沟通能力，但现在对于营销人员的能力有更高的要求，比如对于营销的一些专业知识需要学习与更新，对于RTB投放、DMP等等这些知识都需要知道。"

随着行业的迅速变化，学界很多学者认为学校的教育改革很难跟上行业的变化速度，对于这一问题，郑帅提出了他的解决思路："教育改革最好的方式是学界与业界联动做一些教学的尝试，将研究与应用结合。目前，华扬联众也正在做一些项目合作，去关注研究成果的商业应用价值，以及是否能够转化成有价值的产品或服务。"

从传统广告代理转型到数字营销领域，华扬联众凭借敏锐的洞察和宏大的布局，开拓出一片疆域。然而广告市场风起云涌，没有永远的胜利者，华扬联众正也将继续蓄力发展，开始数字营销的新征程。

---

① 《牛犊新生，华扬联众深圳大学实习基地揭牌落成》：http://www.ad-cn.net/read/4181.html[2018-12-24].
② 《华扬联众×暨大实习基地成立，华南牛犊初生》：http://news.sohu.com/20150619/n415333552.shtml[2018-12-25].

钛铂新媒体龚铂洋：专注+洞察，玩转新媒体创意营销

访谈手记：

2011 年，龚铂洋创办了深圳尚道微营销有限公司（以下简称尚道微营销），依托微博、微信这两大热点社会化媒体平台，为客户提供专业的新媒体营销策划全案服务。2014 年 7 月，尚道微营销获得号称"中国广告第一股"的省广集团超过千万元的战略投资，拥有了更雄厚的势力和更广阔的平台。2015 年 6 月尚道微营销更名为"深圳钛铂新媒体营销股份有限公司"（以下简称钛铂新媒体），专注于社交媒体营销。2016 年 8 月钛铂新媒体正式挂牌新三板，将自身业务延伸至亚洲及太平洋地区和北美地区，实时响应国内外社交媒体的营销需求。2017 年 6 月，钛铂新媒体正式加入广州 4A 公司，成为创意整合营销方面极具代表性的本土 4A 公司。①

8 年来，从尚道微营销到钛铂新媒体，从最初只有三个人的团队变成如今集合 300 多名新媒体创意人才的上市公司，钛铂新媒体参与了 300 多次新品战役和 2000 多次的公关战役，累积了投放额超过 1 亿元的自媒体广告投放经验。它从实战中总结出一套自己的营销理念，逐步提高公司的营销实力，在日益激烈的市场竞争中占领了自己的一席之地。钛铂新媒体不仅为客户提供市场营销策略，也注重完善自身品牌建设。它的成长为其他营销公司提供了可借鉴的思路，为此我们专访了钛铂新媒体董事长兼 CEO 龚铂洋先生，就钛铂新媒体这些年的发展经验及对行业趋势的思考展开讨论。

访谈对象： 钛铂新媒体董事长兼 CEO　龚铂洋
访谈时间： 2017 年 8 月 10 日

---

① 钛铂新媒体官方网站：http://www.itable.com.cn/about-journey.php。

一、立足双微营销，打造全媒体营销平台

移动互联网时代瞬息万变，技术的驱动和数据的广泛使用使得营销环境更加复杂化。互联网全面进入社交媒体时代，社交媒体使用户随时成为某一品牌的广告受众、传播者和消费者。对于大中小企业来说，新媒体营销已经成为标配。微博成为企业与粉丝对话互动、处理危机公关的工具；而微信利用服务号、订阅号、企业号实现点对点沟通，成为消费者的私人客服。广告主对营销提出了更高的标准，希望能够获得高效投放、精准触达消费者的个性化营销方案。

在新的营销环境下，钛铂新媒体深耕新媒体营销策划的各个细分领域，为广告主提供专业的新媒体营销策划全案服务，从新媒体矩阵建设、创意营销与精准投放几个服务板块入手，整合定制多样需求，帮助广告主实现品牌价值最大化。

钛铂新媒体的这一服务理念来自龚铂洋自己的创业经验，他发现必须在某一个行业、某一个细分领域做到全国领先才能获得长足的发展。微博兴起之初，钛铂新媒体便开始专注于微博营销。在刚开始的 3 个月里，他们只是研究微博的一些基本问题，如什么样的微博名字能够吸引受众、什么样的内容能够引发关注等，通过把业务经营聚焦在微博营销，他们很快在这一领域积累了丰富的经验，运用微博进行的几次事件营销都取得了非常出色的效果。

龚铂洋这样介绍钛铂新媒体的业务情况："我们公司规模较小，有时业务团队可能只有 2～3 个人，如果我们想要在业务上有所突破，必须着眼于较小的细分切入点。最早从微博入手，做到全国第一，后来开始发展微信业务，到现在左手微博、右手微信，将双微做到最好。虽然说现在的全媒体营销不仅注重双微的发展，但我们还是首先选择双微作为细分切入点，否则没法儿和一些如蓝标、华扬联众一类的大型营销传播集团竞争。"龚铂洋在《左手微博右手微信：企业微营销实战攻略》一书中对自己多年的运营经验进行了总结。他认为，微博目前有官方阵地和外围阵地，官方阵地的作用主要是存在、对话、引爆和危机，而外围阵地主要是产品、品牌、服务和竞品，微信则是以订阅号为主。企业微博、微信需要通过产品维度、服务维度、品牌维度、竞品维度来塑造企业形象，为企业说好话。[①]钛铂新媒体通过占位阵地、强化阵地、深耕阵地三步，打造涵盖社交媒体、门户网站、视频媒体的新媒体矩阵，成为腾讯广告、腾讯微商户、新浪微博粉丝通等官方认证代理商和拥有诸多大客户的新媒体营销公司。

然而钛铂新媒体的业务板块并不止步于此。龚铂洋表示，目前钛铂新媒体的发展成名于双微，在双微这一块获得了良好的口碑与资源，但其业务重点已不仅限于双微。随着媒介环

---

① 龚铂洋. 2014. 左手微博右手微信：企业微营销实战攻略. 北京：电子工业出版社.

境发展，钛铂新媒体的业务范围已从微营销转向了新媒体营销。对此他解释说："'微'是无法替代整个传播的大概念的，后来的直播、短视频和'微'都没有太多关系，但是新媒体这个概念就会比较宽泛。"为扩展业务，钛铂新媒体还与省广展开合作，"一方面看重省广的品牌影响力；另一方面，其在数字营销上有待发展，业务上与钛铂新媒体又呈现一定互补性。省广是以广告为核心，而我们是以内容和数字为核心，这对钛铂的业务拓展也有一定的帮助"。

就公司未来在其他社交媒体上的营销运作，龚铂洋表示："目前来说，微博、微信依旧是传播力度和话题量覆盖最大的两个平台，我们需要抢占流量最大的平台。钛铂新媒体通过合作与培养 KOL 资源，包括微博、微信大号，打造微博、微信、QQ 的传播阵地。目前重点投入的市场有 3C[①]、时尚、金融、互联网行业。其他的例如音频、自媒体我们也有涉及，但是我们最多会收取一些内容费用，这在我们的整体营收中占比很低，不是我们的主营业务。而双微的话题依旧是我们的核心预算。包括视频，我也可以将它放在双微平台上。"

二、建立创意魔方，多维度结合创造营销热点

钛铂新媒体对于自身的业务有着明确的定位——做内容营销、做热点、做事件，而非单纯做广告投放。它专注于新媒体创意营销，致力于将自身打造成为"新媒体营销创意的先锋机构"。在这一点上，钛铂新媒体的突出优势是其独有的"创意魔方"。

"我们有'五个一工程'定位——一个核心卖点、一次线下事件、一次媒体公关、一批大号报道、一次线下发布会。我们的创意魔方理论包括：内容创意、话题创意、资源创意、产品创意，以及我们自己创造的创意制造模型。"龚铂洋认为，应当先从产品角度思考能不能生产好的创意，然后从话题的角度思考能不能生产好的创意，再考虑有何资源结合来产生好的创意，最后思考利用何种内容形式来生产好的创意。而好的创意则是话题、内容、资源、产品四维度相互作用的结果，就像魔方四面，转动过程中都互有交集。

在龚铂洋看来，钛铂新媒体的关注重点应该是如何在新媒体上玩创意："4A 广告公司讲创意的能力很强，但 4A 讲创意的方式和钛铂新媒体现在所做的创意是有很大差异的。4A 可能看重的是文字、内容上的创意，但在新媒体上做创意并不仅限于这些，而是靠话题、事件等，例如网易云的地铁营销，另外还有资源合作上的创意，例如无人机送货、场景创意等。"

对于传统广告人最为头疼的"如何抓住吸引消费者注意力"这一点，龚铂洋却认为并不困难："我认为，所谓的'热点'便是，当你关注的微博号、公众号里有相当一部分都在说同一件事的时候，这件事就可以被称为'热点'。这些都是很好的信息来源，营销人可以在此基础上做创意转化。"他强调，"最好的创意是大创意，并非一定要细分人群，

---

① 3C 即 computer、communication、consumerelectronic。

如果能够让全民参与进来，达到刷屏的效果，那自然也取得了较好的营销效果。新媒体本身并不是传播的全部渠道，如果在此基础上再进行细分，就不一定能形成很好的传播效果。"

此外，从细分群体入手同样可能激起广泛的传播话题，营销者对不同社群的认知必须要有清晰明确的定位。龚铂洋举例说："比如二次元群体是一个具有独特文化的社群，那一件事如何在二次元中进行创意传播？例如，整形美容行业的营销，如果设计成并非整成帅哥美女，而是整成某种 cosplay 的人物，整得有特征，那么，整形美容就可以和二次元社群合作，从而在这个群体中得到广泛认同。再比如母婴产品在辣妈群体中的传播、SKⅡ的'剩女改变命运'等，其传播的最终目的还是实现大众化传播，而从小角度切入的最终目的同样是为了引起更广泛的传播。"

三、改变消费者认知，用流量带动产品销量

营销环境在进化，营销人的观念也需要转变。传统广告与产品销售之间之所以联系密切，一方面是因为过去媒体的集中程度高，另一方面是因为客户几乎将 80%的预算集中放在了某一类媒体上，这种情况下广告主就会认为广告需要对销售负责。

龚铂洋认为，在新媒体的实践中，营销应分为两个板块：一是效果营销；二是内容营销。效果营销是指直接卖货的行为，内容营销则是把产品变得好卖。[①]而数字营销从业者，往往要负责的是内容营销的板块。在内容营销中，营销人员通过营销策略使消费者对品牌和产品产生新的认知，通过内容的渲染使其情感与品牌产生连接，从而有效促进销售转化。龚铂洋在访谈中提到："如今的新媒体时代，我们需要做的是认知与内容，而非完全是卖货。认知×流量=销量，这是我们的逻辑。我们要做的第一步是改变消费者的认知，消费者没有对产品或服务产生认知（故事、情感），流量的投放也是无效的，需要在认知的基础上投放广告。新媒体营销并不是不能卖货，而是需要一个消化的过程。营销人员需要通过营销策略来影响消费者对于产品或服务的认识和理解，将消费者的内容记忆与品牌认知完美融合，从而引起消费者共鸣，增强消费者黏性。"

对于品牌而言，好的内容营销不仅是带来产品销量的提升，在必要时刻，也可以为企业在市场内部的转型创造机会。"内容营销是一种刚需和标配，一方面是防止竞争对手抢占市场，另一方面是建立正确的舆论引导，更多的是偏认知功能。"龚铂洋认为："追踪热点、维持后续的品牌关注度也十分重要，但热点更多的是带来更大的曝光量，例如韩后通过'天下无三'的案例拯救了自身，也使自己成功进入屈臣氏、进入主流渠道，通过 to C（to customer，面向消费者）的传播带来 to B（to business，面向商家）的效果。渠道、

---

① 段传敏. 2018. 龚铂洋：新媒体营销"病毒"如何智造？. http://www.book1234.com/q/20180202/20180202A1DHPM00. html[2018-12-27].

经销商通过话题热度知道这件事，它们会主动争做代理商，资源保证了利益链，这些都是很直接显著的营销效果。"

然而，营销活动带来的效果很难用具体的数据衡量，内容营销为品牌带来的效果常常需要一段时间来印证。龚铂洋认为："我们需要看数据，但也不能百分之百看数据。大型的传统媒体广告例如报纸、公交，它本身并没有数据支持，央视的索福瑞数据只是一个参考。新媒体方面的数据，比如点击、阅读、点赞是一种数据形式上的进步，我们要客观地看待和利用营销中的大数据。营销系统中需要综合考虑 4P、4C 因素，广告需要负责的是广告价值的传播，它并不能与销售直接画等号。"

四、保持好奇心，永远走在营销市场的最前沿

继微博、微信之后，短视频、直播等新社交平台不断出现，重新定义年轻人社交方式，社会化营销呈现新的格局。

面对营销手段和技术层面的持续创新，钛铂新媒体通过不断学习以拓展营销领域的新边界。龚铂洋说："新媒体会不断有新形式出现，在这一方面，我们公司着重于关注在移动互联网中产生的新阵地，有什么新的媒介形式出现，例如分答、音频等等，关注它们的新玩法，第一时间进行研究。而我们的客户一般都是比较大的客户，它们的尝试会有一定示范效应，从而带动其他客户过来埋单。所以说我们永远在关注最新的东西。我们有一个专门做主播的平台，但目前没有建立平台化的业务，我们以内容为主，核心是吸引眼球和引发话题，总是有先发优势。我们这个行业基本上每两年就会有新媒介出来，必须要随时洞察市场最新变化。"2016 年，直播平台掀起关注热潮，钛铂新媒体抓住这波风口，进入了移动直播领域，并成立了直播事业部，拓展了其新的业务布局。在 2016 年 10 月举办的中国（深圳）新媒体营销高峰论坛上，钛铂新媒体聚焦直播营销产业链与网红经济，与 500 位企业高管和行业精英共话了直播行业的营销价值及新媒体发展的趋势。[①]新媒体迅速更新迭代，对于风口的把握与判断，龚铂洋认为永远要依靠时间来决定，"管理是一种实践，核心在于成果。直播这个风口会存在多久，我们不得而知，一个风口的出现需要各种天时地利人和的因素，对每一个风口的出现，我们会密切关注，至少起到一个话题的效果。比如华为率先玩数据，这就是一个话题，至于其之后发展，还要看整个大环境及各方面因素。直播由于兴起的基础因素不够支撑其走得更长远，但这也不妨碍钛铂新媒体继续探寻下一个风口"。

因此，龚铂洋始终要求员工们保持对新鲜事物的好奇心，在体验新平台的过程中，以

---

① 《钛铂新媒体成功承办 2016 中国（深圳）新媒体营销高峰论坛》: http://china.huanqiu.com/hot/2016-10/9592028.html?qq-pf-to=pcqq.c2c&agt=15438[2018-12-25].

一种很享受和尝新的心态去玩、去参与，这可以让自己完全投入、深度研究，从而悟出数字营销的新玩法。只有不断去尝试新鲜的事物，在尝试的过程中才会不断地发现更多机会及创意。正如他在 2017 年金鼠标数字营销大赛上所讲的："你不需要很厉害之后才开始做事情，而只有开始做一件事情之后你才会变得很厉害。"①

行业发展日新月异，数字营销的技术、平台和方法一直在变化。作为专注于新媒体创意营销的机构，钛铂新媒体正是因为始终关注着行业内最领先、最前沿的玩法，在实践中总结出自己的营销理论，并不断地沉淀与更新，才使得他们在瞬息万变的行业环境中始终保持活力，不断创造出吸引广泛消费者关注的优秀创意作品。

① 《龚铂洋：移动与直播继续领跑，保持好奇方能拥抱创新》：https://mp.weixin.qq.com/s/063D1khaUjH3B2Bu1Y8nvg [2018-12-25].

蓝门数字集团：以电商探索为起点，
做数字营销的创新者

访谈手记：

　　2004 年在广州成立了一家规模不大的数字营销公司，这家公司有着一个充满科技感的名字："蓝门"——为无限的可能创造通路的"门"。

　　作为国内最早一批涉足数字营销领域的代理商，广州蓝门数字营销顾问有限公司（又称蓝门数字集团、蓝门）摸着石头过河，在探索中前进，不仅将客户领域扩展到快消品牌、电子产品、日化产品等，还开展了与宝洁、亨氏、益达、屈臣氏、三星等国际客户的合作，致力于多领域发展。

　　经历了多年的沉淀，蓝门成为拥有自己独特营销工具并具备应用软件开发实力的整合型营销顾问公司。目前，蓝门旗下拥有蓝门数字营销、广州蓝门信息科技有限公司、广州蓝门精睿数字商业有限公司和广州梦洁宝贝蓝门数字商业有限公司（以下简称梦洁股份）四家子公司。

　　2015 年 9 月 16 日，蓝门数字集团宣布向省广集团转让 51% 股权，并入省广集团旗下。自此蓝门在数字营销行业强势崛起，以快速增长的业务能力和市场份额，实现了自身品牌价值的高速增长。作为一家以技术和创意为核心的整合营销机构，蓝门的发展路径有着一定的借鉴意义，为此我们对蓝门数字集团 CEO 胡文恺先生做了独家专访。

　　访谈对象： 蓝门数字集团 CEO　胡文恺
　　访谈时间： 2017 年 8 月 9 日

一、未来电商是社会化电商与传统电商并行

蓝门的业务从大的方面来说，分为数字营销和电子商务。电子商务由两部分构成：一部分是合资公司——梦洁股份负责的传统电商业务；另一部分则是社会化电商业务。

胡文恺介绍说："传统电商的业务主要是梦洁蓝门宝贝在做。消费者在日常消费过程中，经常会发现线上线下购物的质量、价格方面存在差异。但从品牌主出发，也有很多因素，它有自己的经销商，也有一些渠道冲突，所以无法完全打通线上线下。而目前 MJ Blue（蓝门股份）的业务主要是通过整个商业逻辑的设计，进而进行系统的开发，最后做到消费者购物体验零差异：例如线上线下的价格、质量相同，线下购买也可以线上退货，包括在线下门店购买消费时，可以通过中转仓发货而不用在店铺走完这个流程，以及很多便捷的支付方式。以家纺产品为例，由于它的款式、尺寸有较多类型，如果消费者在一家线下店面没有看到合适的，系统会自动为其匹配其他店铺的消费者需求产品。其商业逻辑主要是解决'O2O'的问题。"

而社会化电商部分主要依靠与其他平台合作来发展。胡文恺认为网红是社会化电商很好的表现形式："网红最早只是在网上展现自己生活的一面，后来逐渐开始售卖一些如衣服、化妆品等产品，这些产品可以在这种经济模式下成交。我们目前有一个团队在做这方面的工作，不一定是孵化一个网红，可能是培育一个大号，比如说育儿大号、时尚大号等等，目标是吸引众多的粉丝关注之后，再实现交易变现。这和传统电商的交易方式有差别。"

虽然社会化电商是蓝门的重点业务，但是它目前还没有自有电商平台。胡文恺说，"最早的时候，梦洁是拥有自己的官方商城的，但需要通过不间断的广告投入拉动消费者进入平台，流量来源成为最大的问题。一段时间后，蓝门发现其他一些平台有我们完全无法竞争的资源。我们现在的模式是依附于不同的平台进行销售，只是在不同平台有不同的做法"。他以新兴的社交零售平台"云集"为例来说明，在云集上用户只需 380 元就可以开自己的小店，并且云集会帮助交易成功的卖家发货，这算是社会化电商的一种。

"社会化电商必然会越来越红火，但这种红火是建立在品牌对其的扶持力度上的。"对此胡文恺解释道，新浪微博目前最大的股东是淘宝（阿里巴巴），阿里巴巴目前的流量有将近 1/4 来自微博。微博已经变成了一个资讯平台，上面有很多机构在该平台上发布资讯。作为一个网购粉丝，是很容易受微博影响而冲动购物的。此外，微信推出的直接进行产品交易的功能，在某种程度上也是一种助力社会化电商的技术手段。

胡文恺认为，社会化电商虽然发展趋势良好，但不会取代传统电商，未来更可能是二者并行。对此他解释道："毕竟传统电商有自己的固有模式，且大品牌每年在品牌上投入

有一定的体量，而社会化电商目前的营销毕竟比较碎片化。另外，社会化电商持续变现能力还有待加强。以 PAPI 酱为例，之前合作的一次广告卖了 2000 多万元，但并不意味着 2000 多万元全部都是销售转化，更多的是一个社会级现象和业内关注，而消费者的关注度并不高。"

此外，他还谈道，社会化电商依靠社交平台发展，这一块业务会受到政策的影响，所以短时间内它不会取代传统电商，只会作为一种补充形式而存在。

二、技术基因助力数字营销

数字营销是蓝门另一重要业务板块，其中包括蓝门比较核心的策略、创意、技术研发和大数据。相比其他数字营销公司，蓝门有着自己的竞争优势。"蓝门相比其他公司的一个突出优势，在于自身的技术因子较强，早年公司建立时团队有三十多人，直到现在，这几个元老级人物还在，而团队也发展壮大成一个技术公司。"胡文恺介绍说。

蓝门从成立开始就非常重视技术，并且拥有自身的数字营销产品。早期做互动广告的时候就有自己开发的监测软件，到后来便拥有了双微管理平台、投放优化平台等。胡文恺说，"目前蓝门在数字营销业务中又加入了一些新的东西，例如信息流广告。还有一个专门的部门'原生易'，新浪微博、今日头条这些平台与蓝门进行系统对接之后，可以负责将企业主交给我们的广告混投到这些平台上，最后以自动化的信息流广告方式呈现，这也是蓝门逐渐发展的新业务形式"。

同时，蓝门还具有通过技术投入来优化数据监测的能力。胡文恺举例说："数据监测方面，正常情况下一个投放需要两方监测，我们做的是三方监测。一般情况下，如果我们是媒体购买 agency（代理），客户是不会相信我们的数据的，他们会需要第三方监测数据，同时媒体会提供一份监测数据。蓝门的客户一般会加上蓝门自有的监测代码，我们不一定要完全通过这个部分对客户负责，更多的只是希望看到我们自身的广告投放是否还有优化的空间。同时我们也在做数据保全，满足建造自身数据库的需求。"

此外，蓝门还开发出了具有专利的营销工具来促进营销。蓝门联合旗下公司广州蓝门信息科技有限公司，总结多年项目的技术开发经验，推出营销工具 BLUE TOOLS，覆盖舆情监测、客户管理、粉丝管理、内容运营、场景营销、精准投放、媒体购买等多个领域，通过为品牌提供"标准化产品+定制化开发服务"，加强了品牌在数字营销道路的战略布局。[①]可以说，蓝门自身强大的技术团队和扎实的数据能力为其在数字营销领域严酷的市场竞争中占据一席之地提供了有力支撑。

---

① 《蓝门数字营销集团发布 BLUE TOOLS，助力品牌数字营销自动化解决方案》: https://mp.weixin.qq.com/s/RspFtHDMTTEh 20_7UBwOpg[2018-12-26].

三、借助大集团平台优势拓展业务版图

2015 年，蓝门向省广集团转让 51% 股权，正式并入省广集团旗下。谈到蓝门与省广集团合作的原因，胡文恺认为主要出于两点："首先就是资金支持。蓝门发展最好的几年大概在 2010 年左右，后来由于不断探索创意，投入资金之后有一些消耗。其次是市场环境的变化，上市的不一定是最好的公司，但上市之后一般都会往好的方向发展，因为会积累资金和美誉。蓝门也意识到了这一点，因此选择和一个大型传播集团展开合作。"

省广集团并不是第一个向蓝门抛出橄榄枝的营销集团，蓝门的技术优势和发展潜力也曾吸引到一些其他的外资集团的注意。胡文恺解释说："我曾经在 WPP 工作过，他们曾经也对蓝门提出过收购的想法。而我们最开始也是倾向于和外资公司合作，所以基本上很多外资集团我们都有过交流，但后来发现由于文化、财务、数字营销未来规划方面都存在差异，我们还是转而与内资企业交流。恰好省广是第一个和我们谈合作的，在交流中发现我们的目标很一致，同时，我们与省广同在广州市，在地缘上也很便于沟通，在发展目标上互补性也很契合。"总而言之，相近的地理位置、一致的发展目标、互补的业务结构，一系列多方面的因素最终促成了省广集团与蓝门的合作。这是继蓝门与梦洁股份合资成立子公司后的又一重要举措，也是蓝门拥抱资本市场的重要一刻。

作为实力雄厚、资源丰富的中国本土第一家上市广告集团，省广集团具有丰富的资源网络。加入省广集团后，这些资源统统向蓝门敞开，为蓝门提供了更多的发展机遇。胡文恺说："自从与省广合作之后，我们开始发展媒介业务。今年（2017 年）我们刚合作了一个汽车客户，一年媒介预算大概有 5 亿~6 亿元，这可以扩充我们自身的营收，而之前的蓝门基本上以赚取服务费为主。"

对于省广集团来讲，蓝门的加入同样是省广集团数字营销布局的重要一环。近年来，省广集团从一家以传统媒体广告为主的本土广告集团转型为全媒介覆盖的整合营销集团，其在数字营销领域的大力布局，与蓝门的业务有较强的互补性。不管在业务上还是数据平台的整合搭建上，蓝门的加入都能使省广集团的业务板块更加全面，而省广集团丰富的业务资源及长期的数据积累也对蓝门拓展新的业务范围大有助力。[1] 胡文恺举例说，"在数据收集方面，省广提出一个大数据的想法，想要做一个数据联盟，帮客户创造更多的机会"。但在具体的落地实践过程中他认为还存在一些难题，"客户的数据共享意愿有待考察，首先要看彼此体量是否匹配，包括媒体，如果想要监测阿里整个链条中的投放数据，阿里是否愿意给这个数据以及愿意给到什么程度，这些都是有待解决的问题，但这些问题又是必

---

[1]《蓝门数字营销集团宣布与省广股份合资，胡文恺 Cyrus Hu 出任集团 CEO》：https://mp.weixin.qq.com/s/JnYHhs5J2rS-XmD6aLUJ4g[2018-12-24].

须要解决的，只有做通这一块，才能在客户那里有应有的价值，不过需要时间与各方的推动。目前省广的思路是说服广告主来支持这件事，即省广合作的客户可以以其在省广花费的营销量来换取相应的免费服务，这些服务由各个子公司来提供，集团也会给这些子公司一些相应补贴，蓝门也是这些子公司中的一员"。

四、程序化购买是行业发展的必然趋势

在程序化购买方面，蓝门拥有专门的程序化广告平台——原生易，通过与各平台对接实现广告混投，完成自动化的信息流广告呈现。原生易平台具有强大的数据管理中枢，可以实现营销效果实时跟踪优化。胡文恺说，"原生易平台就相当于我们的DSP，它需要一定的智能，但这种智能区别于之前的智能，从单纯的程序化转向AI，是可以自己思考的，只需要一定的程序设计，AI会有自己的判断与分析，进行动态修改，未来会变得越来越智能"。结合目前行业现状，他认为程序化设计是一个很新的概念，但在行业里能真正做到程序化设计有一定难度："一些模板式创意还只能满足一些非常基础化的需求。只要有人的地方就会有中介，所以广告代理公司终究会有存在的价值。"

对于程序化广告的未来，胡文恺充满信心："在国外，媒体环境有所不同，Google和Facebook已经包揽了将近90%的资源，未来5～10年，绝大多数广告都会以程序化购买或者智能购买的方式实现。传统媒体和互联网其实并没有本质的区别，只不过是渠道和媒介的不同，只要联网就会实现一体化。"

当然，他也认为程序化购买的最终实现需要一定的时机和条件："程序化购买还需要多方推动，程序化购买之后意味着好的东西越来越贵，不好的东西越来越差，现在的媒体如果通过传统的形式销售，比较鱼龙混杂，如果转变一种营销方式，也许改变的就是整个行业。媒体现在有很大一部分销售人员，这些人今后的去向在哪？所以程序化购买的进展需要时间，但是发展趋势是无法改变的。"

在这个没有硝烟的战场上，各类型的数字营销公司都在瞄准市场暗自准备。蓝门数字集团作为一名具有较强技术基因的选手，始终保持着自己强大的技术优势，专注于电商领域持续深耕，努力开拓新的数据产品。同时背靠着省广集团大平台提供的丰富资源，努力将自身在垂直领域的独特优势发挥到极致，这也成为其在激烈的市场竞争中独树一帜的重要原因。

AMG：跨屏整合营销先行者

访谈手记：

随着各种各样的移动互联网设备的出现，用户行为发生了翻天覆地的变化。移动化和碎片化已是常态，用户注意力正在被手机、电视、平板电脑等多重屏幕所分散。如今，单一屏幕或是简单多屏化的营销模式已经不能让用户很好地记住一个产品和品牌，实现跨屏整合营销是这个碎片化时代的大势所趋。安迈国际传媒（北京）有限公司（以下简称 AMG）顺应时代发展潮流，基于大数据商业应用优势，创建了一站式跨屏程序化营销。

AMG[①]以做传统户外广告起家，在整合合并后，开始进入数字营销领域，并进行程序化平台的搭建和研发。安迈国际传媒的数字跨屏产品，主要由四大核心技术平台构成，即视频广告程序化（威视智能视频）、智能电视广告程序化（傲视智能电视）、户外广告程序化（奥多智能户外）及移动互联网广告程序化（云效智能图文）等平台。

AMG 的 CEO 赵恒先生是广告营销界的一名老兵，拥有 20 年线上线下广告营销管理与技术实践经验，他在 2014 年创业之初就对自己公司与产品有着精准的定位——要做中国跨屏营销（全媒体营销）领导者。公司成立几年来，AMG 在实现跨屏及程序化上成果显著。为了解其跨屏布局，也期望为正在布局跨屏营销的数字营销公司提供一些参考，我们专访了 AMG 的 CEO 赵恒先生。

访谈对象： 安迈国际传媒（北京）有限公司 CEO　赵恒
访谈时间： 2017 年 8 月 30 日

---

① AMG 安迈国际传媒官方网站：http://www.amgmedia.com.cn/。

一、跨屏整合——让数字传播更加无界

数字营销的未来不在移动，而在于跨屏。自 2010 年以来，随着用户重心由 PC 端向移动端的转移，广告主的营销方向也随之发生偏转。注意力在哪儿，广告也就在哪儿。艾瑞咨询发布的《2018 年中国网络广告市场年度监测报告-简版》显示，2017 年度，中国网络广告市场规模达到 3750.1 亿元，其中，移动广告规模就达到了 2549.6 亿元，占比高达 68%。[①]但实际上，用户的注意力并未完全集中在移动端，而是正在被多屏所分割，特别是与互联网接轨的电视和户外更加的数字化与智能化重新吸引着用户的目光。

AMG 所打造的并非传统意义上的覆盖移动端、PC 端、Pad 端的跨屏，为了让营销能够实现"线上线下生活场景的全面整合"，他们还打通了 OTT 与户外媒体这两大"新兴"数字传播渠道。通过各平台数据的打通与整合，实现线上线下数据的无缝衔接，从而真正做到覆盖全场景的营销，帮助广告主达到更好的营销效果。[②]

实现新媒体广告与传统广告的融合一直是 AMG 在探索的事情。赵恒说："安迈国际传媒作为线上线下结合的传承者与创新者，也将互联网的技术思维嫁接到了传统的媒体及终端。"

基于自身以往的户外广告制作经验，AMG 创造性地提出了户外广告程序化，通过对户外数据采集系统的研发与部署，并对户外用户大数据模型进行分析，找到了户外广告的互联网转型之路。O-Smart 平台通过对整套户外广告投放流程梳理，并将线下数据与全网打通，能直观地呈现各点位价值，极大地减少与缩短了户外广告投放的难度与时间。

在 OTT 领域，AMG 也积极布局。过去传统电视在互联网的冲击下，一度淡出人们的生活。但是，互联网电视以高清、大屏、互动、点播等优势再一次吸引住人们的眼球，以 OTT 大屏为中心的客厅经济再度重生。AMG 看准了这一趋势，在 2017 年率先实现了 OTT 智能程序化购买平台 OTV-Smart 的研发与应用，致力于打造"智能家庭客厅"。OTV-Smart 通过集合智能收视数据并进行分析，与客厅关联用户进行实时精准匹配，为广告主实现从开机到内容观看的一站式电视营销。

户外广告、家庭电视的打通，完善了 AMG 的数字传播网络闭环。用大数据连接线上媒体、线下点位及客厅智能设备，让跨屏更加完整，让数字传播更加无界。

在谈到各端口的投入比时，赵恒说："目前整个投放中户外占比最大，占 50%~60%。互联网则占到 30%。这其中，移动端投放又会多一些，PC 端偏少一些，至于 OTT 领域，因为这个行业刚刚开始，我们也刚开始做，所以占比最小。"

[①] 艾瑞咨询. 2018. 2018 年中国网络广告市场年度监测报告-简版. https://www.iresearch.com.cn/Detail/report?id=3264&isfree=0[2019-01-15].

[②] 赵恒. 2017. 大数据让跨屏整合营销大不同. 声屏世界·广告人，（11）：76.

二、多方数据整合，获取精准用户画像

正如尼葛洛庞帝所说："计算不再只和计算机有关，它决定我们的生存。"[1]

如今，随着智能手机等各种智能硬件的大量应用，数据已经完全"侵入"我们的生活。我们的一言一行，甚至小到每一个点击，都会变成记录我们行为的数据，这些微小的数据综合起来，也就变成一个个活生生的数字化的人。而数字营销的基础，在于对数据的挖掘和应用。数据是数字化生存时代的新型战略资源，而如何获取有用的数据则成为一大难题。

赵恒表示："为了解用户在不同屏幕间的互动，必须对他们的数据进行实时监测。在跨屏数据获取上，我们有部署自己的电子平台以收集数据。同时，还来源于广告投放过程中涉及的数据。如 PC 端和移动端一般选择的投放平台是腾讯视频、搜狐、爱奇艺等，在视频网站投放过程中，移动端可以获得媒体端提供的 IDFA（identifier for advertising，广告标识符）、IMEI（international mobile equipment identity，国际移动设备唯一识别码）、浏览内容、时间、地理位置等信息，而 PC 端则是通过媒体接口输出用户 Cookie 信息，获取用户数据。对于影院、户外社区楼宇等户外场景用户接触点，通过自身部署的 Wi-Fi 设备和蓝牙探针、iBeacon 等技术获得用户 MAC 地址信息以及地理位置等内容。OTT 端主要是靠技术获取数据。因为很多互联网电视厂商并不具备技术研发、数据收集与分析的能力，通过合作，我们以提供技术支持的方式换取它们的数据。[2]但这更多的是获取一些重组数据，而不是实时收取。最后基于以上收集的数据，我们还会与第三方数据运营商，如艾瑞、易观国际、TalkingData 等的整合数据进行交叉匹配，结合多种维度定向，使用户的行为更加丰满，让用户画像无限接近于客观实际。随着数据的不断积累，用户画像会越来越清晰，对于单一用户的对应 ID 也随机形成，从此，同一用户在不同场景下的行为画像应运而生，得以实现跨屏的广告投放。"

不可否认，如今企业拥有越来越多的渠道、设备来获取数据，自身拥有的及市场上的多方数据总量规模都很大，但是这些数据都还相当分散，早期的"数据孤岛"问题依然存在。在当前互联网生态下，少数互联网巨头、移动运营商占据了流量入口，也因此垄断了大部分数据，形成了体量庞大却各自孤立的数据孤岛。

在数据的开放情况上，赵恒认为要实现全网的数据打通，还需要从技术到制度上的全网革新："数据巨头 BAT 占有大量商业数据，现在开放的仅为广告数据和有限的 IMEI 号。但开放的广告数据都是 Cookie 信息，这些数据处在实时变换当中，并不具备可储存性。同时政府也掌握着大量的数据资源，现在各级政府在'全民大数据'的号召下，正在

---

① 尼葛洛庞帝 N. 2017. 数字化生存. 胡泳，范海燕译. 北京：电子工业出版社.

② 陈天飞. 2017. AMG 安迈国际传媒 CEO 赵恒：开创跨屏智能广告营销之路. https://mp.weixin.qq.com/s/zOc33p Bhdmp0QWTgf-dhBA[2019-01-11].

逐步开放大众数据。但在各方因素的掣肘下实现完全的数据共享还存在较大的障碍。数据孤岛现象仍较为普遍，严重阻碍着互联网的发展。互联网的发展要经历一个 1.0 的单向传播阶段、2.0 的站内互动阶段，以及 3.0 的全网打通阶段。现在处在一个互联网 2.5 的阶段，也就是说，集团内部可以实现互联互通，比如腾讯，而全网的数据开放接口还有待开发与整合。"

三、区块链技术——破解数据造假困局

数据的应用带给人无限新奇的同时，往往带来相伴而生的隐忧。

在如今的互联网时代，流量为王，数据成为核心竞争力，也成为衡量产品质量的重要标准。美国著名广告大师约翰·沃纳梅克曾指出了广告界的一大难题："我知道我的广告费有一半是浪费了，但遗憾的是，我不知道是哪一半被浪费了。"原本认为数字营销的精准投放可以解决这一问题，但是虚假流量、数据造假的问题再一次引发信任危机。

新的市场需求会催生新的市场产生，广告主对于流量监测的需要，也给专门的数据监测公司提供了机会。像秒针、尼尔森、AdMaster 等公司纷纷将资金投入到数据监测产品的研发，拓展自身业务范围，作为独立的外部监测机构，它们的立场也更为客观公正。

对于流量造假问题，赵恒表示，在过去与品牌的合作当中，广告主也会借助于第三方平台对流量进行实时的监控与提醒。当虚假流量超过某一个比例时，就不予结算。

与此同时，为了让广告主产生信任，一些大的媒体和广告平台也开始对自己的数据进行分析与监测。赵恒表示："我们也有自身的安全和技术手段来甄别虚假流量。如果遇到虚假流量，采取一种背靠背的模式来转嫁风险，我们也不予结算。"

除第三方监测以外，赵恒认为业内现在还可以通过反作弊机制来优化，而未来会利用区块链技术来建立信任机制，改善数据造假问题："区块链技术的引进将是广告行业的一次重大颠覆，主要的原因在于以下几点。因为区块链最大的一个优点是去中心化，形成的是一个无企业、无组织的有序环境，无须第三方介入；第二是可信任度，一般来说，一旦信息经过验证并添加至区块链，就会永久地存储起来，除非能够同时控制住系统中超过 51% 的节点，否则单个节点上对数据库的修改是无效的，因此区块链的数据稳定性和可靠性极高；而第三个原因在于智能合约，区块链本身是一个闭环，所有的参与者通过智能合约的方式进环，相互约定之后，人为控制不了，除非所有人同意更改。"

四、精品内容与精准投放是抓住用户的关键

在过去的 20 多年，广告主们一般通过人工沟通直接购买广告位。这种购买方式冗长复杂、费时长且市场价格不规范。程序化购买解决了这些问题，它凭借自动化、精准化的优势迅速崛起。赵恒认为："程序化购买将会全面取代原有的广告购买方式。"

谈到程序化购买，很多人容易错将程序化等同于自动化，即完全可以取代人。赵恒说："其实自动化就是从广告主自主下单、上广告、提供广告素材到获得反馈这一过程。而程序化是以用户数据为支撑，进行分析后与媒体属性进行匹配，接着以'价高者获胜'的原则进行竞价。自动化和程序化是前后完成的。也就是说，程序化购买只是实现了部分工作的自动化，整个投放过程仍需要专业人员的规划与执行。"

但是现在广告主因为虚假流量的问题，对程序化购买仍存顾虑。赵恒说："现在进行程序化购买的多是长尾流量，市场上优质流量不够就容易造假，只有资源多的情况才能实现竞价。同时，程序化本来是自主竞价的 RTB 模式，在资本的驱动下演变为先定价的形式。未来，所有媒体的量转到互联网，头部资源、黄金资源也能做到竞价程序化，这些问题都肯定会消除，这是广告行业发展的必然。"

此外，新的媒介形式层出不穷，渠道无限细分，用户注意力更难获取。怎样才能有效吸引用户注意、获取更多的流量呢？赵恒认为："未来内容营销是抓取用户关注度的关键所在，坚持'内容为王'的原则才是第一位的。"在消费者的时间和注意力"碎片化"的今天，内容仍然是消费者看重的重要方面，内容营销有其不可替代的价值。尤其是推送有针对性、有价值、有个性的内容显得越发重要，也越发容易赢得消费者的关注与认同。

赵恒介绍，AMG 基于大数据技术创建的 Video-Smart，是以内容为核心实现视频广告程序化购买的，通过对所有的影片内容做数据分析，进行预判，从而智能推荐资源，让广告内容紧贴目标受众群。

得益于大数据的分析，营销公司能更加精准定位、洞察消费者的兴趣爱好，并助力内容生产和媒介选择。实现用数据了解消费者，用内容满足消费者。赵恒说："就像国外的 Netflix 的《纸牌屋》的拍摄，是基于用户的海量数据积累和分析来做影视内容制作的前期预演、提前预测其曝光度的。总的来说，内容的精品化、差异化、原创化才是未来内容产品的制胜法宝。"

AMG 通过大数据打通多屏资源，成功实现了一站式跨屏整合营销，这其中的经验值得我们学习。至于未来的发展方向，赵恒表示："安迈国际传媒将在区块链技术的应用以及货币的发行领域进行布局，期望融合区块链技术，构建更加完善的产业链，巩固产业势能的增长趋势。但是，区块链作为一种新兴事物，在与广告行业的结合方式上还需多加揣摩。"

【数 字 媒 体】

凤凰数字科技：传统媒体在数字领域的新布局

访谈手记：

  北京凤凰数字科技有限公司（以下简称凤凰数字科技）隶属于凤凰卫视控股有限公司（以下简称凤凰卫视传媒集团），是其旗下一家互动多媒体内容服务商。依托凤凰卫视传媒集团强大的品牌影响力和媒体传播能力，凤凰数字科技以计算机图形技术、视觉系统集成技术和软件技术为基础，借助虚拟现实、增强现实、动作捕捉等创新体验方式，专注于进行数字化交互内容设计和产品研发，为不同行业的客户提供体验式数字内容整体解决方案。在凤凰数字科技的官网上，它给自己定下来这样的目标：秉持开放包容的姿态，以"通过创新技术，让内容突破感官和想象力边界"为服务理念，领跑文化与科技进步的前沿。

  作为一家植根于传统媒体土壤之中的企业，凤凰数字科技体内留存了多少老牌媒体的基因？面向数字时代而生，凤凰数字科技对于新技术的应用又有着怎样的理解？放眼未来趋势，凤凰数字科技如何规划自己的发展路径？

  2019 年，武汉大学数字营销调研团队对凤凰数字科技副总裁杨智予先生进行了电话访谈。

  访谈对象：凤凰数字科技副总裁 杨智予
  访谈时间：2019 年 1 月 15 日（电话访谈）

一、老牌媒体：优质内容+价值引导

2019 年是凤凰卫视传媒集团成立的第 23 个年头。作为一家成军二十余年的企业，从单一频道电视台到如今的大型媒体集团，凤凰卫视传媒集团始终保持着传统新闻媒体的担当与社会责任感。凤凰数字科技作为凤凰卫视传媒集团的子板块，对于自身的定位一直有着清晰明确的认知，对于企业价值也有着自己的理解和坚持。

据杨智予介绍，从规制上来讲，凤凰数字科技和凤凰卫视、凤凰网等事业部板块是平级关系。而在业务过程中，各板块间保持着非常紧密的合作关系。凤凰卫视、凤凰网有着各自的媒体内容和流量资源，而凤凰数字科技主要布局在文化、地产领域，擅长科技化的表达方式，同时具备 IT 方面的优势。因此在实际的业务过程中可以实现多方优势互补，共同达成最大的效果。

杨智予首先强调，凤凰数字科技的业务核心是以优质的 IP 资源作为切入点，通过虚拟现实、增强现实、全息互动投影、沉浸式动作捕捉等一系列的技术表达方式，为文旅、地产品牌提供整体的商业解决方案："目前我们的商业解决方案主要涉足三个板块：第一是新媒体艺术板块，主要是以我们和故宫博物院合作的、以清明上河图 3.0 作为具体表达形式的新媒体产品，将经典的文化艺术通过创新的艺术表达方式体现出来；第二个方向偏向于儿童亲子的教育和娱乐，我们与清华大学、北京大学、中国人民大学、北京师范大学等一系列知名高等院校建立合作关系，结合其强大的教学资源和专业的教学经验，通过创新的科技手法，为亲子家庭提供寓教于乐的体验，包括相应的娱乐产品和课程；第三个产品是为响应中华人民共和国成立 70 周年和中国特色社会主义文化自信的号召，我们以国防军事、红色旅游、爱国主义教育作为核心，同样借助于现代创新的科技方式进行展示，从小培养少年儿童的家国情怀，于国家、于民族产生更深厚的责任感，了解到国家的安定繁荣、我们幸福生活的来之不易，未来通过自己的力量去更好地建设和保卫祖国。"

在大力发展创新技术应用的同时，创造优质的内容资源也是凤凰数字科技的重要发展战略之一。作为以生产内容起家的老牌传媒集团，优质的内容创作是凤凰卫视传媒集团一贯的竞争力。如今凤凰数字科技的发展策略同样秉承着这一传统，杨智予介绍说："我们的发展策略是一方面不断优化内容，通过内容和媒体的合作，共同创造优质栏目。另一方面，随着科技的发展，媒体和内容也不仅限于传统的电视、报纸，或当下所谓的互联网媒体、数字媒体和新媒体。民众接触的媒体形式和消费场景越来越多，我们借助于创新科技，在新的消费场景下，使他们能够体验优质内容、实现优质内容变现。"

凤凰数字科技选择以 IP 合作作为主要生产方式之一，其中很大一部分优势来源于凤凰卫视传媒集团多年来的资源积淀。此外，自身的专业性和强大的技术能力使他们在机会到来时，能够精准有力地把握机遇。杨智予说："首先，在这 20 多年的发展过程之中，凤凰卫视传媒集团自身积累了很多高品质 IP，比如凤凰卫视著名的栏目《鲁豫有约》《锵锵三人行》《凤凰大视野》，以及《一虎一席谈》《军事观察室》《中国战法》《寰宇大战略》等一系列不同方向、不同定位的栏目 IP。随着媒体数字化的发展，凤凰网目前也拥有很多具备商业和社会价值的 IP，如"一路书香""火力无限""美丽童行"等一系列的内容 IP，在新时代背景下具有非常大的影响力。这些内容分别从文化艺术、历史、教育人文、军事国防、政治财经等各个方向影响了一大批在中国非常有影响力的人，在他们之中形成了强大的号召力和认同感，所以我们自身就是一个拥有多种 IP 内容的平台。其次，基于我们内容打造的实力和技术表达手段，以及在传媒领域深耕多年的在社会上塑造的公信力和影响力，越来越多的像故宫博物院这样的机构愿意与我们合作。最后，多年以来凤凰一直走在媒体发展和内容创新的前沿。创新科技是一个把 IP 进行活化和商业化的推手。当我们拥有自主 IP 或者合作 IP 后，我们更多的是考虑如何借助于自身打造内容的经验和专业度以及在科技上的创新优势，将 IP 与当前时代背景结合，发挥、创造社会价值和商业价值。"

随着大众的注意力越发碎片化，即便优质内容的热度也难以维持。杨智予认为若要判断或创造有价值的内容，首先要对价值做出界定。"现在我们做媒体很容易陷入两个误区：一种是'哗众取宠'，即某些媒体完全迎合观众，被一些相对不是特别正面的需求所左右。虽然短时间内可以带来巨大流量，但却违背了作为媒体最基础的使命，即传递有意义、有价值的内容，忽略了媒体的特色和根本。另外一个极端是一些媒体故步自封，没有跟上时代的步伐。时代在不断发展，不同时代的民众的需求是不一样的，不同时代的媒体传递的价值观和生活态度也是不一样的，我觉得这两种方式都是过于极端的。"杨智予认为，媒体或者机构首先应当明确自身的定位，对自己的目标用户有清晰的认知，形成独特的价值取向。"从建台至今，凤凰一直以来的定位是没有变的，即'影响有影响力的人，向世界传递华人的声音'。这一理念随着时代在不断发展和拓展。当今中国人民生活水平不断提高，影响力逐步走向海外，我们不仅要让世界看到中国经济实力的发展，同时也要传递出文化自信，让全球认识到中国的文化底蕴和社会繁荣文明的景象，使国内有影响力的人士更多地去保护、理解、传承中国悠久文明和灿烂文化。以此作为我们的价值观，我们知道我们所影响的是谁，我们知道在这个时代他们需要什么，同时我们知道自己最有优势的是什么。想明白这些问题之后，接下来怎么去传递价值相对来讲不是特别难的事。"

二、新兴技术：洞察需求+寻找场景

在对目标用户有了清晰定位之后，继而需要进一步准确地厘清目标消费群体的决策路径，实现消费转化和变现。杨智予认为，对于消费者的浏览习惯、消费习惯的洞察与分析，是随着媒体的发展而不断地去进行演化和创新的："我们经常看到所谓的大数据、算法和分析方式都在不断创新和优化。'万物皆媒'的时代，我们每个人通过移动终端保持在 always online（持续在线）的状态。其实大家的一举一动、一言一行，包括所看、所想和所要表达的事情，毫不夸张地说，已经暴露在光天化日之下。用户的浏览行为、阅读、分享或交互方式，用户对于内容的关注程度，对于消费趋势的态度，对于当下一些不同的资讯、潮流或者趋势的观感，我们是能够了解的。我们获取数据的方式，一是利用自身线上拥有的数据抓取分析和优化的一系列平台，二是结合我们自身的服务用户和定位特点，通过一些行业数据进行定制化的调查研究，三是与第三方机构进行一些联合的相关数据的采集、分析和报告。在保护每个人的个人隐私的前提下，我们可以通过数据来优化与用户沟通的方式。此外，用户处于社会生活之中，除上网行为外，还需要处在衣食住行等不同的生活场景内。之所以布局文旅行业，就是因为我们不仅可以借助媒体的呈现方式为用户提供服务，还希望把我们的服务进一步延伸和下探，在用户体验服务的各种维度的同时，了解他们在不同消费场景下的消费习惯，优化我们的服务和内容输出。"

一项智能技术的横空出世，往往会产生极大的关注度。而伴随着用户新鲜感的逐渐消失，智能技术的核心价值究竟在于何处？杨智予认为，任何一个新技术的发展蜕变，其实都经历着同一个历程——从一开始的"无从下手"，到接下来的"多点开花"，最终这项技术会找到最适合的、最有价值的和消费者形成连接的方式。例如，VR 技术，从 2015～2016 年开始萌芽，到 2017 年进入黄金时期，再到 2018 年的回归冷静，其实就是在经历这个过程："像电视或者是互联网媒体需要经历几年甚至十几年的时间，现在虚拟现实技术可能在五年之内甚至两三年就可以实现这样的结果。现在的技术发展非常快，再加上资本加持，所以发展速度就显得非常快。一开始挖掘技术的价值是'发散'，最终聚焦回到'收'，这是任何一个技术都需要面对的过程。所以当用户新鲜感丧失的时候，核心问题并不是如何通过技术创新去带来新鲜感，而是精准把握消费者需要虚拟现实的场景。在一些场景下，消费者对于虚拟现实的需求是必要的，而非简单的兴趣问题。比如公共安全教育以及特殊工种操作作业的培训和教育，通过虚拟现实解决了之前传统方式根本无法解决的问题，找到了目前最佳的解决方案。接下来我们的发展方向是通过不断地发展和尝试，找到虚拟现实更适合或者更具不可替代性的场景。同时逐步优化虚拟现实的技术实验方式和交互方式，能够更好地应用在特定场景下，真正解决实际的问题。"

凤凰数字科技目前的三大业务板块其实都和 VR 技术分不开[①]。杨智予认为这三个方向恰好为 VR 等新技术找到了更适合的应用场景和业务方向："第一是文化艺术板块，为什么我们通过虚拟现实技术去还原清明上河图？许多像清明上河图这样的文物传世千百年，真迹需要精心保护，展览时间与周期非常严格，对于普通的文化爱好者而言难得一见，

---

① 周茂君，闫泽茹. 2018. VR 营销：现状、问题与对策. 西南大学学报（社会科学版），（3）：58-65，190.

并且很难充分理解其中的文化内涵。那么通过包括虚拟现实在内的创新多媒体技术，我们就可以让古代的艺术画作穿越时空，使其更容易被当代的人们所理解，并且能够更好地保护艺术画作，让中国传统艺术的精髓得以传承。第二，虚拟现实在文化艺术领域扮演着不可替代的角色，在儿童亲子教育领域也是一样。以往在呈现侏罗纪公园、宇宙大爆炸或者是海底探险等内容时，一般通过书本或者视频的方式去实现，但是这种方式更适合于知识的普及，很难让孩子获得兴趣。虚拟现实通过场景的还原，加入各种互动方式，使孩子更好地对内容产生兴趣，更愿意去接受知识，并因此而爱上科学。第三在军事国防方面，比如红军二万五千里长征中经历过种种苦难，爬雪山、过草地、飞夺泸定桥、巧渡金沙江等场面，以及其中包含的'红军不怕远征难'大无畏革命精神，通过传统的方式很难表现。但虚拟现实的创新方式可以让观众游客身临到场景之中，使其在模拟出来非常仿真的场景里对于革命先烈抛头颅洒热血的经历更加感同身受。随着国防的发展，镇国重器怎么通过既安全又非常有吸引力的方式展现在军迷爱好者和青年人面前？其实通过虚拟现实技术就能解决问题①。"

三、放眼未来：优化体验+团队协同

对于未来 VR 营销的发展方向，杨智予认为如果仅仅将 VR 视为一种技术，则很难去评估其商业价值。只有具有商业价值的解决方案才能够进入市场，形成健康的市场化的产品。"目前来讲，我们首先要看 VR 这样的创新技术在市场环境里扮演什么样的角色。我的理解是优化和创新体验——它能够还原一些传统的方式无法还原的体验，而这些体验本身在终端或者在企业端口是有需求的。解决需求以后，我们通过整套商业模式研究出其商业价值在何处。比如说我们现在做的军事国防方向，其中虽然用到很多创新技术，但是任何技术本身不是需求，需求在于创造的内容本身。首先从民众来讲，其迫切地想要了解目前国家在军事国防方面先进的发展状况；同时国家也希望通过军备力量的发展，使人民获得祖国强大所带来的安全感，两者相辅相成形成了需求。需求本身对应的是市场价值、商业价值，通过科技优化表达方式、互动方式，使需求以更好的方式被满足。过去的红色旅游景区或者军事展览所惯常展示的物料无法讲述背后丰富的内容，那么现在通过技术可以将内容更好地进行展现。当用户的需求得到满足以后，需求创造的商业价值就体现了出来。我们通过内容的付费观看和体验，吸引用户购买后续产生的延伸性的产品。如相应的衣食住行消费、衍生品销售、对应课程、团建活动、赛事等一系列产品，就会对应需求而产生。"

杨智予介绍，凤凰数字科技目前还处在不断挖掘和拓展发展方向的过程中。在确定未

---

① 《杨智予 沉浸式体验给文旅的腾飞插上了一双翅膀》：https://wap.peopleapp.com/article/3716272/3550839?from=singlemessage&isappinstalled=0[2019-03-31].

来的发展方向时，既要立足市场需求、结合自身优势，同时要从需求是否适合以全新的科技诠释、能否满足需求、能否提供更好的体验等多个维度进行考量[①]。他说："我举个例子，目前房地产整体的发展经历了一个从增量到存量的过程，从之前的圈地盖楼向优化运营、优化内容、优化服务的方向发展。在销售阶段，高科技可以帮助消费者更方便地体验、了解房产信息。房产领域作为一个较为特殊的行业，其后市场是比前市场更大的产业。前市场很大，房产基本是每个家庭最大的储备；但从时间、空间的维度来看，房后市场整体需求更为庞大。买房后需要考虑周边的教育、医疗等民生问题，涉及背后对应的各种生活化服务。而很多生活化服务可以借助创新科技实现，比如很多商业社区，为了提供更好的服务，和我们合作制作虚拟的健身设施或虚拟的儿童幼儿园。优势在于非常节省空间，更新维护方便，开发成本合理。当地业主对于服务的满意度又是一个层次的提升。回到之前我们所说的源头，作为房产的业主来讲，他们希望在自己生活的场景内获取更好的服务和配套设施，这是根本的需求。我们通过需求分析哪些部分可以通过科技使服务变得更好。"

要实现技术和内容在不同市场中准确的表达与应用，良好的团队合作就显得尤为重要，对于加强不同团队之间的合作沟通，杨智予有自己独特的经验："我们的团队包括三个职能。第一是创意人才，他们必须具有非常强的想象力。新技术的表达是前沿性非常强的领域，我们需要非常具有创新性、想象力的人群提供更多创新的可能性。第二块是技术人才，我们叫'圆梦者'，负责把创意人才好的想法变成现实。第三块是市场营销人才，他们必须了解市场、不断挖掘更多机会，分析能否通过科技提供更好的服务，并且针对市场需求将我们的优秀产品向合作伙伴和客户群推广普及。这三个架构在日常的工作过程中采取'跨界'的合作方式，联系非常紧密，平时沟通非常多。"

此外，他认为未来对"一专多能"的复合型人才的需求是必然趋势。年轻人要有突出的特长，同时其他方面不能有短板。长处决定了为团队或社会贡献的最大价值，其他平均的方面是为了更好地和其他职能部门进行更加流畅的配合。没有个人，只有最好的团队。"现在来讲，无论对创业者还是对职场人员的要求都越来越高。首先要具备创新意识，现在各个领域都在快速发展，具有极强的不确定性。年轻人在思维上千万不要给自己太多的束缚。另外平常多去做各方面的积累，培养广泛的爱好。或许有些知识会变成自己一项重要的技能，我们现在做的业务都是服务于社会的，融入社会最好的方式就是多去接触社会上不同的行为，培养更多的爱好。第三要学会协作和有团队意识。小团队内部要具有能动性，就像动车一样，每一个车厢都有自己的能量和动力源，大家共同去推进目标的达成。随着现在的发展，未来团队的发展将会从之前的金字塔结构逐步变成一个个战术小组结

---

① 《杨智予：互动科技将成为文旅地产创新的重要驱动力》：https://house.focus.cn/zixun/1668dd5ef31422a3.html [2019-03-31].

构，所以对大家的自我调节能力、适应性、创新度以及配合协作、确定方向、做出决策的能力，都提出了全方位的要求"。

凤凰数字科技脱胎于凤凰卫视传媒集团，作为老牌传统媒体在数字化时代新的业务布局，他们对于技术和内容之间的关系有着自己的理解。数字技术作为一种展现方式，其贡献的核心价值在于优化体验，为社会提供更好的服务。而优化体验的结果，则在于技术创造的产值和收入。正如杨智予所说："创新技术其实是一个推手，帮助我们把 IP 更好地进行活化和商业化，创造更多社会价值和商业价值。技术本身无法通过内容而独立存在，它为内容服务，而内容则服务于它能够去贡献的社会价值和商业价值。"继承了传统媒体高品质的内容创作基因及优质的市场口碑，再加上与时俱进的科技与市场理念，凤凰数字科技的发展与成功或许能够为具有相同背景的数字营销企业提供宝贵的经验。

巨量引擎：汇聚流量，驱动智能化营销引擎

访谈手记：

在移动互联网环境下，今日头条与抖音短视频逐渐成为当下聚集用户最多的两大移动流量生态池。其母公司北京字节跳动科技有限公司（以下简称字节跳动）始终抓住技术进步、让用户更熟练和新人群这三个加速市场需求的手段，不断更新和升级产品线，吸引到大量品牌主的关注。2019 年 1 月 17 日，在字节跳动举办的"2019 引擎大会"上，今日头条及其旗下主要产品线首次集体亮相，并对今日头条、抖音短视频、火山小视频等产品进行了一次全景式回顾；同时，大会正式发布了字节跳动的商业化品牌——巨量引擎，引起了业内的广泛关注。为什么会有巨量引擎？它有着怎样的特点和优势？它是如何整合平台资源、与产品线形成合作的？如何运用数字技术打造移动营销闭环？带着这些疑问，我们专访了巨量引擎华东营销中心总经理陈鄂先生。

访谈对象： 巨量引擎华东营销中心总经理　陈鄂
访谈时间： 2019 年 1 月 29 日（微信访谈）

一、打通全线产品，以创新技术优势建立开放平台

从 2013 年创办头条号平台至今，从图文视频问答，到直播支持扶贫，头条号成为移动互联网上非常重要的内容生态。巨量引擎，作为字节跳动旗下的营销服务品牌，为全球品牌提供了多元的场景、创新的技术和开放的资源，让品牌与用户的连接方式更多样，让营销行为更加高效。它集合了今日头条、抖音短视频、火山小视频、西瓜视频、懂车帝、Faceu 激萌、穿山甲等产品的营销能力，同时联合众多流量、数据和内容方面的合作伙伴，旨在为全球品牌提供综合的数字营销服务。据陈鄂介绍："首先我们打通头条、抖音、火山、西瓜等国内产品及 TikTok、TopBuzz 等海外产品全线产品平台，聚合多元流量，为广告主实现全平台流量聚合，全场景用户覆盖。其次我们坚持技术驱动，加大技术投入。围绕巨量引擎商业营销平台用智能技术完成智能策略、智能洞察、智能创作、智能分发、智能评估、智能投放，全量整合构建营销闭环，用智能广告与智能内容提升营销效率，打造创新商业产品与模式。最后我们完善平台'接口'，相信伙伴外部能做好的让外部做。共享内容、流量、技术等资源，赋能营销伙伴。"

谈到巨量引擎自有的特征与优势，陈鄂表示，巨量引擎主要具备"多元、创新、开放"三大特征：

"多元，即多场景覆盖。多场景覆盖是巨量引擎的法宝之一。产品覆盖综合资讯、短视频、综合视频、问答、垂直资讯等领域，多款产品使用时长居细分领域前列，全天候覆盖用户场景。穿山甲联盟让细分使用场景更加完善，让产品与用户生活持续紧密相连。同时，巨量引擎基于信息、兴趣和社交，为品牌重构与用户的连接关系，匹配多种互动方式与创新广告形式，让品牌营销更加立体生动。

创新，即创新的技术和营销思维。我们依托创新的技术及营销思维，从智能洞察出发，全景呈现品牌营销环境。一方面，我们助力品牌内容营销多元创作，重构内容分发方式；另一方面，我们为广告策略与投放提供助力，智能呈现策略建议及效果预估，对智能投放工具灵活组合。以此搭建了从智能洞察、智能策略、智能创作、智能投放、智能分发、智能评估的完整营销体系。

开放，即在巨量引擎的平台上，我们开放海量的内容资源、高效的平台服务，以及领先的技术能力，为广告主提供智能的数字营销。同时，巨量引擎还是一个开放共赢的平台，我们将会不断深化与行业、多方平台、合作伙伴、内容创造方、渠道等第三方伙伴的合作，共同创造价值，互惠共赢，打造健康的数字营销生态。"

除国内行业间的沟通与合作，巨量引擎还将市场开放至海外，不仅帮助中国品牌走向世界，也在全球领域为全球广告主提供智能的营销服务。到 2019 年，字节跳动的产品已覆盖全球 150 个国家和地区、75 种语言。正如陈鄂所说："推出巨量引擎，我们希望可

以更专注地聚焦营销服务领域，为全球不同行业、不同规模的品牌推出源源不断的优质营销产品和服务，并满足它们不同场景下的营销需求。我们希望与全球品牌同行，成为它们紧密、长期的营销合作伙伴。"

二、建立 TAS 营销模型，打造品牌营销闭环

打造营销闭环在目前这个时代，对品牌来说越来越重要。营销闭环让品牌建立起一条能够精准并及时触达消费者的完整路径。巨量引擎建立的 TAS 营销模型，目的就在于助力品牌商推动营销增长，帮助品牌不断缩短与消费者之间的沟通距离。具体来说，巨量引擎提出的新营销闭环主要有三个关键词组成：trigger（激发）、action（行动）、sympathizering（共鸣环）。激发、行动、共鸣环三者构成的 TAS 模型，重新解释了品牌与消费者的沟通路径，也暗含了内容生态场域的新行动图谱。

据陈鄂介绍：

"如果把'触达'理解为品牌沟通的基础点，'激发'显然是要高于触达的营销诉求，所谓的爱好者、购买者、传播者，就是通过激发让消费者对品牌逐步从认知到行动，再到认同的喜好加深的过程。

'行动'在这里并非简单地完成购买行动，简单来说，既有实时的销售转化，也有粉丝经营的长效增长以及品牌资产的不断积累。转化也并非是'共鸣环'的最后一环，环状的共鸣环意味着其中的每一环都可能直接触发转化，甚至转化这一环本身就有着极大的营销空间。

'共鸣环'背后增加了用户的主动行为以及更丰富的情感连接，这也往往被认为是缩短品牌与消费者沟通路径，以及加速转化路径的关键点所在。在当下，内容无疑是引发用户共鸣最主要的介质。从 UGC、PGC 到 OGC（occupationally-generated content，职业生产内容）、BGC（brand generated content，品牌生产内容）的不断延伸，从一个字节到一个生态的不断生长的巨量引擎，是当下中国用户获取信息最主要的平台。"

随着营销态势的升级，品效共振成为众多品牌主的诉求。每个品牌主都在关心如何用短促直达的路径形成营销闭环，以更高密度的信息量引发用户共鸣。

陈鄂说："互联网时代，AIDMA 模型[①]发展为 AISAS[②]。但到了互联网下半场，消费

---

① AIDMA 模型是由美国广告人 E.S.刘易斯提出的具有代表性的消费心理模式，它总结了消费者在购买商品前的心理过程。消费者先是注意商品及其广告，对那种商品感兴趣，并产生出一种需求，最后是记忆及采取购买行动，即"attention（注意）–interest（兴趣）–desire（消费欲望）–memory（记忆）–action（行动）"，简称 AIDMA 模型。
② AISAS 模型是电通公司针对互联网与无线应用时代消费者生活形态的变化，而提出的一种全新的消费者行为分析模型，即"attention（注意）–interest（兴趣）–search（搜索）–action（行动）–share（分享）"，简称 AISAS 模型。

者的行为模型，发生着更加巨大的变化。但在当下'种草'即能'拔草'的实时转化路径中，长链路、引导式的传播路径反而会让用户流失。而全新模型下的三个环节：激发、行动、共鸣环，是让品牌内容在更短的路径下，以更高密度、更具爆发力的形式出现，直接激发大众产生行动，立刻形成转化，并通过链路闭环让品牌与消费者的连接更紧密。不论是图文场景还是短视频场景，巨量引擎旗下有着丰富的短路径场景，是品牌尝试共鸣环的最佳试验场。"

巨量引擎所提出的新模型给品牌带来最重要的营销启示，是对于内容营销的理解和实践：品牌既要追求短捷链路的高效沟通，也要有基于优质内容场域下的长远布局。

三、精准定向+优化创意：技术与内容的双向驱动

无论是今日头条还是抖音短视频，其用户规模与日均使用时长都在持续攀升，全面领跑行业高速发展，不仅拥有海量高黏性用户，更有推荐技术多元场景加持。在品牌营销中，数据至关重要。巨量引擎的数据经营管理分为数据管理、人群管理和策略管理三部分。其中数据管理包括广告主第一方数据、用户数据及合作第三方大数据；人群管理包括解析用户、触达用户和沉淀用户；策略管理包括智能洞察、动态优化和科学评估。通过数据的融合，巨量引擎能够做到打破平台壁垒、还原用户特征、无缝对接广告投放平台，同时多维定向、深度分析消费者行为特征，智能链接、助力广告主高效触达目标人群。在流量经营方面，巨量引擎打造出广泛触达、多维定向、深度互动的智能广告产品体系，再加上优质的内容输出，双向驱动打造移动时代的"品牌信息阵地"。

陈鄂说："巨量引擎的 DMP 为广告受众画像提供了丰富且精准的样本。其数据分析不仅涵盖基本的用户属性，还从行业场景、行为兴趣、社交图谱，以及第三方标签等多维用户数据标签，精细勾勒用户画像。"

Zenith Media 发布的《程序化营销预测》报告显示，数字展示类广告的程序化交易数量持续增长。2019 年广告商预计通过程序化方式售出的数字广告总值将升至 840 亿美元，到 2020 年，程序化数字展示类广告将占据数字广告交易的 68%，包括移动、社交和视频广告。[①]作为国内最早涉足程序化广告的数字媒体之一，程序化广告在字节跳动的投放比例在 2018 年已经占到了 95%。对于程序化广告的未来发展，陈鄂有以下看法：

"首先要全面拥抱程序化，数据连接能力在不断增强。eMarketer 数据表明，程序化投放占比美国是 83%、中国是 65%，而字节跳动达到了 95%，程序化成为主流，而程序化的本质就是发挥数字广告高效的特点。

---

① Fmarketing. 2019. 2019 年程序化购买营销行业调研报告. https://mp.weixin.qq.com/s/ksdRDIYTrS_BOzHBSTnHig [2019-03-14].

其次是尽量闭环、尽量智能。程序化的决策需要把数据贯通起来,线上线下打通,孤立的数据是没有意义的,系统是互动的系统、交互的系统,同时更是智能的系统。

最后是真正实现品效融合,并从概念到落地。品与效的融合并不是说要用效果渠道的考核标准来衡量品牌广告的费用,也不是把两者放在同一渠道里投放。真正的品效融合是去用量化的方式来做品牌投放。目前,Facebook 在很多国家都已经实现,在品牌广告投放中,按照最终转化目标来进行优化,他们称之为行动目标,在系统中定义了 100 多种行动目标来优化不同的结果。"

基于数据挖掘驱动的精准营销时代已经到来,巨量引擎凭借强大的数据挖掘、分析、处理能力,以及领先的智能分发技术,今后,也将持续以精准、高效的服务,为合作伙伴创造更大的商业价值。

面对数字营销的发展与变化,陈鄂认为,机会与挑战主要表现在两个方面:"一是如何精准定向,提高 ROI(return on investment,投资回报率),即精准找到受众;二是如何优化创意,即创意的内容如何让用户喜欢。"

未来分发技术的发展趋势将朝着更有深度、更准确的方向来转化数据闭环、优化自动定向。基于统计和机器学习的智能技术发展,有助于增强定向的准确性。同时,新一代基于模型的安全技术来保障数据安全。强大的算法技术、大规模工程和计算力将成为打造商业发展的基石。

对于技术在广告与字节跳动产品的应用与发展,陈鄂表示:

"技术已成为内容创作的重要驱动力。

具体来说,在技术深度应用于平台创意工具方面,字节跳动可将计算机视觉、自然语言处理、机器学习、语音&音频处理、计算图形学、系统&网络和工程&产品这些技术,具体应用于平台工具,包括智能建站、即视、图灵、即合、星图、程序化创意制作,与离线素材评估模型。

助力文字创作层面,字节跳动人工智能实验室下的 Machine Writing、Xiaomingbot 写稿机器人,支持多语种与快速度的撰写文章,目前(2019 年)已覆盖 13 个体育联赛和项目,在比赛结束后立即发布,2 年获得 12 万名粉丝和 5 亿次阅读量,获吴文俊人工智能科学技术奖。它也可以应用于撰写商业文章,已经产生超过 24 万篇内容。

视频创作方面,在大众所熟知的抖音中,炫丽或搞怪的表情与智能特效,就来源于人脸识别技术,3D 人脸重建可与用户达成互动,同时也可产生美颜、美妆、图像生成等特效。其场景识别技术有接近 97%~98% 的精准度,AR 渲染更是为用户提供了 UE4 级的真实感。在探索优质创意方面,顶级推荐技术可通过模型探索与学习，生成素材质量评估，以完成创意内容。比如，静态图片，可以自动生成连续视频。"

巨量引擎打通全平台，实现全场景立体化的覆盖，让多平台的数据互通落到实处，为品牌实现"以用户为中心"的精准触达和流量转化。以推荐技术构建的营销闭环在实现品牌商业价值的同时，为建立品牌与用户的共赢格局提供更大的空间。正如陈鄂所言："未来，巨量引擎将以开放的心态，引领数字营销潮流的变革，成为助力企业数字化转型的增长型引擎。我们将持续整合营销资源，并且把它们应用到我们已有的更多元化的业务层面，和未来可能会出现的新的业务当中。在平台的技术优势、流量优势、营销内容优势等的驱动下，我们希望为广大广告主提供更好的产品及服务，满足品牌、效果及更多的营销需求。"

一点资讯：基于兴趣引擎提供精准、价值资讯

访谈手记：

目前，移动互联网的用户人口增长红利逐渐消失，资讯平台间受众注意力和流量入口的竞争日益激烈，对于做价值阅读的资讯平台来说，很难抢夺过以发布娱乐内容为主的平台，因此一点资讯定位"有趣更有用"，以有趣为基础，更注重提供有用、有品、有料的内容，以此在平台竞争中获取差异化优势。

一点资讯作为一家内容聚合平台，自 2013 年创建以来，在底层技术架构中融合了搜索和个性化推荐技术，以用户"兴趣"为核心，既实现了海量内容信息的高效分发，又克服了机器分发的盲目性，解决了算法分发和价值内容输出平衡的问题，帮助用户更好地发现、甄别、获取对其真正有价值的内容，为用户提供个性化的阅读体验[①]。在 2015 年和 2016 年，小米、OPPO 相继入股一点资讯，共同打造生态联盟，除 APP 预装外，还为这些手机浏览器提供信息流服务，使得一点资讯在短时间内积累了大量用户，保证了终端合作流量[②]。另外，2015 年凤凰新媒体的战略入股带来了约 25 万家自媒体入驻一点资讯[③]，双方协作、内容共享，让更多有价值的信息触达更多有价值的用户。同时，2017 年获得国家互联网信息办公室颁发的《互联网新闻信息服务许可证》[①]，使一点资讯拥有了向社会公众提供互联网新闻信息服务的资格，拉开了与其他平台的差距。为此，我们专访了一点资讯华南营销总监肖星，试图从访谈中深入了解一点资讯在数字化时代的发展策略，探索其如何在众多类似平台的竞争中寻找到自身的差异化定位。

访谈对象： 一点资讯华南营销总监　肖星
访谈时间： 2017 年 8 月 10 日

---

① 一点资讯官方网站：http://www.yidianzixun.com/。

② 张铭阳. 2018. QM 报告：打造终端合作生态联盟　一点资讯手握全景流量弯道超车. http://economy.gmw.cn/xinxi/2018-12/05/content_32112226.htm[2018-12-11].

③ 《凤凰新媒体宣布完成一点资讯项目战略投资》：http://www.chinaz.com/news/2015/0430/402482.shtml[2018-12-27].

一、挖掘生态流量：“双预装”积累优质用户

伴随人口红利的消失，移动互联网进入存量市场，活跃用户规模增长缓慢，为了突破现有格局，越来越多的内容 APP 开始寻求更多的流量入口，生态流量受到更多的关注，如肖星所说：“一点资讯的优势即在于生态流量。”作为最早开始布局生态流量的内容平台，自 2015 年开始，一点资讯先后与小米、OPPO 达成战略合作，共同打造生态联盟，实现了“双渠道预装——即在小米和 OPPO 上的预装”。除了在两大手机厂商上预装新闻资讯 APP，一点资讯还为 OPPO 手机浏览器提供个性化资讯服务，成为 OPPO 浏览器的内容独家服务商[①]。

一点资讯的这一开放的战略联盟发展策略助力其达成了与拥有优质渠道的品牌方的深度合作，形成了优势互补的战略联盟矩阵，既可以让优质内容充分发挥价值，又使一点资讯快速积累了大量优质用户，这样的生态合作为一点资讯带来了非常大的流量。2017年 4 月国内大数据服务商 QuestMobile 首次采取“生态流量”的统计方法，将来自小米、OPPO 的数据统计到一点资讯的 MAU（monthly active users，月活跃用户数）中，其《移动互联网 2017 年 Q2 报告》数据显示，一点资讯月活用户数逾 1.8 亿，超过今日头条，位居个性化内容分发客户端首位[②]。

对于一点资讯来说，与小米、OPPO 这两大国内手机厂商达成合作，意味着获得了流量稳步增长的渠道，带来了新增用户的规模化增长，也为其后续发力提供了充足的生态流量。目前年轻人成为手机市场上的主力消费群体，而小米、OPPO 两大手机品牌无论是在产品的外观设计还是各方面的使用体验，都符合时下年轻消费群体对手机产品的需求，在肖星看来：“OPPO 的人群年轻、时尚并且在下沉，而小米又聚焦于一二线的潮流科技人群。”借此，一点资讯获得了海量贴有“年轻”“活跃”标签的 OPPO 用户群体和小米网络发烧友用户的关注，无论在用户规模和留存还是在产品口碑、品牌效应方面，都将获得稳定发展。肖星还表示，“一点资讯的自然流量也很大，iOS、安卓的自然下载量也很可观，这也成就了一点资讯的用户价值，深受广告主青睐”。

另外，肖星还提到：“在中国互联网络信息中心发布的第 41 次《中国互联网络发展状况统计报告》中，中国网民智能手机的使用人数大约达到了 7 亿多，这种情况下，获知其用户属性是很关键的，一点资讯在小米和 OPPO 上的‘双预装’为一点资讯提供了一个得天独厚的优势。得益于一点资讯与小米、OPPO 的战略合作，打通了手机硬件与 APP 之间的流量和数据壁垒，实现了跨场景用户数据和跨平台流量资源的双向共享。这种流量互通和数据共享为一点资讯进行移动端的数据监测提供了可能。不需要传统调研，只需要

---

① 开发者平台——一点资讯官方网址：https://developer.yidianzixun.com/。

② 杨林洁. 2017. 一点资讯月活用户量超越今日头条 新的格局或将到来?. http://mb.yidianzixun.com/article/0GqZ4ifP [2018-12-21].

在有网的地方就能进行全流量统计的操作，比如无线路由、Wi-Fi 发射等，样本数也相当可观。由此也可以进一步推动一点资讯自身的品牌升级，打造完整生态布局，并在这些合作中释放一点资讯真正的量。"

二、打造兴趣引擎：满足用户长尾兴趣

在谈及一点资讯与一些传统门户网站的区别时，肖星表示，一点资讯在内容的分发及内容的深度、广度上都与传统门户网站有一定的区别。移动互联网时代，随着智能化和大数据技术在内容分发领域的应用，用户已经能够从个体出发反向地向内容平台索取需要的内容。一点资讯建立在兴趣引擎技术架构上的内容分发，使一点资讯的资讯内容得以高效、精准地触达用户，而基于合作媒体和自媒体内容创作平台构成的内容源，也充分满足了用户的长尾兴趣。

"门户网站基本上还是千人一面，我们的友商今日头条是从千人百面到千人千面进化。所谓千人百面，即信息提供方是聚合的，根据用户的标签和用户行为进行内容的推送，停留在'窄众'的层面。而一点资讯与今日头条的推荐式算法的不同在于，一点资讯是兴趣引擎，通过概率摸索用户的兴趣，根据用户的兴趣推送相关内容。"肖星介绍说，兴趣引擎是一点资讯独创的专利技术，它既提取了搜索引擎的数据爬取、文本分析等技术优势，又结合了推荐引擎利用个人画像推送内容的形式，智能分析用户爱好、精准推荐内容。而在用户画像的描绘上，一点资讯会进行一个"前七天观察"，肖星透露："在用户打开一点资讯的七天内，是不会进行广告推送的，这一阶段还是对用户的认知阶段。比如用户点击哪种品类、哪个维度较多，而这种维度并非是单一性的，通过多层不同类型的推荐，我们可以观察用户的兴趣点延伸到什么方向，通过用户行为习惯对内容进行加持，从而对其进行更精准的定位，再进行推送。"

同时，一点资讯的"订阅功能"也发挥了很重要的作用，用户主动关注的资讯一般均与用户的兴趣紧密相关。"比如用户订阅了将近 20 个频道，这些频道又分为很多种类，平台会据此判定用户对相关内容有感知，在下一次阅读时，推送的内容便是相关性内容。"肖星说，通过用户搜索和订阅行为的主动兴趣表达，一点资讯获得了丰富的用户画像及这背后所呈现的用户需求，从而可以在一个立体的、全面的人的基础上，更好地为用户提供喜欢的内容，满足用户对价值内容的需求，提升内容服务体验[①]。

肖星将"前七天观察"这一阶段概括为"先做品牌，培养用户感知度，增强品牌转换度"。通过有效的订阅，使用户关注的兴趣成为其阶段性的、永久性的兴趣，并能够以更智能、更便捷的方式得到更极致、更精准的体验，从而更好、更方便地去嫁接各行各业的产品、服务，为用户匹配差异化的广告信息和营销内容。

在谈到一点资讯的内容源时，肖星说："在内容的广度上，一点资讯的内容源大概有

---

① 王继红. 2014. 一点资讯郑朝晖：兴趣引擎将成为搜索引擎的下一代. 科学中国人，（24）：58-59.

3 万家的合作媒体，每天产生 50 万篇的内容量，总体来说超过了五大门户的总和。在内容的深度上，一点资讯拥有 360 万个的长尾兴趣频道，这也是为什么刷门户信息到七八页时内容就会产生迭代，但是刷一点资讯到二三十页还没有重复的，因为这里面潜藏了很多用户的长尾兴趣。"长尾兴趣频道是真正感兴趣的用户生成的有价值的内容，任何一个小的关键词在搜索数量达到一定程度后都会自动生成频道。肖星介绍："例如，对于汽车品牌的产品用户，定位标签是时尚、年轻，但是时尚、年轻是一个大的范围，这个大的类标签下还会存在很多小众兴趣，这些小众兴趣都可以在一点资讯找到。同时，用户的兴趣是阶段性的、流动性的，比如当天去到某个城市，即时地关注这个城市的天气、美食等，因此一点资讯在给用户打完标签后，还会不定时地进行推送，根据周期进行用户的兴趣激活。"

在肖星看来，一点资讯的 360 万个长尾兴趣频道是非常有意义的："通过将这些频道联动起来，使很多拥有长尾兴趣的受众感知到其价值所在，而在广告营销方面，这个渠道也有助于我们精准定位受众人群，给用户提供更有针对性的、有价值的广告内容，使用户真正关注到这个品牌，从而产生购买消费的闭环。"通过智能技术和大数据技术，一点资讯实现了为用户提供颗粒度非常细小的私人定制服务，这使得用户阅读的内容不再局限于头部作者所创作的内容，更多广泛的、中长的内容能够被推送给用户，实现用户与有用资讯的对接，满足用户对各垂直细分领域的需求。同时，也能更好地打通用户与一点资讯间的黏性与沟通，成为用户忠诚度的助推力，提升用户留存。对用户兴趣的大数据分析也使一点资讯推动流量变现成为可能，实现精准送达式的广告投放，提高广告投放的附加价值，让品牌与用户之间的沟通更有效。

三、获取新闻牌照：以优质内容实现价值变现

"在探索自媒体方面，一点资讯是走在前端的。"对于一点资讯与自媒体的资源合作，肖星介绍道："一点资讯与凤凰的自媒体号是打通的，截至 2017 年共入驻大约 25 万家自媒体。"基于"中央厨房入驻，不同餐厅分发"的概念，自媒体可以通过大风号[①]、一点号两个入口将文章输入内容池，经过算法和编辑的遴选，分发到凤凰网、手机凤凰网、凤凰新闻 APP、一点资讯 APP、OPPO 浏览器、小米浏览器六个平台上，为自媒体原生内容提供多个分发渠道。自 2017 年 2 月一点资讯在"传递·2017 自媒体盛典"上宣布与凤凰号的打通策略以来，一点号这一自媒体内容创作平台已网罗微博大号、微信红人、政府政务和主流媒体，涵盖政务、娱乐、社会、军事、体育、财经等领域，日活跃用户超过5900 万人次，实现了自媒体的平台化、规模化[②]。

---

① 大风号原名凤凰号，于 2018 年改名为"大风号"，是凤凰新闻客户端旗下的自媒体产品。
② 一点资讯. 2017. 一点资讯总编辑吴晨光：入驻凤凰一点号 100 万+不是梦. http://itech.ifeng.com/44559712/news.shtml?srctag=pc2m&back[2019-11-11].

大风号背后坐拥的是凤凰网这一老牌媒体平台，且凤凰网早已树立起专业、严肃、有思想媒体平台的典范，有自己专业的内容生产模式，截至 2017 年累积了 4 亿高端用户，而一点资讯拥有独特的兴趣引擎技术，面向大众市场，能够通过大数据技术对用户行为数据进行分析，获取更丰富的用户标签，并提供精准分发及个性化营销方案。两个平台内容共享，发挥协作效应，能够进一步发挥内容价值，触达更多用户，多方共赢。

另外，国家互联网信息办公室于 2017 年 6 月 1 日起正式实施《互联网新闻信息服务管理规定》，其施行意味着所有新闻发布、转载、传播活动都要取得互联网新闻信息服务许可，资讯类自媒体和平台无证经营成为违法行为[①]。一点资讯于 2017 年 10 月获得由国家互联网信息办公室颁发的《互联网新闻信息服务许可证》，肖星表示："一点资讯的媒体属性非常强烈且清晰，在内容层面上，一点资讯的内容团队在同类型门户与聚合类平台中有很强的实力。新闻牌照的发放对一点资讯提升行业影响力是有很大帮助的。"一点资讯成为首家获得新闻牌照的民营资讯客户端，拥有了向社会公众提供互联网新闻信息服务的资格，在新闻信息服务方面更具专业性，具备更强的竞争优势，一点号也在内容导向与安全方面率先成为行业标杆。

肖星还提到，一点号也非常关注助力创作者打造影响力、实现内容变现方面，"我们在给予自媒体优质推荐位的基础上，帮助它们更好地做内容生产。对于一些处于尾部，单纯通过流量积累不能有很好发展的自媒体，我们会通过一些商业活动做内容变现，比如做一些时尚、汽车、财经类的跨界营销，联动各类媒体合作，从线下延伸到线上"。谈及具体操作的方面，肖星说，"首先，是基于广告主的上市，让自媒体资源活动起来，对其进行全面的解读与深度曝光，这里不仅是一些简单、表面的合作，更应形成系统化，吸引平台与自媒体的资源合作。其次，一点资讯在自媒体入驻到平台后，会将其推荐给客户，通过自媒体和平台的深度交流，提升自媒体的影响力，同时，自媒体的价值内容也会形成平台的资源优势，促使平台与客户的进一步合作"。

最后，关于一点资讯的营销策略，肖星认为有内容、有技术、有渠道，这是一点资讯区别于其他门户的优势所在：

> "一点资讯的核心在于从商业化开始，就一直强调先服务、后营销。一个新型营销平台走向被认知的过程中，若单纯强调平台的实力，其效果并不佳。一点资讯的策略是先通过订阅企业广告主的频道，了解对方各方面的信息，对其有深刻的了解，这在与广告主对话中会增添广告主对平台的好感度，让广告主知道一点资讯更能站在广告主的角度进行营销。

---

① 《〈互联网新闻信息服务管理规定〉发布 6 月 1 日起施行》：http://news.cctv.com/2017/05/02/ARTIlJTFxRgjozhZLgWhyJF9170502.shtml[2018-12-21].

　　一方面，一点资讯基于其兴趣引擎技术，实现精准营销。我们的广告除了做大曝光之外，更多的是推荐给有关注、有兴趣的用户来做长尾营销。一点资讯的智能化信息广告已深化到一步到位，即通过大数据实现信息入座，并针对性地在内容呈现上进行一定优化，缩短用户行为路径，使广告价值最大化。

　　另一方面，热点事件的借势营销可以节约广告主的获取成本，使广告主以较低的成本获取较多的注意力，提取声量。通过热点事件的维度、内容、数据、场景等的分析，基于品牌定位和用户关注的热点，将一些热词精准锁定，并建立品牌与事件在内容价值上的关联，达到借势营销的效果，体现一点资讯的广告价值与内容服务价值。以茅台借电影《战狼 2》的热播进行营销为例，《战狼 2》中主角吴京端着茅台酒瓶仰头痛饮的镜头，成为观众热议的经典桥段，一点资讯在此基础上，对平台所有关于《战狼 2》的资讯中涉及茅台的内容进行锁定，以及关注战狼、吴京、票房等长尾用户维度中，植入茅台的广告信息，实现对热点事件的借势营销。"

　　在各内容聚合平台众声喧哗的环境下，一点资讯凭借与小米、OPPO 两大手机厂商达成的战略合作，把持了独特的渠道入口，建立生态流量的优势；依靠海量优质内容的分发能力，于算法和价值内容中寻求平衡，在产品竞争中构建了坚实的差异化竞争壁垒；在价值内容上持续发力，始终将"有趣更有用"作为平台的定位，而《互联网新闻信息服务许可证》的发放，也使得一点资讯在新闻信息服务方面更具专业性，实现通过内容提升营销价值，在移动资讯市场的竞争中保持价值空间。

　　一点资讯以前瞻性的开放生态布局，布局流量生态，全面深刻刻画用户画像，打造工具型平台，构建用户转换壁垒，并发挥新闻资讯的长尾效应，在精准影响用户基础上推动变现可能。在未来的市场竞争中，一点资讯仍然值得期待。

澎湃新闻：聚焦优质内容，引领主流价值

访谈手记：

技术的发展不断改变着人们的信息获取方式与习惯，依托互联网技术应运而生的各类新兴媒体凭借着即时的信息传播、多元化的传播方式及良好的交互体验，呈现出迅猛发展的态势。与此同时，传统媒体在媒介环境的颠覆式变革下，面临着严重的生存危机并迫切需要转型。[①]在技术引起媒介环境巨大变革的背景下，诸多传统媒体所进行的转型探索并不成功。面对数字化时代的新技术及新的商业模式，它们面临着诸多因素的限制，导致转型动力不足[②]。根据《2018 年中国传媒产业发展报告》，传媒产业内部结构变化的过程中，传统媒体市场整体持续衰落，2011 年新兴媒体市场份额超过传统媒体，到 2017 年已发展成"一超多强"的局面：移动互联网的市场份额占总体规模近一半，传统媒体总体规模仅占五分之一。[③]由此可见，传统媒体的转型之路更加艰难。

澎湃新闻（又简称澎湃）定位于"专注时政与思想"，将传统媒体基因转化成转型中的优势资源，凭借着对内容价值的追求，依托专业化的团队资源优势及对互联网思维的深度把握，在组织架构、新闻生产流程、运营模式及战略等方面进行了全新的改革尝试。从 2014 年诞生以来，澎湃结合互联网技术创新、传承新闻的基本价值，综合运用了图文、视频、VR、动画等全媒体传播方式，已迅速成长为中国媒体融合发展的领跑者之一。2018 年，澎湃建设了超过 400 人的记者团队，平均每天生产超过 300 条原创新闻报道，影响力在中国新闻网站中位居前列。澎湃如何能够在转型中成为传统媒体中的领跑者？其在内容生产、市场战略中如何成功地融入互联网思维？在新时代媒介融合背景下，澎湃在内容与技术方面又有哪些新的探索与尝试？本次对澎湃新闻市场总监陈媚的专访，为我们更深入地了解澎湃的特色转型之路提供了指引。

访谈对象：澎湃新闻市场总监　陈媚
访谈时间：2017 年 8 月 16 日（面访）

---

① 王靖. 2017. 媒介融合背景下传统主流媒体的转型及其盈利模式困境探索. 大众文艺，（19）：178.
② 彭方奇，郝永华. 2017. 全媒体背景下传统媒体转型的探索与困境——以光明日报融媒体实践为例. 青年记者，（14）：94-95.
③ 崔保国. 2018. 中国传媒产业发展报告. 北京：社会科学文献出版社.

一、把握转型时机，以传统优势助力数字化转型

传统媒体的发展曾经历了无比辉煌的"黄金时期"，内容资源的壁垒构成了传统媒体的核心竞争力，凭借着满足受众需求的不同信息内容，各媒体以内容来吸引用户的注意力，进而通过广告来实现用户资源的变现[①]。然而，随着技术的发展对媒介形态的变革影响，传统媒体所适应的传播环境及商业模式发生了彻底的变革，面临新兴媒体的冲击及时代发展潮流的要求，传统媒体需要在积极的变革中谋求出路[②]。在这场传统媒体的变革与生存之战中，《东方早报》率先进行了新媒体转型尝试[③]。2014 年，《东方早报》推出"澎湃新闻"新媒体项目并取得令人瞩目的效果，成为传统媒体转型的先行者之一。

媒体融合不仅是形式上的融合，也是思维和模式上的融合，对于传统媒体而言，更是一个双向的优势融合的过程。新兴媒体相较于传统媒体具有无可比拟的即时性、互动性优势，而传统媒体凭借着多年的品牌积淀和专业化的编辑运作能力，同样具有新兴媒体所不具有的独特优势，澎湃的成功转型也同样得益于传统媒体的基因。总结来说，澎湃的转型成功主要把握了三个方面的优势。

其一，准确把握了转型先机，先发优势。较早的转型时机使澎湃实现了第一波用户截流，为其后续转型发展奠定了良好的用户基础，陈媚说："传统媒体的转型趋势出现较早，但直至 2012 年，许多传统媒体仍处于黄金时期末期，缺乏转型动力，《东方早报》在当时虽仍处于巅峰的黄金时期，但事实上已经意识到了所埋伏的危机，于是很早就开始准备新产品。澎湃新闻 APP 于 2014 年 7 月 22 日上线，当时的许多传统媒体还只是停留在做公众号的阶段，虽然当时也存在网易新闻、凤凰新闻这一类的商业新闻网站，但从中共中央宣传部下面有刊号、有许可证的主流新闻网站做一个 APP，然后进行大规模的全国性的推广运营，我们算是第一批。"

其二，找准了自己的核心优势和差异性定位。澎湃所抓住的用户不仅是传统端到移动端转变潮流中的那一部分受众群体，更是在充斥着浮躁消息、虚假消息和低质量消息的媒介市场中，有着优质内容需求的广大受众群体。澎湃对于目标用户群体的精准定位，也为其内容生产提供指引，以原创时政与思想新闻在媒介市场形成了差异化竞争优势。[④]陈媚说："人对优质内容的需求，其实从未真正失去过，只不过是有一段时间被这些浮躁的东西所替代掉，移动端的潮流是不可逆的，而对严肃新闻和优质内容的需求是可逆的。澎湃新闻正是定位于'传统媒体里面最新的，互联网新媒体里面最主流的'。"

① 崔东昊. 2018. 全媒体环境下报业内容生产方式变革探析——以"澎湃新闻"为例. 视听，（6）：132-133.
② 李俊. 2017. 浅析都市报全媒体转型中的困境与出路. 新闻研究导刊，（18）：298.
③ 孙翔. 2015. 新闻客户端的"澎湃之路". 青年记者，（18）：15-16.
④ 李嵘. 2017. 澎湃新闻：内容类平台的实践探索. 新闻与写作，（10）：23-25.

其三，传统媒体的天然优势基因。传统媒体虽然在新一轮的竞争中存在多方面的不足之处，但也具有其在当前媒介市场竞争中的独特优势。"作为传统媒体转型而来的企业，我们有《东方早报》一类新闻信息服务资质①的优势以及出色的采编能力。"陈媚说，"一类新闻信息服务资质为我们生产原创新闻提供了可能"。

原创新闻是媒体的"灵魂"，也是"主心骨"，否则永远只能是转载别人的东西，这在意义上就削弱了媒体在内容价值层面的竞争力。对于一些新媒体平台运用智能机器人创作新闻的尝试，陈媚认为，传统媒体所具有的专业化的采编能力是当前新媒体平台所无法比拟的："机器人在信息新闻和消息上肯定是赢过传统媒体的，但如果是深度新闻、评论新闻，以及带有一些思想性的新闻，新媒体和机器人都无法替代专业的新闻采编人员。澎湃要做的是'新闻和思想的最大平台'，生产的是原创、优质、权威、专业的新闻内容，同时还附加了思想内涵，不仅是记录和传播真实、权威的消息，还承载着特定的历史使命和社会使命。给人的内心、思想和这个时代社会带来一些思想性的东西，引导一些光芒。这是澎湃与当前的一些新闻客户端最大的不同。"

从澎湃的转型经验中可以看出，对媒介环境及时代变革敏锐的洞察力与改革魄力，是其转型成功的关键。在日渐移动化、碎片化的媒介环境中，传统媒体只有积极拥抱新战场，把握和平衡转型发展中的"变"与"不变"，才能在"新赛道"上有所突破。②

二、优化内容生产，以差异化定位沉淀品牌价值

随着数字技术在媒体行业的应用日益深入，以平台和技术获得迅速发展的新兴媒体平台挑战了传统"内容为王"的发展模式，"渠道为王""流量至上"的发展理念在新时期获得广泛认可，内容与技术的关系成为媒体行业发展所要思考的问题。当前中国手机新闻客户端市场渐趋饱和，经过爆发式增长的移动新闻客户端市场步入稳步发展的成熟期，媒体行业发展回归主流趋势日益显著。根据艾媒网发布的《2017—2018中国手机新闻客户端市场研究报告》，当前手机新闻客户端行业用户规模已经趋于饱和状态，但从行业格局变化来看，随着平台建设回归新闻本质，传统媒体新闻客户端显示出较强的发展潜力，并且以央视为代表的传统媒体日益加强新媒体端技术投入，用户将能够从移动端获取更多专业性更强的内容。③

澎湃自上线以来，聚焦于时政与思想，从生产原创新闻的移动客户端切入，采用全媒体覆盖的传播模式，其影响力稳居国内媒体行业前列。陈媚表示，澎湃的优势在于其内容

① 一类新闻信息服务资质，即拥有新闻原创采编权、转载权。
② 刘永刚. 2017. 坚持内容为王 坚决整体转型——澎湃新闻的实践与探索. 传媒，（15）：22-24.
③ 艾媒咨询. 2018. 2017—2018 中国手机新闻客户端市场研究报告. https://www.iimedia.cn/c400/60894.html[2018-12-20].

和团队价值，其发展也会始终坚持走优质内容路线。在竞争激烈的新闻市场，澎湃能够始终坚持高质量的内容生产而形成自身的品牌形象建设，与其在新闻内容生产方面的转型经验有着密切联系。当前新闻资讯行业市场中新闻资讯质量参差不齐，内容低俗化、过度娱乐化甚至虚假新闻等现象仍较为普遍，尤其是在技术催生下的各类新型媒体平台，由于准入门槛较低而导致新闻资讯市场的规范性问题仍亟待解决。然而，澎湃在转型发展中继承了传统媒体的优质内容基因，也同时肩负着传统主流媒体承载的使命与责任，在转型发展中仍以高质量标准引领主流价值。[1]

关于如何把控优质的内容生产，陈媚介绍了以下四点经验。

第一，严格的审核把关流程。"虽然现在做新媒体平台，但我们仍然严格按照报纸的三审制，重要的内容甚至是五审制，审核标准和发卡标准与传统媒体一模一样。甚至更加严肃、严格。"陈媚表示，当前澎湃的各栏目和频道内容都要进行严格审核，除了编辑、主编、总编审核之外，还会与中央对外宣传办公室和国家互联网信息办公室的相关工作人员对接，以保证新闻内容生产的高质量和严格标准。[2]

第二，重视采编团队。澎湃的优质内容生产还得益于规模化的专业采编团队[3]，"团队中 60%甚至 70%以上都是采编人员，有两三百名的采编规模，这样的规模和结构是保证出数量和出质量的重要基础"。相比于新兴媒体普遍注重技术与运营的发展模式，澎湃以自身优势资源为基础的定位与发展展现出精准的行业洞察力。

第三，开放式内容生产模式探索。澎湃不仅有规模化的专业采编团队，也在内容生产上尝试引入外部资源，"不仅会采购一些优质专栏作家或者海外作家的作品，同时我们还有全国最多的独立调查记者，这就提升了优质稿的产出概率，在内容上也一直有拳头产品"。内部与外部资源的连接与整合，使澎湃的内容价值彰显出新的竞争活力。

第四，栏目制新闻生产。从传统时期的转型过程中，澎湃在新闻生产流程方面也进行了更符合互联网时代生产模式的流程改造，当前澎湃的新闻生产采用栏目制模式，各栏目记者也都日益全能化发展，保证了内容采集到制作过程流畅进行，进而通过全网分发的传播模式拓展内容影响力。[4]栏目制的流程改造及全能型记者的发展要求使澎湃在管理和资源调动方面更加灵活，保证了其在内容质量把控和新闻时效性方面更符合互联网时代的传播特征，也为澎湃在新时期媒体行业竞争中蓄能。[5]

"技术短板"是传统媒体转型过程中普遍面临的问题，面对以新技术应用而彰显出强

① 何静，包韫慧. 2018. 澎湃新闻客户端的内容策略研究. 北京印刷学院学报，（8）：1-5.
② 刘永刚. 2017. 坚持内容为王 坚决整体转型——澎湃新闻的实践与探索. 传媒，（15）：22-24.
③ 崔东昊. 2018. 全媒体环境下报业内容生产方式变革探析——以"澎湃新闻"为例. 视听，（6）：132-133.
④ 黄芳. 2017. 澎湃新闻的深度报道探索. 青年记者，（22）：18-19.
⑤ 鲍丹禾. 2018. 澎湃新闻：传统媒体转战社交媒体的标杆. 传媒，（8）：40-43.

大竞争力的新兴媒体平台，传统媒体在转型发展中要结合自身优势，以传统媒体的优势基础为转型发展助力，以持续不断的技术与内容的探索来赢得新阶段的发展机遇。

三、调整用户结构，以多元化营销模式实现市场战略升级

传统媒体时期，报媒的运营一方面依靠政府及相关部门的补贴支持，另一方面也通过广告实现营收。报刊以特定的新闻内容获得受众的注意力，通过对受众注意力的"二次售卖"获取广告收入，因此盈利模式相对较为单一。在发展早期阶段，《东方早报》的营收主要依赖于广告收入，随着数字化发展的日益成熟，如今澎湃在市场营销战略方面也实现了转型升级。[①]陈媚指出，在营收结构方面，澎湃的营收来源十分丰富，除了传统的广告收入以外，作为优质原创内容的生产平台，版权收入成为澎湃的主要营收来源之一，这也是由澎湃所具有的传统媒体基因决定的。与商业网站和其他新媒体新闻资讯平台相比，澎湃具有以传统媒体为背景的一类新闻资质优势，因此其所生产的原创新闻具有较为广泛的市场。与此同时，广告作为澎湃营收的主要来源之一，其表现方式也日益丰富。"我们的广告形式包括开机屏、banner这些硬广，也有软文植入、直播、视频等原生广告，同时也可以为客户做全案。"陈媚说。

澎湃在市场营销方面的另一转变表现为对客户范围和结构的调整。《东方早报》创办于2003年，传播内容以长三角地区的经济信息为主，主打时事、财经和文体新闻，主要服务于长三角地区的经济发展，因此，在用户范围方面，其辐射的受众群体集中在长三角地区，在用户结构方面，《东方早报》主要的目标受众为上海地区的精英、白领及学者等中高端人群。澎湃上线后，实现了从地域性都市类报媒向全国性媒体的转变，通过原创新闻客户端及新兴的移动资讯平台，澎湃新闻的信息传播渠道更加多元化，其受众群体突破了区域限制，已实现辐射全国用户的转变。与此同时，澎湃新闻作为以原创新闻为主的全媒体新闻资讯平台，聚焦于优质的时政、思想、财经和文化类内容，其目标受众也实现了向有深度报道与思想新闻信息需求的用户结构转变。

传统媒体的转型不仅是内容与表现形式的单一转变过程，要想在不断发展变化的传媒行业中获得生存与竞争，还需要在市场营销战略方面不断探索，寻求更契合自身的商业模式以应对新媒介环境形态下的竞争。基于当前的用户结构及盈利模式的转变，澎湃在未来市场营销战略计划中有着清晰的定位方向。澎湃作为传统媒体中的新媒体，与许多国内外媒体的不同之处在于国有企业的归属性要求，其在运营过程中一方面要坚守主流媒体的价值底线，另一方面也需要在独立运营过程中谋求生存与发展。"对于私有化媒体来说，在市场中获得生存可能是最重要的，但是澎湃新闻是国有媒体，媒体的底线可能会超越利益

---

① 卢松林. 2018. 传统都市类报纸的新媒体转型探析——以"澎湃新闻"为例. 新闻世界，（8）：65-67.

追求，这就造成澎湃新闻在运营手法上与其他媒体会有所不同"。因此，陈媚在访谈中表示，在澎湃的未来市场营销规划中，仍然会以内容价值追求为主导，追求内容采编与运营的融合发展，以此彰显澎湃作为主流媒体在市场竞争中的价值引领作用。除此之外，商业性追求同样也是媒体生存与发展中的一部分，要想在媒介市场竞争中获得受众市场，品牌建设是媒体差异化竞争的途径之一。澎湃的差异化品牌价值在于其专注于时政与思想定位，坚持优质原创内容输出，精准地契合其目标受众群体的内容需求，但由于以内容价值为主导，澎湃也面临着在技术运营方面的短板问题。在未来的营销计划中，澎湃的发展重点依然是集中在自身的优势资源的精细化运营方面，着重打造够强的内容，同时会向运营提升方面不断靠近，坚持以运营助力内容价值的综合性路线，力求在未来发展中实现内容与运营的"度"的协调。

四、注重用户体验，以数据技术推动产品创新

作为传统媒体中的新媒体探索者，澎湃一直坚持全员转型，以彻底的互联网思维来做新媒体产品。随着当前大数据技术的日益成熟与广泛应用，数据技术帮助澎湃打造出更加契合用户需求的优质内容。

陈媚说："澎湃的用户数据信息获取是主观和客观全方位交叉的综合结果。"其客观性在于通过第三方数据公司以实际调查的形式获得用户画像。目前澎湃与第三方数据公司合作，通过自己的官方微博、微信等平台进行调查问卷发放，具体了解用户在购买习惯、购买意向、消费心理及消费水平等方面的信息特征。除小范围的问卷调查，他们也会通过更多应用来进行用户分析。而主观方面主要在于通过澎湃的内容定位进行用户画像的预估与推测。澎湃的定位决定了其目标受众为对价值内容有需求的中高端用户群体，根据受众的反馈信息及广告投放效果分析，他们能够对其用户特征进行分析。通过第三方数据公司合作及基于自身平台的反馈信息的主客观交叉分析，澎湃能够为其用户建立较为精细化的用户画像以促进他们在内容生产上更加契合用户的需求。《东方早报》时期的用户积淀也为澎湃提供了一定的信息基础。由此可见，精细化的用户画像分析指导了澎湃内容生产的思维模式，为其更好地了解目标受众群体、打造鲜明的品牌形象提供了数据支撑。

澎湃在打造优质内容的同时，也在不断优化用户体验。早在 2014 年，澎湃刚上线时就推出了"新闻跟踪"与"问答"两项新功能，并于 2015 年上线全新互动式问答社区"问吧"，邀请各界名人在澎湃接受网友的提问，"问吧"成了与时事、财经、思想和生活四个新闻并列的第五个频道。① "问吧"不仅为用户在平台上的互动交流提供入口，也为澎

---

① 李嵘. 2017. 澎湃新闻：内容类平台的实践探索. 新闻与写作，（10）：23-25.

湃 UGC 内容价值信息生产提供来源。[①]澎湃不断跟随技术进步和用户需求进行优化，2017 年 1 月，正式上线了视频频道，截至 2018 年已经拥有 14 个视频栏目，其中包括丰富的直播与短视频内容信息，成为互联网新闻短视频的优质供应商。2017 年 7 月，澎湃推出政务功能，上线了"问政"频道，充分发挥其专业媒体优势资源，把政府信息发布、官方辟谣，以及公众的疑问与意见信息内容进行整合，搭建起了政府与用户之间良性沟通的桥梁。[②]此外，澎湃还推出了海贝商城，用户可以通过签到、评论、分享、提问、推荐等任务形式获取海贝积分，并在海贝商城实现积分兑换，拓宽了与用户的互动场景，有效增强了用户黏度。

技术的发展日新月异，新闻内容形态也随着技术进步不断丰富，新闻报道中不断融入新的技术元素。与传统的新闻报道相比，VR 新闻的交互式和沉浸感体验能够使用户在新闻塑造的虚拟环境中，以"第一人"视角感受新闻事件，获得与传统新闻报道完全不同的崭新体验。我国的 VR 新闻报道起源于 2015 年，《人民日报》率先制作了以"9·3 大阅兵"为主题的 VR 全景视频。至 2016 年，两会期间的全景报道使 VR 技术作为新闻报道形式广为熟知。在 VR 技术应用的风口下，澎湃也进行了 VR 新闻的尝试与探索，在"时事"栏目下推出"全景现场"频道，为用户提供全景式观感体验。据陈媚介绍，在 VR 技术应用的第一波泡沫期结束阶段，澎湃在 VR 新闻方面的布局将主要聚焦于重点选题和年度项目方面，给用户提供崭新的交互式体验，而不会进行大规模的技术投入和团队铺设。

大数据为人类生活创造了前所未有的可量化维度，在大数据技术驱动下，新闻业也进行着数据新闻实践的探索。数据新闻，即用数据处理新闻，其独特之处在于把传统的新闻敏感性、有说服力的叙事能力与海量的数字信息相结合。与传统新闻创作相比，数据新闻通过数据分析发现崭新视角，利用数据深层次地洞察正在发生的新闻事件及其影响力，传播效率更高。同时，数据新闻追求以易理解的信息图表清晰地展现新闻故事，这极大提升了新闻表达的交互性和参与度，更加契合用户信息获取的需求。[③]当前，数据新闻逐渐成为主流媒体平台的标配，澎湃的数据新闻实践依托于《东方早报》时期的图表及制图生产基础，上线首批的 47 个栏目中就有以数据为基础制作的"花边数据"栏目。澎湃以"数字是骨骼，设计是灵魂"为理念，打造的数据新闻栏目"美数课"在主流媒体平台中更是广受关注。[④]数据新闻在中国的发展已经进入更加复杂和更具挑战性的阶段，将数据与内容生产深度融合才能释放媒体的核心竞争力。陈媚在访谈中告诉我们，澎湃作为以内容生产为主导的新媒体平台，采取积极引进外部力量开展合作的方式来弥补数据技术短板，一

① 孙翔. 2016. 澎湃新闻之路. 新闻与写作，（4）：75-77.
② 刘永刚. 2017. 坚持内容为王 坚决整体转型——澎湃新闻的实践与探索. 传媒，（15）：22-24.
③ 吕妍. 2018. 数据新闻团队和栏目的构建与升级——以澎湃新闻"美数课"和"有数"为例. 青年记者，（28）：26-27.
④ 何静，包韫慧. 2018. 澎湃新闻客户端的内容策略研究. 北京印刷学院学报，（8）：1-5.

方面与在国内具有较强数据实力的微软合作,另一方面则与复旦大学新闻学院合作推进数据新闻探索,以实用主义为导向促进澎湃在发展中将内容与技术进行深度融合。[①]

五、结语

在传统媒体面临媒介生态环境颠覆性变化的转型阶段,澎湃凭借着传统媒体的优势基因及彻底转型的魄力,实现了由传统媒体到新媒体的华丽转变。[②]秉承主流媒体对内容价值的追求,澎湃在持续性的内容与技术融合探索过程中,创造性地开发用户产品、提升用户体验、强化品牌特色,成为中国媒体融合发展的领跑者之一。如今,媒体主流价值回归的趋势将为澎湃在新一轮的竞争发展中助力。在数据技术加持下,新闻行业中的数据技术应用将日益普遍和深入,数据技术对新闻生产及传播形态的变革将日益显著,在未来发展中其影响力也将日益凸显。作为原创新闻生产平台,传统媒体在技术领域的探索常常呈现出动力不足的态势,面对日新月异的新技术变革影响,若要在激烈的媒体竞争中保持持续性的良好发展,内容与技术的融合探索仍需要进一步创新发展。如何更好地在未来发展中实现内容与技术的深层次融合,以数据技术驱动内容价值提升? 这是澎湃在转型发展中需要进一步思考的问题,也是处于转型发展中的各传统媒体平台在新一轮竞争中需要思考和解决的问题。

本文采访于 2017 年,2018~2019 年,澎湃又有了新的战略,在保持原创力和原创生产量稳定上升的基础上,增强了视频新闻生产力,并将尝试平台化发展,截至本文发稿时,澎湃已新上线"湃客"栏目,汇聚全球创作力量,向现象级新型主流媒体平台迈进。

① 刘永刚. 2017. 坚持内容为王 坚决整体转型——澎湃新闻的实践与探索. 传媒, (15):22-24.
② 张淑华, 苗彩霞, 王红. 2018. 浅谈纸质媒体的"三网融合"——以"澎湃新闻"为例. 视听, (10):110-111.

酷狗音乐：依托大平台版权优势，打造全流程音乐生态

访谈手记：

  酷狗音乐是中国一家老牌数字音乐交互服务提供商，早在 2004 年广州酷狗计算机科技有限公司（以下简称酷狗音乐）就推出了酷狗音乐网站，2008 年又推出了酷狗音乐手机客户端[①]。自创建以来，酷狗音乐在数字音乐发展上不断尝试，与大量唱片公司、版权管理机构合作探索发展思路，2014 年，酷狗音乐与北京酷我科技有限公司（以下简称酷我音乐）合并，并与海洋音乐共同组建海洋音乐集团，后更名为中国音乐集团（China Music Corporation，CMC）[②]。2016 年，腾讯以资产注入的方式，将旗下的 QQ 音乐与中国音乐集团合并数字音乐业务，成立腾讯音乐娱乐集团（以下简称腾讯音乐）[③]。在音乐数字化进程中，酷狗音乐积累了海量的数字版权。

  同时，酷狗音乐提供的产品和服务已成为华人年轻用户广受欢迎的互联网产品之一，包括 DIY 个人数字专辑、提供咨询内容的酷狗娱乐、全天候在线直播的音乐电台记忆手机音乐播放器等。资讯、视听、互动，使用户能够在酷狗音乐里享受一体化娱乐服务。

  酷狗直播、酷狗音乐人则是酷狗公司深耕音乐垂直市场的重要品牌。酷狗音乐开拓性的创建在线视频互动演艺平台，提供视频直播音乐互动服务，并从艺人培训、音乐发行、音乐推广等全方位扶持、培养音乐人，打造一站式音乐人线上线下扶持生态[④]；同时，酷狗音乐积极探索数字音乐变现的渠道，打造数字专辑售卖商业模式，构建了酷狗音乐品牌营销的核心和基础。2017 年 8 月，我们专访了酷狗音乐广告营销华南区域负责人廖兴林先生，希望以酷狗音乐的数字化发展为线索，探索网络音乐平台在数字营销变革中的发展策略。

  访谈对象： 酷狗音乐广告营销华南区域负责人 廖兴林
  访谈时间： 2017 年 8 月 8 日

[①] 酷狗音乐官方网站：https://www.kugou.com/。
[②] 雷建平. 2015. 曝酷狗酷我在一起了 新公司年底冲刺上市. http://tech.qq.com/a/20150313/009742.htm[2018-12-10].
[③] 任晓微. 2016. 腾讯整合音乐产品线 QQ 音乐与中国音乐集团正式合并. https://www.jiemian.com/article/747404.html [2018-12-10].
[④] 酷狗直播官方网站：http://fanxing.kugou.com/。

一、平台整合，版权成核心竞争力

自 2005 年开始，国家版权局每年都会开展打击盗版侵权的"剑网行动"，2015 年 7 月，国家版权局出台《关于责令网络音乐服务商停止未经授权传播音乐作品的通知》，组织开展网络音乐版权秩序专项整治，要求遏制网络音乐侵权盗版等行为[1]。这一"版权令"的出台，使版权保护力度不断加强，大量盗版音乐下架，整个在线音乐市场趋于规范，但同时，这也使版权成为音乐行业核心资源，加强了在线音乐竞争的壁垒，扩大既有曲库规模、提供更为完整的曲库资源以吸引用户成为企业的重要任务。

在此背景下，腾讯音乐的成立，则使其旗下包括酷狗音乐的四家移动音乐产品占据了中国头部内容曲库。廖兴林介绍道："2016 年 7 月，腾讯将 QQ 音乐、全民 K 歌、酷狗、酷我音乐进行了合并，构建了中国最大的数字音乐媒体平台，经过集团化的经营采买打通版权，形成系统的娱乐模式。"2018 年腾讯音乐的招股书显示，它们已拥有中国最多元完善的音乐库，与索尼音乐娱乐公司、环球音乐集团、英皇娱乐集团有限公司等主要的音乐唱片公司签订了合作协议，拥有来自 200 多个国内和国际音乐品牌的超过 2000 万首曲目，腾讯音乐成为独家版权最多的音乐平台[2]。

此次平台整合不仅为腾讯音乐在美国的上市提供了一个"很好的故事"，使腾讯音乐占据中国在线音乐行业的绝对优势地位，且直接影响到四家音乐平台的用户规模。廖兴林说："我们所有平台加起来有几亿的用户，这在整个中国人口中已经能够占到很大的比重。而酷狗音乐目前的用户群体，年龄跨度上至七八十岁的老人，下至十几岁的小孩儿，十分广泛，用户日活（跃）量已有 1.2 亿人，体量很大。"

另外，版权开放后，扩大了用户规模，平台的内容价值变现能力也相应增强。通过内容的特色化运营，如付费订阅、数字专辑、增值会员等多种渠道保证营收。廖兴林透露："酷狗主要的营收来源有四块：最大的一块是涉及独家版权的付费会员服务；第二块是直播营收；第三块为广告营收；第四块是周边产品带来的，比如蓝牙耳机、音响等。年营收大约是 100 亿元。"

二、"听、唱、看"提供全流程音乐体验

作为专注于做音乐的互联网平台，酷狗音乐占据版权资源的优势，同时也深知在版权之外，用户体验才是更重要的。酷狗音乐从单纯的版权购买进入音乐生态、内容制作、

① 《国家版权局责令网络音乐服务商停止未经授权传播音乐作品》：http://www.cac.gov.cn/2015-08/04/c_1116136707.htm [2018-12-13].

② 白金蕾，梁辰. 2018. 腾讯音乐娱乐正式递交招股书 募股前腾讯持股近六成. http://www.bjnews.com.cn/finance/2018/10/03/509079.html[2018-12-13].

特权增值的全方位发力的局面，精细化运营，打造完整的音乐生态圈，以优质的音乐吸引用户。

从最初的 PC 端在线音乐播放到酷狗音乐 APP、酷狗直播、酷狗 KTV，酷狗的音乐生态逐渐丰满起来，将"听、唱、看"三大板块整合到一起，打造一站式音乐体验①。"听"是整个音乐生态的基石，包括听歌、下载、电台、MV 等；"看"的板块以直播功能为主，还包括音乐短视频和自制音乐栏目；"唱"的板块则提供在线 K 歌功能，包括"做评委"和"打擂台"、"在线 K 房"、"K 歌直播"，让用户同时玩转 K 歌与社交。

"我们的直播区别于其他偏生活化的直播，内容比较单纯，没有脱离音乐的属性。"在谈到酷狗音乐的直播板块时，廖兴林表示，"我们直播营销做得相对较少，太多广告主加进来会使直播整体失衡，而我们不想打破主播与粉丝之间的平衡。实际上，音乐没有界限，相比于其他形式、其他类型的直播，酷狗的音乐类直播粉丝群还更广泛一些"。这正是酷狗音乐得以在竞争激烈的直播市场中占得一席之地的原因，以音乐为主要内容，通过多元的直播歌手关联用户，"圈粉"的同时提高用户黏性，使粉丝效应最大化。

酷狗直播（原繁星直播）是酷狗音乐于 2012 年打造的在线视频互动演艺平台，坚持以音乐为差异化、垂直化发展目标，很快吸引了众多有音乐梦想的素人和独立音乐人②。平台同时提供明星主播、素人主播视频直播音乐互动服务，也是为主播艺人和粉丝进行音乐互动提供了一个交流的渠道。

酷狗 LIVE 则是酷狗音乐旗下的 O2O 音乐现场直播平台，涵盖哆来咪、星乐坊、in雄联盟、音超联赛等板块③，满足不同的用户需求，并在直播中提供弹幕、打赏、献花、投票等互动方式，解放了空间、人数上限制的束缚，多频同步歌迷。

三、资源互推，搭建造星生态

"目前中国音乐比较缺乏的是原创类音乐，原创才是音乐发展的动力。"廖兴林介绍到酷狗音乐的艺人培养计划时说，"近两年的市场环境，让培养方式变得多样化，例如做直播、发唱片。但如果专注于培养音乐人，最终还是处于产业链的上游，重要的是最终的整合平台和粉丝的助推力。而我们平台走的就是平台整合的路线，拥有上亿的用户，有这个基础和土壤。首先，是音乐的正版化，并在版权基础上进行收费，这可以给音乐人提供一个好的环境，使音乐人有稳定合理的收入，激发音乐人再创作。另外，我们平台有很多让音乐人走出去的机会，比如线下音乐节、小型演唱会、'live house'等，直播只是其中的一种"。

---

① 酷狗音乐官方网站：https://www.kugou.com/。
② 酷狗直播官方网站：http://fanxing.kugou.com/。
③ 酷狗 LIVE 官方网站：http://live.kugou.com/。

自 2013 年酷狗直播成功推出平台亲手打造的主播艺人庄心妍成为第一例互联网造星"爆款"以来，为了更好地孵化原创音乐内容，不断探索实践，全面整合优势资源，通过酷狗音乐、酷狗直播、中国原创音乐基地 5sing 等线上平台的联动，结合各区域酷狗孵化基地线下资源，从音乐创作、音乐发行、音乐推广、粉丝运营等一系列服务扶持音乐人，打造了一站式音乐人线上线下扶持生态。

其中，酷狗直播坚持主打音乐品牌，深耕音乐垂直市场，为个体音乐人打造低成本、易变现、受众精准的推广发行平台，仅 2017 年一年时间，酷狗直播已帮助 295 位入驻的直播歌手，发行了 702 张付费音乐专辑，创下了 2.2 亿元的营收，让音乐人的才华实现商业变现[①]。廖兴林说："我们的资源更多地集中在二三线艺人，比如唱片公司有一些不知名的歌手，他们没有条件去更大平台或者开演唱会，酷狗则给了他们一个很好的平台。"音乐人在这个平台上不仅可以唱歌，更多的是能够获得全方位的培养、扶持，能够有一个可见的上升渠道。

酷狗直播"直播+数字专辑销售"的商业模式解决了音乐人作为个体在发展中面临的许多问题。首先，就是粉丝积累的问题。通过直播这一形式，音乐人可以持续保持热度，保持与听众足够的联系，且日常与听众的互动也增加了彼此的黏性。比如酷狗主播"胡66"2017 年加入酷狗直播以来，在酷狗直播间已迅速积累近 60 万粉丝，成为她走红网络的强大基础，其作品《空空如也》发布后在酷狗音乐上的评论超百万条，单曲销量更超过 580 万张，空降各大音乐榜单[②]。其次，是传播力度的解决。酷狗直播上的音乐人，不仅能够吸引到酷狗直播的受众，其音乐作品还会通过酷狗音乐传播到更大的范围，而腾讯音乐这一大平台也为音乐人们导入了更多的资源，作品可以在 QQ 音乐、酷我音乐上架，同时只要收听到其作品就可以看到音乐人的直播间，实现为歌手直播导流。并且进入腾讯音乐生态后，表现优异的音乐人也有机会加入腾讯音乐人计划，实现在音乐之路上更好的发展。最后，酷狗直播解决了音乐人作品商业变现的问题。对于粉丝数量不够庞大的非头部音乐人来说，在数字音乐平台上推动数字专辑付费并不现实，生活的压力让他们难以依靠音乐为生。而酷狗直播则通过直播打赏的形式，如出售虚拟礼物等，首先保证了音乐人的基础收益，而在粉丝积累到千级时，粉丝为表达支持就会购买音乐人出的数字专辑。

酷狗音乐开发的 5sing 音乐平台，则以垂直小众古风音乐为主，以发表、交流原创音乐作品，包装、推广原创音乐人为核心。平台上的音乐人平均每个月会产出 2 万多首原

---

① 花子健. 2018. 酷狗直播帮助入驻歌手实现 2.2 亿元营收 2018 年重点是数字专辑. http://tech.ifeng.com/a/20180126/44860631_0.shtml[2018-12-22].

② 《看酷狗的造星方法论：让音乐新人拥有"长跑能力"》: https://baike.baidu.com/tashuo/browse/content?id=fa52d4632b9fe08f0d256a8e&lemmaId=&fromLemmaModule=pcBottom[2018-12-12]。

创音乐，其可以自主选择授权给 QQ 音乐、酷狗音乐或酷我音乐三家主流音乐平台，以获得海量粉丝。5sing 的一位音乐人"银临"自 2006 入驻平台后的短短 5 年时间内，就上传了原创作品 65 件，平均点击量都在 600 万次以上，其 2013 年推出的作品《锦鲤抄》点击量更超过 1 亿次[1]。在 5sing 平台的流量和用户加持下，古风类的小众音乐 IP 急速崛起，并积累了大量用户群体。

另外，酷狗音乐力推原创音乐孵化，通过在主流城市布局，为原创音乐人打造了集音乐训练、直播、创意孵化于一体的线下音乐众创孵化基地。2015 年，酷狗音乐在南宁落成首家产业基地，之后向其他区域深化，成都、重庆、南京等主流城市孵化基地相继落成，形成全国联动布局，结合当地特色文化，激发地方音乐人才产出[2]。同时，该基地准入门槛较低，旨在支持音乐厂牌、音乐爱好者和音乐人自主创业，针对需要提升的音乐人，提供完善的音乐培训，如通过酷狗直播学院的设立，线上、线下课程一站式服务。

"现场 LIVE+线下盛典"的模式更为音乐人提供了平台和曝光的机会。通过酷狗直播年度音乐盛典，可以让音乐人与一线流量歌手同台演唱，联动线上线下打造全民音乐视听盛典，让音乐人更快地走上成名之路。

四、内容营销，与用户建立价值连接

酷狗音乐一直是大众音乐的代表，拥有亿级的用户量和月活跃量，在这种用户基础上的线上营销和广告售卖曾给酷狗音乐带来了盈利。但目前，单纯的线上广告推广已经很难覆盖到新的用户了，线上线下联动的内容营销、跨界营销成为整个行业努力的方向。廖兴林透露："酷狗广告部于 2010 年成立，整个广告部经历了从 1.0 到 3.0 的时代。1.0 时代主要是基于用户基础在 PC 端卖硬广，流量变现，主要做的也是效果类客户，品牌类客户很少。2.0 时代，我们拓展了内容层面的合作，会签约艺人，与客户进行歌曲打榜的合作等。3.0 时代，我们线上线下都有涉及，合作形式更加丰富，线下有演唱会、音乐节等，除了和唱片公司的业务合作，还包括一些分众资源、地铁资源、站台资源等，将上下游打通。"

同时，廖兴林强调："酷狗作为单纯的音乐类互联网公司，虽然比起其他类型的企业形势较单一，可能缺乏爆点，但我们可以制造话题，借势粉丝经济引发二次传播，从而形成大传播属性的娱乐事件。"积极为粉丝和艺人"牵线"，创造粉丝经济新玩法，这正是酷狗音乐让明星流量的价值最大化、提升自己的品牌曝光度和讨论度的关键。酷狗音乐为鹿晗专辑《Xplore》发售投入的大手笔营销举措就为酷狗赢得了足够的话题度。2016 年 12 月底鹿晗迷你专辑《Xplore》在酷狗音乐平台上发布，开售 20 天销售量就轻松突破

① 《12 年的原创音乐平台 5sing 如何用直播玩转二次元》：http://www.sohu.com/a/123036119_162522[2018-12-17].
② 《酷狗音乐产业孵化基地落户苏州，六城联动发力造星产业链》：https://baijiahao.baidu.com/s?id=1600588164490761018 [2018-12-17].

200 万张，为了鼓励粉丝打榜，酷狗音乐根据不同的唱片等级面向粉丝推出了独家解锁福利[①]。在粉丝支持下，鹿晗专辑取得了"殿堂白金唱片"等徽章，相应地获得了"鹿晗主题地铁系列""鹿晗主题高铁系列"。2017 年 3 月酷狗音乐以用户名义为鹿晗包下北京 10 号线，鹿晗地铁专列开通，轰动粉丝圈，引爆全网话题；紧接着，在鹿晗生日期间打造了一台鹿晗高铁专列，自上海出发抵达北京，并在之后巡回全国各个高铁站点。酷狗音乐的此次大动作投入，借势粉丝经济，持续增加曝光，赚足了用户关注。

另外，酷狗音乐也在借势动漫 IP 价值，为酷狗音乐的二次元用户群体提供高质效的内容价值体验。酷狗音乐基于 90 后、00 后动漫用户群体的基数和消费需求，在腾讯爆款 IP《魔道祖师》热播之际，专门打造了《魔道祖师》主题皮肤、VIP 会员卡、高端定制版耳机等[②]，多层次建构 IP 与用户的情感连接，增强用户对品牌的黏性。之后，酷狗音乐旗下的 ACG（Animation Comic Game）品牌酷狗蘑菇十一节假日在上海、武汉举行动漫音乐嘉年华，并在《魔道祖师》专场提供嘉宾签售、场景还原、游戏试玩、周边贩售等特色游玩区，借助线上线下的资源互通，将线上动漫 IP 引到线下，借助多元化玩法、相关内容服务吸引了大量年轻用户群体。酷狗音乐此次与动漫爆款的合作共同引爆了 IP 的价值营销，不仅为其在品牌传播、产品视觉包装等方面与动漫用户群体建立了有效的价值连接，更在线下活动的层面延展了 IP 价值，为动漫 IP 赋能。

如今在数字音乐市场，酷狗音乐通过腾讯音乐的平台整合，在国家政策发声、版权环境优化的环境下，占据了音乐行业版权的先机。同时酷狗音乐也意识到，独家版权是一个护城河，而用户体验、内容制作则是更高的护城河。酷狗音乐通过打造"听、看、唱"一站式体验，提供差异化音乐增值服务，打造音乐人计划，助力原创音乐发展，投入线上线下联动内容营销等，精细化运营。在产品体验环节、独家内容制造、娱乐营销、品牌互动等方面全面发力，深耕用户粉丝群体，不断探索数字音乐发展新模式，谋求在线数字音乐平台突围之路。

酷狗音乐专注音乐类专业平台的属性，深耕"音乐"核心，以音乐内容的实力说话，相信酷狗音乐在未来的数字音乐竞争格局中，还将挖掘出更大的发展潜力。

[①]《酷狗音乐的营销模式让数字音乐增值》：https://www.sohu.com/a/213449120_475018[2018-12-17].
[②]《酷狗蘑菇×萤火虫动漫音乐嘉年华赋能动漫 IP 共建二次元文化圈》：http://www.sohu.com/a/257137807_609205 [2018-12-22].

媒哥平台：深耕传媒圈的招聘平台

访谈手记：

    在信息无限、精力有限的时代，如何获取有价值的信息成了新的痛点。在这个大背景下，基于知识、经验的付费分享，正在成为一种全新的信息交互模式。用户愿意为获取专业内容而付费，这就为垂直行业的自媒体提供了机会。垂直行业的自媒体由于自身内容的专业性获取高黏性的用户，而这部分用户的付费转化率较高，他们的付费行为不仅购买的是专业知识和定制化服务，更是一种集体认同感和仪式感的表现。

    媒哥媒体招聘平台（以下简称媒哥平台）就是这样一个深耕文化传媒领域的集招聘、内容、服务于一体，拥有 100 多万名全平台粉丝资源的新媒体矩阵。区别于一般的网站通过发布信息、借助广告获利的模式，媒哥平台是一个"以求职为场景，进行招聘发布、职业技能在线学习、人才培训与职位推荐为业务的新媒体平台，采取岗位匹配、信息匹配的知识付费的平台模式"。现在公司主要收入来源于两方面：一部分是客户招聘发布的广告营收，在公众号上以头条、次条等推送方式进行展示，这部分占比约 40%；剩下的 60% 主要来源于目前开设的在线课程和线下培训。

    不同于其他媒体的广告盈利，媒哥平台靠深耕传媒圈的招聘，打造的这种知识付费的平台模式独具一格，为自媒体的发展提供了一种新的路径。因此我们采访了媒哥平台的创始人及 CEO 吴朋先生（以下称为媒哥），了解他在自媒体运营过程中的一些经验，以期为自媒体的发展提供一些参考。

访谈对象：媒哥平台创始人及 CEO　吴朋
访谈时间：2019 年 5 月 5 日

一、知识付费的内容趋向垂直化

随着移动支付的普及，支付渠道的多样化，知识付费的技术门槛被降低。同时，伴随着各种新媒体平台的兴起，内容覆盖面被有效扩大，其可视化也实现了长足的发展。在这样的背景下，基于专业技能、个人魅力积累大量用户资源的自媒体人也渐渐尝试内容付费，并取得了不错的效果。媒哥平台便是其中之一。

现阶段，招聘信息不对称、虚假招聘信息、招聘信息更新不及时，严重影响在线招聘市场的健康发展。中国互联网络信息中心发布的数据显示，2017 年，在网上诈骗事件中，网络兼职诈骗占 41.4%，利用虚假招工信息诈骗占 37.8%[①]。因此，在招聘信息的筛选上，媒哥平台采用人工筛选的方式，对这些信息进行严格的审核来保证信息的真实性与时效性。媒哥说："我们有一手的渠道和行业联系网络，70%左右的招聘信息是直接和雇主联系的，并设有专人负责对这些招聘信息进行人工筛选，这就是我们区别于其他招聘网站的优势所在。"

知识付费本质上是流量生意。选对渠道，才能实现规模化销售，将流量转化为收入。媒哥表示，"媒哥平台已经打造了传媒垂直类第一人才服务矩阵，微信公众号有 30 万多名粉丝，微博平台粉丝 55 万多名，加上头条等全平台共有超过 100 万名的粉丝人群。公众号头条的阅读量在 8000~10 000，而微博招聘的单条曝光量更是达到了 2 万~3 万次，月曝光 5000 万+（次）"。

此外，新媒体区别于传统媒体的一大特点在于更新迭代十分快，满足于现有的粉丝量，故步自封是难以长久发展的。优质的内容创作能力、运营能力是自媒体应具备的营销实力。也正如媒哥所说："新媒体只是我们触达用户的工具，用户的维护还是要靠产出更多更好的内容，并围绕用户体验为中心来设计服务流程，实现线上与线下的结合，从而创造价值。"所以，在原有线上的媒哥课堂课程外，媒哥团队还开设了线下训练营，旨在提升用户的参与度与体验感，弥补了线上动能不足的问题。媒哥也表示："未来的营销在于线上与线下的联动，线上是先导，线下是基础。我们也会通过线下在各学校的宣讲、与学生的沟通，将线下流量转移到线上，会有助于付费产品的转化率提高，这就是一个联动的过程。"

二、知识付费的未来在于人群的下沉

2016 年被称为知识付费元年。之后，中国的知识付费规模获得了井喷式发展，各大

内容平台和第三方平台也随之涌现，如得到、喜马拉雅、分答等。如今说到知识付费，人们的第一反应都是互联网上的付费活动。事实上，在这个概念兴起之前，我们每个人已经在进行着知识付费的活动了。我们购买的书籍、科技馆的门票等，都是在为知识付费。在媒哥看来，"知识付费实际上没有什么创新，它本质上来讲还是在线教育，十年前就有了。现在讲的知识付费只是扩大了消费的场景，人们在任何碎片化的时间都可以学习，是分享经济的一个变形"。移动互联网时代的知识付费不再局限于"线上授课"这样单一化的场景和价值，在打破了空间限制的基础上，也打破了时间的限制——用户在碎片化的空闲时间里，都可以随时参与学习。

但是，碎片化并不代表无体系。知识的吸收场景或许仍将保持碎片化，但用户却不再满足于碎片化知识，体系化的知识才是刚需。媒哥也表示："我们现在主要有两种课程：一种是单节课，会请一些知名公司的 HR 来做讲座分享，这些是一些碎片化的内容；另一种是10~20节左右的系列课，能够让用户体系化的学到知识。"

优质内容是吸引用户的关键，但优质内容需持续生产才能有效留存用户。媒哥说："自媒体的竞争力取决于服务客户的能力，以及持续更新产品的能力。在我们开设的线上课堂中，除了各类入圈场景的较浅的课程外，我们还有提供更深度的一些课程，比如影视营销的课程等。我们在不断完善产品和整个知识付费的体系，在满足用户的需求场景后，我们的服务会更有价值，认知度也会提升。"知识付费的实质，就是把知识变成产品或服务，以实现商业价值。知识服务有利于人们高效筛选信息，付费的同时也激励优质内容的生产。

如今，伴随着各类垂直内容的崛起，受众群体更加多元化，用户群体正在从精英阶层回归到全民化。媒哥说："知识付费本身是对细分需求的把握和细分人群的满足。但现在知识付费的人群也才6000万～7000万人，仍有很大的发展空间。知识付费的未来将会跨越年龄、跨越城市，整个市场会不断扩散，消费人群将会下沉。"

三、加强校企合作，完善人才培养机制

随着直播、短视频等新媒体形式的爆发，新闻传播人才需求不断扩大，能编会写，敢于表达、善于表现的新媒体编辑运营人才在招聘市场上持续紧俏。市场的高速发展给营销人带来诸多机会的同时，也为高校的人才培养提出了更高的要求。

区别于前互联网时代，现在的社会伴随着移动互联网的发展、知识经济的崛起，整个社会对高水平复合型人才的需求量增大，学历不再是企业招聘的唯一标准。媒哥说："在求职过程中，985/211类学校学生仍拥有硬性条件的优势，但越来越多的雇主更看重学生的实操技能，希望学生有实习经验，能够直接上手。普通高校新闻传播类学生，如果有比较多的实习经历、实践经验积累，也容易在求职中脱颖而出。同时，从人员的素质要求来

看，雇主不仅希望看到积极的学习态度、优秀的学业成绩，更希望看到在校外实践中展露的独特才能。"因此，加强对学生的实习、实训培养就显得尤为重要。

媒哥补充说："目前学校所教授的知识更多的是对学生人文素养的培养，像技术性、实战性的经验需要在实践中积累。"因此，媒哥结合自己多年的从业经验，就高校的人才培养提出了自己的建议——学校学科教育应与技能培训相结合，引入外部资源合作。主要有以下几点：

"第一，需求前移，组织传媒企业进行宣讲，介绍行业情况与自身人才需求，传授企业招聘的人才观。这会给学生更多的了解传媒岗位的机会，有助于学生培养正确的择业观、就业观，更加理性从容地选择自己所需要的、所适合的。

第二，探索校企合作，借助企业或中介组织来延伸服务。建议扩大实习基地，选取更多平台不错、发展不错的传媒企业单位、互联网媒介平台等；也可以扩大合作范围，与实习生招聘平台、兼职招聘平台等专项服务机构合作，扩大职位机会的覆盖面，提供更多的内推机会给新闻传播学子，为其定制传媒实习通道，帮助其了解更多互联网和新媒体行业的职位要求。

第三，实习与职业匹配度测试、职业指导结合。学校应帮助学生梳理、了解不同传媒岗位的工作内容，以及未来的就业趋势如何。另外，院校也可以组织一些性格测试、职业倾向测试，协助学生更多地了解自己，对其进行专业的职业指导，使学生更好地明确主攻领域方向。"

面对新媒体形式变化，针对雇主端市场需求打造实习实训体系，尝试探索多种形式的校企合作以推进实习成效，这是新闻传播人才培养中必不可少的一环，也是新闻院校提升自身竞争力的重要一步。

媒哥平台作为一个深耕传媒圈的人才孵化平台，打造了一套求职培训的完整体系：以招聘作为用户流量入口、依托内容来沉淀人群，并对用户进行培训、反馈，最后推荐就业的模式，在行业内有了较高的认知度与认可度。媒哥表示，现阶段发展的难点还在于人才和企业的精准匹配，仍还有很长的路要走。

【广告主】

上海家化：回归营销本质，品牌驱动数字转型

访谈手记：

  上海家化联合股份有限公司（以下简称上海文化）是中国行业历史悠久的民族企业之一，专注于美容护肤、个人护理、家居护理三大领域，以"研发先行、品牌驱动、渠道创新、供应保障"为经营方针，践行"创新领先、增长领先、品质领先"的发展战略。作为一个拥有百年历史的民族日化企业，上海家化秉持"诚信、务实、共赢"的价值观，重视品牌建设，创造了佰草集、美加净、六神等多个市场上耳熟能详的日化品牌，产生着持续的市场影响力。[1][2]随着数字技术的发展，数字营销潮流在各行各业产生了巨大的变革影响，面对数字时代的发展与竞争环境，近年来上海家化开启了数字化融合发展之路，借助数字技术更好地为品牌建设服务，持续为品牌转型升级助力。[3]

  在数字技术发展带来的数字化潮流下，基于数字洞察产生的数字营销应运而生。根据eMarketer 对中国广告程序化购买的预测，2019 年支出将增长 33%，达到 2085.5 亿元人民币，2019 年中国的广告程序化购买支出总额将达到所有展示广告支出的 71%，到 2020 年将增长到近 75%。在数字营销时代，这种有助于改善品牌广告效果与回报的数字营销方式已经越发受到品牌的青睐。作为百年日化企业，上海家化也积极拥抱数字化时代的到来，开启了品牌数字化转型升级之路。近些年来，上海家化在品牌数字平台搭建及数据应用助力品牌营销方面取得了显著成果，为传统企业在数字营销时代的创新升级发展提供了可借鉴路径。同时，面临不断变化的市场环境，品牌的数字化生存之路仍面临着诸多挑战，对数字营销理念的深层把握与切实应用依旧是品牌未来发展的关键。

  访谈对象：上海家化内容营销团队负责人
  访谈时间：2019 年 5 月 20 日（电话访谈），2019 年 5 月 21 日（电话访谈）

---

① 张恒军. 2018. 上海家化：以品牌矩阵弘扬中华文化. 商业文化，（20）：24-29.
② 上海家化. 2018. 上海家化成立 120 周年献词：历久弥新 华美与共. 日用化学品科学，（1）：63.
③ 《上海家化公司简介》：http://www.jahwa.com.cn/about/com[2019-05-24].

一、品牌驱动组织发展，数字平台实现资源整合

营销沟通的目的在于通过与消费者沟通建立良好的品牌形象、传递品牌价值，从而促进产品销售，品牌作为一种关系价值载体，不仅是其区别于竞争对手的重要标志，也在消费者认知、识别、购买、记忆等行为中发挥着重要作用[1]。在数字营销时代，上海家化更强调品牌驱动在消费者沟通和市场竞争中的作用，这有利于形成其更加鲜明的品牌个性特征，以获得在数字化营销时代的独特竞争优势[2]。

数字化时代的营销生态转变促使上海家化更加注重品牌建设，因此上海家化加强了在品牌上的投入，建立了品牌驱动组织模式结构。[3]在访谈中上海家化内容营销团队负责人告诉我们："品牌是在数字化营销的时代背景下，对于消费者的承诺，同时也是消费者识别企业和一个商品的符号和记忆联想。所以在这种大趋势下，我们要更加发挥品牌建设的作用，上海家化的企业发展战略是创新领先、增长领先、品质领先。公司建立了品牌驱动的组织模式，由品牌来决定我的产品在什么样的渠道、以什么样的方式和消费者来做沟通。总体来说，这种调整其实更侧重于在品牌方面投入更多的资源，其实就是为了给消费者更好的体验，更方便地和消费者沟通。"由此，我们可以看到上海家化采取积极的组织结构模式调整以拥抱数字化转型发展。

此外，数字技术的不断发展和广泛应用促进了品牌营销模式的变革，数据作为实现有效营销沟通的重要基础，已成为数字营销时代必不可少的基础要素。为实现更为精准、有效的营销传播，上海家化在数字化转型中积极着手数字平台搭建，为构建自身良好的营销生态进行了积极探索。

为了赋能前端的品牌部门，上海家化整合目前海量的数据，针对已经连接的消费者，基于华美家微信服务号构建了华美家 CRM 会员系统；针对未连接的消费者构建了第一方 DMP 系统（图 1）。目前华美家已经取得初步成效。

2018 年 7 月，上海家化成功搭建了企业第一方 DMP 系统，以更精准地把握潜在消费者群体特征，吸引更多潜在消费群体。在访谈中上海家化工作人员告诉我们："我们希望 DMP 系统是一个能帮助家化在媒介广告投放时，可以提高媒介投放效率的工具。首先，在广告投放后，能通过闭环验证，了解整体的媒介投资情况；其次，可以通过收集企业一方广告投放数据，还原消费者画像，基于数据的定量显示帮助品牌分析消费者画像，指导品牌未来的市场传播规划；同时，广告投放的数据和华美家的 CRM 数据也可做闭环打通验证，为未来的投放模型的优化和新老客运营带来更大的转化可能。"由

① 李青，王真. 2018. 文化应自信 国货当自强——从品牌视角看上海家化如何坚守文化初心. 企业文明，（8）：32-34.
② 王达. 2018. 化妆品场景化营销新方式. 日用化学品科学，（9）：48-49.
③ 张恒军. 2018. 上海家化：以品牌矩阵弘扬中华文化. 商业文化，（20）：24-29.

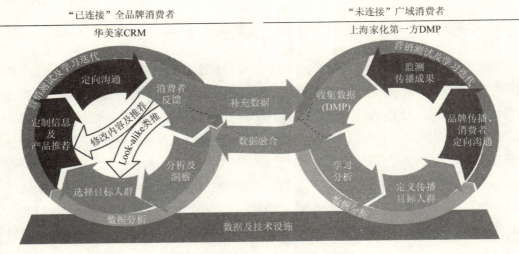

图 1　上海家化数字平台生态图谱

此可见，上海家化第一方 DMP 系统在其媒介投放及消费者转化链路中起到了非常重要的指导作用。

　　建设广域消费者营销闭环，将融合上海家化内部多方数据、不同时期数据及第三方数据，洞察不同群体的消费者媒介喜好、产品喜好等各方面，支持全品牌更精准地找对人；基于洞察，实现创意轮播，以及实现向不同人群传递不同信息；用整合的数据沉淀，更好地检验营销传播成果。

二、以数据寻找消费群体，赋能品牌精准传播

　　"营销的本质没有发生变化，数字营销给我们营销提供了一个非常有效的工具，其实就是帮助我们传统营销更好地找到人、更好地说对话、更好地做对事。"上海家化借助数据围绕"精准化——找对人""定制化——说对话""做对事——优化迭代"三个关键点展开。"通过数字系统的建立帮助我们更好地找到消费者，并且知道消费者'长什么样'，这就是社交媒体营销的本质。我们所做的就是利用尽可能的手段，比如说社交媒体平台，跟消费者产生共鸣，可能不再像过去那样特别强调大媒介的这种投放，我们更希望在一些消费者中能够引起文化和情感以及价值观上的共鸣。"上海家化内容营销团队负责人在访谈中说。

　　以美加净、六神为例，其作为老牌国货持续推进产品年轻化，近两年频繁走入年轻消费者视线中，被称为"守得住经典，当得了网红"的国货[1]。2018 年 8 月，美加净从家化 DMP 数据中洞察出年轻消费者有怀旧情怀，其背后是年轻人对纯真的怀念，于是美加净

---

① 张静. 2018. 国产品牌纷纷自谋生路，跨界营销能否拯救？. 日用化学品科学，（12）：44，46.

联合大白兔推出大白兔联名唇膏，后续上线了新编"这只大白兔不一样"系列故事，通过龟兔赛跑、嫦娥奔月、守株待兔这些耳熟能详的故事，以反转的形式去全新演绎品牌主张——留住纯真的美好，即"唇真每一刻"，直击消费者痛点引发大量"自来水"①的传播扩散，好产品结合高热度话题，使第一批 920 支大白兔唇膏在半秒就被售空。第一轮投放后，美加净把这些粉丝数据回流到品牌数据库进行沉淀，并根据消费行为将他们分组细化，例如"添加了购物车的人群"、"添加了收藏的人群"及"已购买人群"等。在"双十一"进行二次淘宝精准触达，通过明星产品带动其他产品的销量，让"双十一"美加净交出了不凡的业绩，而这些消费者数据又将会再次沉淀，为美加净持续优化品牌营销奠定基础。

2018 年，六神联合 RIO 锐澳鸡尾酒推出的花露水风味鸡尾酒被网友热议为"网绿"鸡尾酒，17 000 瓶在一分钟内被抢购一空。如此不凡的表现对六神的后续营销也有所启发——继续打造深入人心的夏日体验为品牌赋能。2019 年初，六神进军潮流圈，再造新国风，开拓新式国潮的六神和开拓新式街头潮流文化的 INXX STREET 一拍即合，融合六神经典清凉元素合作联名潮服为年轻人的夏日添加穿搭乐趣（图 2）。②

图 2　六神跨界合作产品

图片由上海家化内容营销团队提供

---

① 网络用语，取"自发而来的水军"之意，指一群因发自内心喜爱，而不由自主地为某项活动义务宣传的粉丝群体。
② 陈青，王蒙. 2018. 文化融合语境下上海家化既有品牌的再生路径. 包装工程，（20）：85-89.

上海家化内容营销团队负责人在访谈中告诉我们："我们不断地进行产品优化升级，整个品牌都是在向高端化、年轻化发展，给消费者提供更好的产品。同时我们在各个渠道线下的布局也非常重视社交，这就需要数据化营销手段来帮助我们在全网找到消费者，找到消费者的兴趣标签来跟他们做好更好的沟通。"对于美加净、六神的跨界营销所带来的显著成果，她在采访中也跟我们分享了在数字营销时代的产品跨界传播经验，总体可以概括为跨界合作的三项基本法则：目标人群是否一致或者互补？品牌理念是否相同？是否能相互引流？除此之外，该团队提出了"万万想不到的灵魂伴侣"这一跨界合作概念，如美加净与大白兔合作的"美加净大白兔润唇膏"，在童年回忆、讲究天然本真的理念上的契合，促使两个品牌取得了很好的合作效果。这种品牌理念上的"灵魂伴侣"跨界模式也为当前数字营销时代的品牌跨界提供了一定的借鉴意义。

三、洞察用户市场需求，助力产品设计研发

数字化不仅在品牌营销沟通方面发挥着重要作用，在研发方面，为了保证研发产品符合市场需求，数据化下市场洞察也非常重要，甚至有时候直接决定产品研发方向及品牌发展。上海家化内容营销团队负责人在访谈中说道："从产品来说，数字化营销能帮助我们很好地给客户画像。我们有了客户的画像、兴趣标签之后，其实就是方便我们知道我们的客户'长什么样'，他们关心什么、了解什么，是更方便我们做一些产品的定制化、个性化的开发。我们会去看这些数字化系统里面我们潜在的客户关注的是什么，从而会更有的放矢地来指导我们整个产品。"由此，我们可以看出数字化对于产品研发与设计的重要指导作用。

来自市场调研机构 Technavio 的报告显示，全球高端化妆品市场将以 4% 的年复合增长率增长，到 2019 年，该市场价值将达到 1260 亿美元。中国高端市场处于主导地位的还是兰蔻、资生堂等国际大牌，能把品牌店开到国外的除了佰草集也所剩不多。定位于高端消费市场的佰草集，将"传承千年中医本草文化，先进护肤科技赋能"作为产品特色。近年来，冻干粉在电商平台销售火热。淘宝数据显示，截止到 2018 年 11 月，冻干粉月搜索已经达到 13 万次，小红书的相关笔记达到 4 万多条。为了及时抓住市场机遇，2018年 3 月佰草集率先推出第一代冻干面膜，市场反馈热烈，9 个月后佰草集针对功能进行细分并延长保质期推出二代冻干面膜，广受市场好评，成为佰草集明星产品，基于市场数据进行洞察给研发方向带来了新思路，使产品和市场需求保持一致。

对于数字化洞察而创新研发的佰草集冻干面膜，上海家化内容营销团队负责人在访谈中更为详细地告诉我们："在产品开发的整个进程中，我们敏锐地关注到了消费者非常关注科技，随着理性消费主义的兴起，消费者对化妆品的成分、性价比有了越来越多的了解，所以佰草集才会创新推出这样一款冻干科技面膜的产品。这其实就是根据我们

的消费者画像，以及消费者的兴趣标签和反馈进行的一些产品设计来敏锐地做了这样的产品创新。"

市场研究表明，过去几年中国药妆年增长率高达 10%~20%，化妆品细分趋势明显，药妆作为独立分支备受消费者关注。面对这样的数据，上海家化洞察出玉泽在药妆市场机会颇多，上海家化高费用重点投入玉泽，保证品牌快速增长。专注细分市场皮肤科学护理品牌的玉泽致力于解决国人敏感肌、油痘肌等多种肌肤问题，通过落地"医研共创"的创新模式全面展开与复旦大学附属华山医院的合作，在药妆领域已经拥有了一定的口碑。

数字化为上海家化洞察市场需求、把握消费者兴趣、实现产品创新提供了有效的指导和支持，佰草集冻干面膜及玉泽的药妆定位的产品创新，展现了数字营销时代以数据洞察来满足消费者需求的产品设计理念。

四、坚守品牌营销本质，迎接数字时代挑战

作为专注于美容护肤、个人护理、家居清洁领域的一家历史悠久的中国民族日化企业，上海家化旗下拥有众多品牌：佰草集、雙妹、美加净、六神、高夫、家安、启初、玉泽、汤美星。众多的品牌所面临的市场环境也大相径庭，针对市场高端化、个性化、多样化的消费升级，2018 年上海家化提出"高端化、年轻化、细分化"的品牌战略。为落实这一战略布局，上海家化不断优化多品牌矩阵：佰草集、汤美星、雙妹顺应高端化趋势加大高端产品研发力度，美加净、六神持续推进品牌和产品的年轻化；高夫、启初、玉泽、家安满足细分化需求，进一步打开男士、母婴、医养及家庭洗护等细分市场。过去的传统营销从制造者到经销商再到零售商，产品一般经历好几个环节才到消费者手中，冗长的流程缺乏时效性，这种模式下客户需求往往得不到及时反馈，随着互联网电商市场的发展，出现了各式各样的电商平台，产品渠道也由金字塔式转变为扁平化。数字营销的特点恰恰符合顾客主导、成本低廉、使用方便、充分沟通的 4C 要求，营销的本质其实没变，依然是九字方针"找对人、说对话、做对事"，数据化只是一种重回商业本质的手段。

置身于不断变化的数字营销环境，上海家化通过积极的数字化转型尝试取得了不错的效果，数字平台的搭建为其提供了数据基础，数据资源整合为上海家化品牌的系列产品从研发到营销沟通提供了强有力的支持。然而，随着信息技术的发展而带来的传播与沟通模式的变革，企业面临不断变化的营销环境，这就需要其营销沟通也要与时俱进。上海家化内容营销团队负责人谈道："我们处于一个不断加速变化的年代，更多的传统信息都是被数字化的，设备与人都在加速地互联，所有的结构与非结构的数据都被加速积累的，数据也在快速地迭代，同时消费者也在快速地发生变化，他们的兴趣爱好和消费趋势都在发生着快速的变化，这是挑战但同时也是机遇。"

虽然数字技术的发展为营销沟通提供了更加有效的手段，但与此同时，不断更新迭代

的数字化技术及营销市场环境也为品牌营销带来了新的挑战，如何迎接机遇、应对挑战是品牌未来发展的关键。

对于上海家化在新时期如何把握数字化机遇、应对数字化挑战的问题，内容营销团队负责人在采访中告诉我们："虽然时代在变化，消费者行为对设计化数据迭代快速提升，不断涌现新的消费者触点，但是营销的本质没有发生变化。它的本质还是找对人、说对话和做对事，此外我们还特别要做的一方面是与时俱进，另外一方面是坚守和创新。营销的根本还是基于产品，我们要用对产品匠心的坚持，再加上营销上的与时俱进，才可以应对这样的挑战。"顺应数字时代潮流趋势，坚守品牌营销本质，以匠心产品的坚持和与时俱进的营销方式应对数字化挑战，这是上海家化在数字营销时代应对多重挑战的态度和策略。品牌是企业发展的灵魂，是决定企业生存能力和发展前景的关键。产品是企业生存之源，品牌是企业发展之本。上海家化作为百年日化行业的见证者，打造了多个家喻户晓的品牌，在行业领域内进行了诸多有益探索，在市场竞争中不断稳步前行，发挥着重要的行业影响力。在数字化浪潮对传统营销模式的变革背景下，上海家化在数字化领域的探索为其在新时期的发展注入了活力，数字化手段成为其在数字营销时代进行品牌营销生态优化的有效工具，为品牌年轻化转型及产品创新提供了良好的帮助。然而面对不断更新迭代的数字技术及不断变化的市场环境和消费者需求，上海家化在发展过程中也不断经历着数字化冲击，需要更加与时俱进。与此同时，数字营销不仅表现为技术手段的变革，更包含了深层的营销理念的变革，其本质是技术变革基础上的营销思维和营销模式的转变。目前，上海家化在产品设计、消费者画像建构及广告投放方面都还处于数据应用的初期，相信随着行业数字营销理念的不断深入，它将更多地将数据融入产品生产和营销的各个环节，实现品牌真正的融合创新。

凤祥股份：从 B 端向 C 端转型之路

访谈手记：

始建于 1991 年的山东凤祥股份有限公司（以下简称凤祥股份）以活鸡养殖为起点，用 28 年的时间，成长为一家集饲料加工、种禽繁育、肉鸡饲养、屠宰分割，以及禽肉熟制品、调味品及生物制品的生产加工于一体的现代化大型食品产业集团。其合作伙伴中，不乏百胜中国、麦当劳、沃尔玛这样的国际连锁巨头，其产品远销世界上各个以要求苛刻著称的国家和地区。其中包括欧盟、日本、美国、韩国、马来西亚等。无论是规模，还是销售额，凤祥股份都是我国鸡肉出口领域当之无愧的领军者。

但这家众多世界顶级企业的合作伙伴，其品牌却在近几年才进入公众的视野。与其在 B 端市场上高举高打的路线不同，凤祥股份起初的试水并不高调。事实上，这种刻意为之的低调一直持续到了 2018 年。

2018 年，凤祥股份开始探索其增长的"第二曲线"，全面开启了国内消费者业务。当年 5 月，凤祥股份的产品在国家体育总局训练局的严苛检测与全球诸多同类企业的竞争中胜出，被选定为"体育·训练局国家队运动员备战保障产品"——这是凤祥股份此前少有的高光时刻，也是其第一次如此高调地进入大众视野。此后，这个名字天生带有民族基因的本土品牌，开启了其与众不同的公众品牌发展之路。

与耳熟能详的快消品巨头不同，与趁着互联网热潮扶摇直上的市场新宠也不一样，凤祥股份的品牌之路既没有"忽如一夜春风来"的广告覆盖，也并未用奇技淫巧的噱头或者概念迅速抓人眼球。而是极其审慎的，甚至带有试探性质的，用一种"小活动、大传播"的思路，用极小的代价创造了接连不断的峰值曝光。凤祥股份的品牌印象也在这一连串既有巧思又有态度的推广下在公众心中初露端倪。

40 余年的改革开放，造就了中国经济的腾飞和无数个行业内的明星企业。其中不乏凤祥股份这样的"隐形冠军"。国产品牌在与国际同业的贴身肉搏中厮杀出一片天地，无论是技术工艺，还是品控操守都已经站到了整个产业链条的顶端，唯独在自己的同胞伙伴面前，这些公司的"脸"似乎还远未有那些外来的朋友让国人熟悉。当国际经济局势的嬗变伴随着中国消费市场的日益成熟，中国本土的消费市场对于这些有转型野心的企业来说，早已经是必争之地。对于"隐形冠军"们而言，它们的公众认知无法匹配它们庞大的商业体量和产业链影响力；而它们多年来以 B 端为导向的思维方式也与注意力经济的商业规律有不小的落差。与天生为消费者业务而生的企业相比，动辄上亿的营销资源对曾以 B2B 业务傍身的企业来说堪称"天方夜谭"。

这种背景下，凤祥股份的尝试尤其有意义。

毕竟，中国经济的未来，绝不会只是追求把 made in China 的产品送往世界各地，而是让那些 made in China 的品牌真正占领全球消费者的心智空间。

那么，凤祥股份是如何从零开始开辟消费者市场的？又是如何看待数字营销背景下营销策略的变与不变的？凤祥股份是如何依靠有限的营销资源实现品牌从 0 到 1 的突破的？又是如何完成品牌 IP 的原始积累的？

为此，武汉大学数字营销调研团队在北京对新凤祥控股集团有限责任公司（以下简称新凤祥集团）副总裁、凤祥股份副总经理周劲鹰进行了访谈。

访谈对象： 新凤祥集团副总裁、凤祥股份副总经理　周劲鹰
访谈时间： 2019 年 5 月 14 日

一、以小众切入大众——小众的定位是为了更好的流行

凤祥股份隶属于新凤祥集团，原本是传统的面向产业端（即 B 端，business）的食品加工企业，如今开始在消费者端（即 C 端，customer）发力。周劲鹰回溯了凤祥股份一路走来的发展史，从多个角度阐述了凤祥股份发力 C 端，开启品牌建设的初衷，"作为食品行业的从业者，我们的梦想就是让每一个中国孩子、每一个消费者吃上安心、放心的鸡肉。当前国内鸡肉市场还没有领军品牌，要实现这个梦想，一定要打造出品牌。而作为面向 B 端的代工厂，是很难做出品牌的。肯德基、麦当劳里的鸡翅、鸡米花原料其实就是凤祥的产品，但消费者却无从得知。所以既然要实现这个梦想，我们认为就得做品牌，要做品牌肯定就要从 C 端入手""除此之外，这跟中国的经济轨迹也有关系。中国以前坦白说是站在别人的肩膀上，属于外向型经济。但最近几年中国的经济模式和世界的经济重心也在发生变化，业内普遍认为中国是未来最大的鸡肉消费市场，那么想在这块土地上更好地服务消费者，其实需要很多的品牌能量。凤祥的产品出口到欧盟、日本，达到了世界范围内最好的标准，服务全球顶级的消费市场，我们已经在技术上足够自信，接下来需要让更多的人知道我们。从商业角度来讲，是一个 B 端转向 C 端的过程；从品牌的角度来讲，其实就是一个品牌从无到有的过程"。

正是基于此，从 2017 年开始，凤祥股份尝试开拓消费者市场，最早做的产品之一就是优形鸡胸肉。周劲鹰说，凤祥股份要将鸡身上最"无聊"的地方做得最有趣。谈及为何首先将目标群体瞄准健身人群，她解释这是主客观因素综合作用下的决策："之所以做优形，客观因素是我们有三个研发中心，得以背靠在国外的研发中心来看全球的鸡肉市场。我们一直在给风靡日本的一款鸡胸肉产品代工，它口味清淡，食用方便且口感较好，符合年轻人瘦身的潮流和需求，在日本非常受欢迎。纵观国内的消费市场，轻食瘦身、身材管理的市场需求处于暴增的状态，而且相比于生鲜等其他种类的产品来说，它更加高端且附加值更高，也更容易品牌化。当时在国内这个品类还是一个空白的状态，在我们引入产品细分市场之后，引领了整个品类的开放，有很多跟随的品牌。所以说一方面是我们确实掌握独家的工艺，另外一方面也是调研国内外市场后、契合市场发展潮流的结果。"周劲鹰补充道："一个品牌要从 B 端转到 C 端，不仅是一个产品的转变，还要找到目标消费者。优形鸡胸肉面向的核心人群是比较清晰的。对于健身人群来说，他们补充蛋白是刚需，充分了解鸡胸肉是高蛋白、低脂肪的食品，我们不需要去教育消费者；加上家庭自制鸡胸肉的口感往往不佳，我们革命性地解决了口感问题，把人们传统观念中天然是两个轨道的健康和美味结合在一起，我觉得这是我们最大的一个贡献。"

凤祥股份始终认为产品自己会"说话"，多年的研发和经营使他们对产品充满自信——只要打通渠道实现触达，消费者一定会喜欢。周劲鹰讲道："产品力本身其实就是

品牌力的一部分。所以我们从相对小众，但是未来有高增长空间的市场切入，也是基于对我们自己产品力的自信。传统广告时代是广告先行的，其次是营销，然后才是产品。在'人人都是自媒体'的时代，产品不好可能会引发生态的崩塌，但这并不意味营销不重要，毕竟'酒香也怕巷子深'，从我们的实践来看，优秀的产品力和精准的数字营销相结合，在这个数字媒体时代，会爆发出惊人的力量。"

二、用小胜利串联大品牌，拒绝阵地战——有趣的品牌需要的是时间

作为创业企业，凤祥股份注重将营销做得到位和精准，通过"小活动"实现"大传播"。凤祥股份的社会化营销频频获奖，表现可圈可点。2017 中国创新营销峰会上，凤祥股份的"516 我要瘦"优形 IP 推广营销斩获行业最佳创新营销案例奖；2018 中国内容营销盛典上，凤祥股份凭借"产品服务国家队整合营销"项目斩获 2018 年度最佳社会化营销奖，再次在品牌营销端得到专业人士的青睐和认可。

2017 年，"丧文化"成为年轻群体的新潮流。通过精准的目标消费群情感洞察，发现他们尽管有一些小颓丧、爱自嘲，但其实从未放弃，都向着更好的自己发展，他们在"小确丧"中自有"小确幸"。5 月 16 日，凤祥股份以优形目标客户的内心需求——"我要瘦"作为 IP 主张，联动各大电商平台打造了首个品牌 IP 活动——"516 我要瘦"优形日，并从此开启了在"小确丧"中寻找"小确幸"的独特营销之旅。该活动在推广层面通过微信精准分享、微博话题引爆、网络范围扩散三大维度，从小圈层出发蔓延扩散，实现了多维联动的递进式推广，也收获了远超预期的销售回报。最终，"516 我要瘦"优形日活动以极低的成本，直达 8000 万受众，辐射超过 1 亿人群，在天猫、京东、中粮我买网等众多电商平台达成了当年优形上半年的最高销量。对此，周劲鹰表示："现在这个时代，营销的'阵地战'代价太大。而天下没有一锅端的产品。你选择的用户声音在哪里，营销的方向去向哪里就好了。营销本身需要更懂消费者内心，不仅是知道消费者想要什么了，而是更愿意倾听消费者，更懂得表达消费者想表达的。我们宁愿一场场持续的、小而美的用户沟通，而拒绝一哄而上单项灌输。"

2018 年 5 月，凤祥股份在全球同类品牌的竞争中脱颖而出，被国家体育总局训练局选定为国家队运动员备战保障产品。由此，凤祥股份借势大体育年的时机，展开了一系列以"冠军品质"为核心的整合营销活动。首先，凤祥股份联合国家体育总局训练局、营养师及奥运冠军罗雪娟，高调发布冠军产品，让冠军品质走上大众消费者餐桌。70 分钟的活动从运动员都在吃、养殖者都在吃、全球人都在吃三个维度，不断强化"凤祥鸡肉，我在吃"的沟通主题。其次，通过权威媒体新闻扩散、自媒体内容输出、微博意见领袖内容扩散三大维度，凤祥股份展开了有序的联动立体传播。为冠军"打 call"活动，通过悬念海报、病毒视频等优质趣味形式，更快速引发了网友的自发跟进，成了当日朋友圈刷屏、

微博热议的话题焦点。活动还以活化内部自有资源为突破口，以点及面，从小圈层出发蔓延扩散，实现了多维联动的递进式推广。最终，凤祥股份"产品服务国家队整合营销"通过极低的成本，有效触达9000万人群，累积阅读量超过2.9亿人次，带动凤祥股份在天猫、京东、每日优鲜等电商平台销量增长超过50%。

而对于2019年的"516"，凤祥股份也早早做好了规划，"今年我们会邀请很多的消费者代表到国家体育总局训练局里面看国家运动员的训练和他们的饮食，亲眼见证大家每个动作的精益求精，也会看到他摄入每一份营养的精益求精。这些消费者代表中，我们会有关键意见领袖，也会有一些在线上合作的社交电商，也会请一些普通的素人消费者"。

对于下一步品牌资产积累的规划，处于初创和上升阶段的凤祥股份会有意识地制造一些品牌独有的IP。"比如说'516优形日'，'516'谐音是'我要瘦'，我们有一个绑定的营销，2017年把5月16日定为我们的优形日，当时还不具备很大的品牌能量，但起初我们觉得品牌资产是由很多层面构成的，一方面是本身的品牌声量、知名度、美誉度，再有就是品牌IP资产，这是可以沉淀下来的，也是可以让企业品牌化更有生命力的。我们其实从2017年开始，每年都会有一个围绕'516我要瘦'的持续的活动，会有线上线下的联动。我们每年都做，相信积累下去之后就会形成独特的品牌。"周劲鹰介绍。

伴随着移动互联网的快速发展和智能终端的迅速普及，微博、微信在企业营销中的作用越发重要。周劲鹰说："我们认为一个企业的微博、微信必不可少，必须要有向社会传播的原点，有属于自己的平台。我们现在定下方向和调性后，就放手将这些平台交给年轻人来做。我们不会希望大家认为这是一个冷冰冰的品牌，更愿意用一种人格化的方式和消费者沟通。比如优形这款产品倡导年轻时尚，我们希望彰显这种态度，传播的语言素材就要带给消费者这样的感觉；比如凤祥股份是凸显健康和科技感，所以会尽可能塑造安心、踏实的形象。"她继续补充道："除了健身人群之外，如果关注小红书的话，你会发现其实已经有一些'自来水'在其中。"

在进行社会化营销的过程中，选择关键意见领袖是其中的关键一环。凤祥股份在选择合作的博主、媒体上有自己的一套标准，"我们其实还是蛮注重博主的真实粉丝触达率的。认真去观察微博和小红书的话，都能看到真实互动量。有一些数据表现好的博主很可能是营销号，虽然评论量高，但其中掺杂了大量网络水军。因此我们会精益求精地筛选影响力好、可以真人现身说法、与粉丝互动也都普遍比较真实的博主，逐条翻看他们在评论区的互动。"周劲鹰介绍道，"推广上的小胜利，都会慢慢沉淀。我相信，所有的努力都会'润物有声'。这样做下来，让更多的消费者认识我们，我们需要的，只是时间"。

三、越诚恳越成长——品牌人最好的时代

从传统营销方式，到现在数字营销时代，周劲鹰认为传播的本质依然是跟人沟通，最

大的变化只是沟通的媒介不一样了:"说到传播和营销,我觉得核心都是去跟人沟通,诚恳是打动人最好的方式。万变不离其宗,既然本质是一样的,无非是渠道不同。去中心化技术改变了很多的媒介和形式,但好品牌的核心在于满足了人们对好产品的核心诉求,爆发是顺应了大的规律。对于品牌和营销人来说,很多东西层出不穷,都在演进当中,需要我们加强学习和甄别能力。所以从这种意义上来说,现在这个丰富的时代,是品牌人最好的时代。"

数字营销时代,数据的收集、挖掘与分析能力显然成了营销人需要掌握的技能。凤祥股份将调研数据视为印证想法和提炼聚焦问题的工具。在"以快打快"的线上销售中,凤祥股份更加倾向于亲自展开调研,收集第一手数据。周劲鹰介绍:"我们会找传统调研公司去要一些数据,但其实可以借助很多其他的渠道,比如我们电商上的数据,以及合作的一些互联网健身类的 APP 等渠道,面向核心人群开展精准调研,调整我们产品和反馈,它的效率比传统的调研公司要快得多。有时去印证自己的想法,有时把它提炼出来聚焦,实时反馈。"周劲鹰讲道:"线上销售对于速度要求奇高,电商发展都是以快打快的。如果调研周期过长,在时机上就会影响发展节奏。所以更多的时候我们企业的研发中心和市场部会在国外和国内面向市场去调研,坦白说确实是样本量有局限,但是我们内部人员却可以最快接触到一线的消费趋势,这最为直观。"

在新的营销背景下,各个营销主体的角色都发生了变化。周劲鹰认为,数字营销公司不必扎根于某个行业,不必接触那么大的信息量和关注那么广泛的内容。理论上讲如果广告主与数字营销公司将外在的手段策略和内在需求阶段相结合,能够爆发出最好的案例和力量,"我们一直觉得好的东西来自甲方,一定是来自甲方的要求和甲方自己的需求结合在一起。对于现在的服务公司我们更多地希望它提供两端的资源,一方面是在前端的资源,比如说在大的策略探讨的时候,我们希望它从外部的视角进行检视,给我们更多的资源支持,提供前端创意方面的策略和帮助;另外一方面是在最终执行的时候,广告和线下活动都需要有人来帮我们后端落地"。

数字营销时代,凤祥股份作为一家事实上处于"二次创业"阶段的企业,充分运用社会化营销实现了不俗的营销效果,一步步积攒着品牌能量,最终成功扩大品牌知名度。对于这种阶段性的成功,凤祥股份认为,营销过程固然需要方式方法,发展更迭中始终不变的是要与消费者诚恳沟通,帮助消费者表达。当消费者感受到企业的诚心时,他的信任就会辐射到产品。踏踏实实做事情,把每一件小事都做好,这一信条指导了凤祥股份诸多的工作和选择。

后　记

　　2017年5月由我牵头申报的国家社会科学基金一般项目"中国新媒体广告规制研究"成功立项。为顺利开展该项目，也为了更好地了解我国数字营销行业的发展现状与存在的问题，我们于2017年7月组建了武汉大学数字营销调研团队，团队由五位教师（周茂君、洪杰文、叶晓华、王松茂、侯晓艳）、一位博士生（沈君菡）和两位硕士生（何芳、潘宁）组成。2017年暑期，调研团队成员辗转于广州、深圳、上海和北京四地，对35家数字营销公司、数字媒体的37位高管（以高层为主，少数中层）进行了专访和调研。这些公司和媒体包括（排名不分先后）：广州舜飞信息科技有限公司、Zaker、酷狗音乐、广州易简体育发展有限公司、广州南都光原娱乐有限公司、蓝色光标数字营销机构广州分公司、广州蓝门数字营销顾问有限公司、广州火星文化传播有限公司、一点资讯、广东省广告集团数字传媒中心、广东省广告集团大数据中心、广东省广告集团众烁数字营销有限公司、深圳钛铂新媒体营销股份有限公司、华扬联众数字技术股份有限公司、上海天与空广告股份有限公司、上海顺为广告传播有限公司、VML、利欧集团数字科技有限公司、上海恺达广告有限公司、上海传漾广告有限公司、澎湃新闻、蓝色光标数字营销机构上海分公司、珍岛信息技术（上海）股份有限公司、CCE Group、杭州二更网络科技有限公司、竞立媒体、今日头条、北京三人行数字传播股份有限公司、惟思互动（北京）广告有限公司、华谊嘉信整合营销顾问集团股份有限公司、安迈国际文化传媒（北京）有限公司、中央电视台广告经营管理中心、央视网、北京本邦科技股份有限公司、媒哥媒体招聘平台。后在成书之前，考虑到媒体类型和数字营销市场的代表性，又专访了四家公司的高管，其中两家数字媒体类公司即北京巨量引擎网络技术有限公司华东营销中心、凤凰科技集团有限公司，两家广告主公司即山东凤祥股份有限公司、上海家化联合股份有限公司。

　　当再次把这一长串的公司名写完，才发现团队成员在两年前做了一件多么不容易的事情，如果要重新来过，我都不知道自己还有没有信心和勇气把这件事情继续下去。回想两年前，周劲鹰副总裁、陈鄂总经理、张超总经理和吴朋总经理动用自己的人脉资源，帮着介绍广州、深圳、上海和北京地区数字营销大咖、数字媒体精英作为访谈对象时的情景仍历历在目；团队成员为了更好地做好访谈，访前对每家公司做"功课"，走访时来往于北（京）、上（海）、广（州）、深（圳）林立的高楼之间，正式访谈过程中的专注与敬业，都不断浮现在眼前。我对拥有像周总、陈总、张总和吴总这样的业界朋友而感到骄傲！我对能组建这么好的一支调研团队并成为其中一员而感到自豪！我对在百忙之中抽出时间给我们的访谈、调研提供帮助和支持的业界朋友表示由衷的感谢！

调研、访谈结束，9 月返校以后开始录入问卷、整理录音，工作纷繁而复杂，好在团队成员十分给力，一切都在井然有序、有条不紊地进行着。面对一大堆调研数据、访谈录音材料，在相当长的一段时间内，我都对最终成果的呈现形式感到很"懵"，总有点无从下手之感。也许 20 年在人类历史长河中只是白驹过隙的一瞬，但作为亲历者，7300 天却是实实在在的，而且中国数字营销在 20 年间的发展与变化也是巨大而丰富的，所以要用几个词、十几篇文章，甚至几本书来形容、概括它，无疑是十分困难的。尽管困难重重，但开弓没有回头箭，只得硬着头皮开始着手此事。为此，我提出了全书的整体构想和"总论篇""个案研究篇""访谈篇"的架构，以期通过这三个方面再现中国数字营销 20 年的演进轨迹和整体概貌。"总论篇"中《中国数字营销公司 20 年演进轨迹》由阮卫完成；《"去中介"环境下数字营销公司对专业性的重构》和《中国数字营销行业发展调研报告》（上）（下）由周茂君、沈君菡完成。《传统广告公司的数字化转型研究——以省广集团为例》等 5 篇个案研究和《并购浪潮中公关公司的发展策略——专访"公关教父"黄小川》等 17 篇访谈文章是在 39 家公司专访的基础上精选而成的，入选篇章大多在当前的数字营销市场具有代表性或者典型意义。大部分篇章由周茂君、沈君菡提出写作重点，再由执笔人完成初稿，然后由周茂君、沈君菡进行修改和统稿、定稿，沈君菡在此过程中做了大量组织、协调的工作。具体地说：《传统广告公司的数字化转型研究——以省广集团为例》由洪杰文、欧阳方星完成访谈、执笔并定稿；《利欧数字业务整合模式探析》由洪杰文、叶晓华、侯晓艳完成第一次访谈，由沈君菡、潘宁完成补充访谈，由潘宁执笔初稿；《舜飞：技术与数据融合，赋能智慧营销》由周茂君、侯晓艳、沈君菡、何芳完成访谈，由李玉蝶执笔初稿；《二更：内容平台的聚合重构与多元扩散》由沈君菡、杜永欣完成访谈，由杜永欣执笔初稿；《竞立媒体：数字媒体时代国际 4A 公司的转型之路》由王松茂、叶晓华、潘宁完成访谈，由秦文琰执笔初稿；《并购浪潮中公关公司的发展策略——专访"公关教父"黄小川》由周茂君、侯晓艳、沈君菡完成访谈，由李婧源执笔初稿；《袁俊专访：数字营销行业的困顿与破局》由周茂君、沈君菡、潘宁完成访谈，由余蕾执笔初稿；《珍岛集团赵旭隆：智能营销创新变革的驱动者》由周茂君、沈君菡、潘宁完成访谈，由李娜执笔初稿；《对话 CCE：坚守"初心"方能时时"出新"》由洪杰文、叶晓华、侯晓艳完成访谈，由田王佳玥执笔初稿；《专注央视平台，构建全领域营销——洪潜谈三人行的数字化转型之路》由周茂君、侯晓艳、沈君菡完成访谈，由李婧源执笔初稿；《华扬联众发展模式探究：顺时而为，适者生存》由周茂君、沈君菡、何芳、潘宁完成访谈，由张婉玉执笔初稿；《钛铂新媒体龚铂洋：专注+洞察，玩转新媒体创意营销》由周茂君、沈君菡、何芳、潘宁完成访谈，由张婉玉执笔初稿；《蓝门数字集团：以电商探索为起点，做数字营销的创新者》由周茂君、沈君菡、何芳、潘宁完成访谈，由张婉玉执笔初稿；《AMG：跨屏整合营销先行者》由王松茂、叶晓华、潘宁完成访谈，由余蕾执笔初稿；《凤凰数字科技：传统媒体在数字领域的新布局》由李婧源完成访谈并执笔初稿；《巨量引擎：汇聚流量，驱动智能化营销引擎》由沈君菡完成访谈并执笔初稿；《一点资讯：基于兴趣引擎提供精准、价值资讯》由王松茂、叶晓华、侯晓艳完成访谈，由张乐凡执笔初稿；《澎湃新闻：聚焦优质内容，引领主流价值》由洪杰文、叶晓华、侯晓艳完成访谈，由杜永欣执笔初稿；《酷狗音乐：依托大平台版权优势，打造全流程音乐生态》由周茂君、叶晓华、王松茂、侯晓艳、沈君菡、何芳、潘宁完成访谈，由张乐凡执笔初稿；《媒哥平台：深耕传媒圈的招聘平台》由余蕾完成访谈并执笔初稿；《凤祥股份：从 B 端向 C 端转型之路》由李婧源、余蕾完成访谈，由李婧源执笔初稿；《上海家化：回归营销本质，品牌驱动数字转型》由杜永欣完成访谈并执笔初稿。十分感谢上述团队成员的努力工作和辛勤付出。

这本 20 余万字的图书对中国数字营销 20 年的研究是初步的，也难言成熟。但是，它的出版无疑是对"中国数字营销行业 20 年发展"的最好献礼，也希望能够抛砖引玉，吸引国内营销学界、业界对此一论题的共同关注，并贡献更多更好的研究成果。

是为记。

周茂君
2019 年 7 月于武昌珞珈山